Risiken vermeiden – Krisen bewältigen

Risiken vermeiden – Krisen bewältigen

Anselm Elles
AFC Management Consulting AG (Hrsg.)

BEHR'S...VERLAG

Bibliographische Information Der Deutschen Bibliothek
Die Deutsche Bibliothek verzeichnet diese Publikation in der Deutschen Nationalbibliografie; detaillierte bibliografische Daten sind im Internet über http://dnb.ddb.de abrufbar.
ISBN 978-3-89947-394-0

© **B. Behr's Verlag GmbH & Co. KG** • **Averhoffstraße 10** • **22085 Hamburg**

Tel. 0049 / 40 / 22 70 08-0 • Fax 0049 / 40 / 220 10 91
E-Mail: info@behrs.de • homepage: http://www.behrs.de
1. Auflage 2008, unveränderter Nachdruck 2009

Vorwort

„Fusion scheitert an Skandal um giftige Teigtaschen." So titelte die Frankfurter Allgemeine Zeitung am 11. Februar 2008 in der Rubrik „Unternehmen" über die von Nissin Food Products abgesagte Fusion mit der Tiefkühlsparte von Japan Tobacco.

Was war passiert?

Eine Tochtergesellschaft von Japan Tobacco - in Kooperation mit der Gallaher Group aus Großbritanien die Nummer zwei der internationalen Tabakindustrie und zu 50 % in Hand des japanischen Staates - hatte mit Pestiziden vergiftete gefüllte Teigtaschen (Gyoza) aus China importiert und in Verkehr gebracht. Infolge unsachgemäßen Krisenmanagements ergab sich ein spektakulärer Lebensmittelskandal auf dem heimischen Markt, mit unmittelbaren Folgen:

- die summierten Rückrufkosten ergaben bei Japan Tobacco nicht nur einen erheblichen Gewinnrückgang, sondern die japanische Finanzaufsicht nahm Ermittlungen hinsichtlich möglicher Insidergeschäfte auf. Zwei Tage bevor Japan Tobacco über die Vergiftungsfälle berichtete, war bei starker Handelsaktivität der Kurs der Aktie um 8 % gefallen.

- Japan Tobacco versucht seit Ende der neunziger Jahre durch gezielte Zukäufe seine Lebensmittelsparte als zusätzliches Standbein auszubauen. Das Unternehmen hatte zum Jahreswechsel rund 94 % der Anteile an dem TK-Unternehmen Katokichi gekauft, die zu 49 % an Nissin Food Products – vornehmlich bekannt für Fertignudelgerichte – weitergereicht werden sollten. Das strategische Ziel beider Unternehmen war es, durch die Verschmelzung der beiderseitigen Aktivitäten Marktführer im japanischen TK-Geschäft zu werden. „Unterschiedliche Vorstellungen" hinsichtlich des Umgangs mit Lebensmittelskandalen haben Nissin bewogen, den Deal nicht einzugehen, u. a. aus Sorge um ihr Image.

- Japan Tobacco musste seine Jahresüberschussprognose für 2008 anpassen und einen erheblichen Imageverlust des Unternehmens sowie des Managements hinnehmen.

- Zwischen China und Japan ist eine Diskussion hinsichtlich der Ursache der Pestizidbelastung entbrannt, die seitens Chinas zu massiven Vorwürfen gegenüber Japan Tobacco und seitens Japans in der Androhung von verschärften Kontrollen chinesischer Importe gipfelte.

- In den ersten Tagen nach Bekanntwerden des Skandals ist der Verkauf von tiefgefrorenen Lebensmitteln in Japan um 40 % eingebrochen.

- Auch andere japanische Firmen haben Produkte des unter Verdacht stehenden chinesischen Herstellers zurückgerufen.

Was verdeutlicht uns dieses Beispiel?

Dieser Beispielsfall verdeutlicht, dass trotz stetiger Verbesserungen der Verarbeitungstechnologien, der Untersuchungs- und Analysemethoden und des Ausbildungsgrads der in der Ernährungswirtschaft Tätigen die Lebensmittelindustrie und der Lebensmittelhandel nicht aus den Negativ-Schlagzeilen kommen. Immer wieder berichten Medien über angebliche oder tatsächliche Skandale. Nichtregierungs- und Verbraucherschutzorganisationen lancieren Kampagnen gegen die Lebensmittelwirtschaft und mobilisieren die Verbraucher „mit den Füßen" abzustimmen. Durch derartige Aktionen bilden sich die Verbraucher eine kritische Meinung über die Unternehmen, deren „täglich Brot" sie essen.

Auch wenn das Beispiel bewusst nicht aus einem europäischen Mitgliedsland gewählt wurde, so hätte es in der EU oder auch in Deutschland stattfinden können. Deutschland ist der größte und wettbewerbsintensivste Lebensmittelmarkt in der Europäischen Gemeinschaft, das Land mit den meisten Kochshows im TV-Programm, den höchsten Auflagen für Kochbücher und gleichzeitig den Verbrauchern, die am wenigsten Geld für Lebensmittel ausgeben wollen.

Diese Ausgangsbedingungen, mit denen die Unternehmen der Lebensmittelwirtschaft konfrontiert sind, beschreiben nur einen Teil der Herausforderungen, denen sich mittelständische Betriebe ebenso wie Konzerne stellen müssen. Dem betrieblichen Kontinuitätsmanagement kommt hierbei eine zentrale Rolle zu, dient es doch der präventiven Absicherung des ganzheitlichen Unternehmens. Wie sich aus Abbildung 1 ersehen lässt, umfasst es Strukturen und Instrumente aus den Bereichen des Risiko-, Krisen- und Rückrufmanagements.

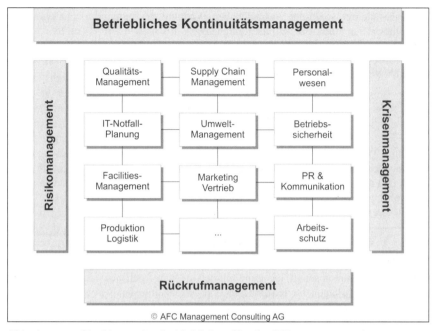

© AFC Management Consulting AG

Abb. 1   Strukturen des betrieblichen Kontinuitätsmanagements

Das vorliegende Buch soll den im Unternehmen tätigen Leitungs- und Entscheidungsträgern eine praxisnahe Hilfestellung geben, wie derartige Managementsysteme im Betrieb erstellt und implementiert werden können, anhand derer einerseits Krisen, wie die oben dargestellte, präventiv und nachhaltig gemanagt werden können. Andererseits sollte vermieden werden, dass es überhaupt soweit kommt.

Ausgehend von der Identifizierung und Bewertung möglicher Risiken im Unternehmen ist es möglich, die Wahrscheinlichkeit und das Ausmaß potentieller Risikofälle zu determinieren und präventive Maßnahmen vorzubereiten. Sollte es dennoch, was bedauerlicherweise nicht immer vermeidbar ist, zu krisenrelevanten Reklamationen kommen, die für das Unternehmen, den Konzern oder einen ganzen Industriezweig bedeutsam sind, so bedarf es der gezielten, professionellen Vorgehensweise. Ein Mix aus Analyse, abgestimmten und erprobten Krisenmanagementmaßnahmen und Krisenkommunikation gegenüber den Kunden, Behörden, Verbrauchern und den Medien muss so minutiös vorbereitet sein, dass die im Unternehmen zuständigen Krisenstabsmitglieder direkt und erfolgreich handeln können.

Wer von einer Krise unvorbereitet getroffen wird, kann nur noch reagieren. Wer nur noch reagiert hat bereits verloren!

In den Fällen, bei denen der Warenrückruf unvermeidbar erscheint oder infolge z. B. behördlicher Anordnungen bereits zum Fakt geworden ist, muss ebenfalls eine geordnete Vorgehensweise vorbereitet und möglichst erprobt sein. Alle Unternehmen der Ernährungswirtschaft sind aufgrund ihrer Qualitätssicherungs- und Managementsysteme „down stream" entlang der Produktion entsprechend vorbereitet und abgesichert. Allerdings, wenn ein Warenrückruf einem Geisterfahrer vergleichbar auf diese mehrspurige „down-stream"-Autobahn einbiegt, so müssen automatische Mechanismen greifen, die „up stream" zumindest eine Spur freischalten, damit

• die Produktion ansonsten möglichst ungestört weitergeht,

• der Warenrückruf geordnet und im Sinne des vorsorglichen Verbraucher- und Unternehmensschutz durchgeführt werden kann.

Auch wenn, wie nachfolgend beschrieben, Unternehmen sich gegen die Kosten von Rückrufen infolge von vorsätzlicher oder versehentlicher Kontamination versichern können, bedarf es neben diesem Schutz vor allem des Aufbaus, der Pflege und Erprobung entsprechender präventiver Risiko-, Krisen- und Rückrufmanagementsysteme.

Die Autoren dieses Buches hoffen, Ihnen als Unternehmensleiter und Verantwortlicher für Qualitäts-, Produktions- und Ressourcenmanagement wichtige Hinweise und Hilfestellungen zu einem adäquaten Management derartiger Vorfälle vermitteln zu können.

Bonn, im September 2008   Anselm Elles

Autorenverzeichnis

Herausgeber und Autor

ANSELM ELLES

Nach dem Studium der Agrarökonomie ist Herr Anselm Elles seit mehr als 20 Jahren als internationaler Berater in der Ernährungswirtschaft tätig. Als Vorstand der AFC Management Consulting AG verantwortet er u. a. die Bereiche Aufbau und Management von Qualitäts- und Krisenmanagementsystemen sowie Personal-, Unternehmens- und Organisationsentwicklung. Herr Elles ist externes Mitglied zahlreicher Krisenstäbe in Industrie und Handel sowie Koordinator von 24/7-Hotlines von Verbänden und Versicherungsunternehmen.

Autoren

DR. LARS GROEGER

Zunächst studierte Lars Groeger Betriebswirtschaft und Internationales Management an der Universität zu Köln, der HEC in Paris und der Pennsylvania State University in den USA. Darauf folgte die Promotion am Seminar für Beschaffung und Produktpolitik. Seit Januar 2006 ist er als Consultant bei der AFC Management Consulting AG tätig. Sein Beratungsschwerpunkt liegt im Bereich des Betrieblichen Kontinuitätsmanagements, insbesondere in der Risikoanalyse sowie Anpassung von Krisen- und Notfallmanagementsystemen.

DR. EBERHARD HAUNHORST

Nach dem Studium der Veterinärmedizin und anschließender Promotion an der Freien Universität in Berlin war Herr Dr. Hauhorst zunächst im amtstierärztlichen Dienst tätig. 1996 übernahm er die Leitung des Lebensmittelüberwachungs-, Tierschutz- und Veterinärdienstes des Landes Bremen. Er ist seit 2002 Präsident des Niedersächsischen Landesamtes für Verbraucherschutz und Lebensmittelsicherheit (LAVES) in Oldenburg. Darüber hinaus ist er Autor auf dem Gebiet des gesundheitlichen Verbraucherschutzes sowie Projektleiter für den Aufbau der Veterinärverwaltung in verschiedenen Ländern.

DR. MICHAEL LENDLE

Während seiner Promotion in Agrarwissenschaften an der Universität Hohenheim war Herr Dr. Lendle von 1995 bis 2000 im Bereich Qualitätssicherung und Betriebskontrolle für das Ministerium Ländlicher Raum Stuttgart tätig. Von 2000 bis 2002 folgte die Projektleitung bei einer Gesellschaft für Marktforschung und Marketingberatung. Seit 2002 ist er als Senior Consultant und Team Manager bei der AFC Management Consulting AG in Bonn tätig. Als Direktor des Geschäftsbereichs Krisenmanagement verantwortet er die Service- und Dienstleitungen für die Ernährungsbranche. Dies beinhaltet u. a. die Betreuung von Verbänden und Unternehmen im Krisenfall.

Behr's Verlag, Hamburg

JOHANN-PHILIPP VON LEWINSKI

Nach Abschluss der Banklehre 1991 begann Herr von Lewinski an der Universität Freiburg sein Studium der Rechtswissenschaft. 2001 begann er seinen beruflichen Werdegang in der Versicherungswirtschaft bei der Versicherungsstelle für das wirtschaftliche Prüfungs- und Treuhandwesen in Wiesbaden als Schadensachbearbeiter. Seit 2003 ist er als Rechtsanwalt zugelassen. 2005 wechselte er zur AIG Europe S.A. nach Frankfurt als Schadensachbearbeiter für Vermögensschäden. Seit 2006 ist er als Senior Underwriter für den Bereich Produktschutz tätig und seit 2007 hauptverantwortlich.

DR. ALEXANDER MARCUS MOSESCHUS

Rechtsanwalt und Geschäftsführer eines Wirtschaftsverbandes in Berlin. Von 2002 – 2006 war Herr Dr. Moseschus als Dezernent Recht und Öffentlichkeitsarbeit für einen Wirtschaftsverband der Finanzbranche tätig. 2004 hat er zum Thema „Produkterpressung" promoviert. Zuvor war Herr Dr. Moseschus für ein Prozessfinanzierungsunternehmen sowie als Dozent für ein Juristisches Repetitorium aktiv. Er ist durch Vorträge und Seminare mit Meinungsführern aus Rechtsprechung und Legislative bekannt geworden und Verfasser einer Vielzahl von Entscheidungskommentierungen und Aufsätzen zu wirtschaftsrechtlichen Fragestellungen.

DR. SYLVIA PFAFF

Als promovierte Lebensmittelchemikerin ist Frau Dr. Pfaff seit 2006 mit Food Information Service (FIS) Europe selbstständig und betreut die Lebensmittelwirtschaft insgesamt seit über 11 Jahren. Nach den verschiedensten Stationen in der Beratung hat sie fast sechs Jahre Arbeitskreise des Lebensmittelhandels und der Industrie beim EuroHandelsinstitut geleitet. Der Biobereich stellt einen der Schwerpunkte in der Beratung dar. Frau Pfaff ist Mitglied der Jury „Biomarkt des Jahres" der CMA und des Netzwerks bioexperten sowie Referentin für Themen zur Marktsituation von Bioprodukten.

ANGELA SCHILLINGS-SCHMITZ

Nach ihrer Ausbildung zur Diätassistentin und dem Studium der Oecotrophologie war Frau Schillings-Schmitz mehrere Jahre Leiterin Qualitätsmanagement bei der Dohle Handelgruppe. Seit 2006 ist sie zugelassene IFS-Auditorin. Sie war von 2002 bis 2006 freiberuflich im Bereich HACCP, Lebensmittelsicherheit, Qualitätsmanagement, Rückverfolgbarkeit & Krisenmanagement sowie Lebensmittelstandards tätig. Dabei hat sie u. a. den Arbeitskreis Fleisch und Fleischwaren des EHI Retail Institute in Köln geleitet. Seit 2007 ist sie Projektmanagerin und Branchemanagerin Fleisch bei der EAN-Organisation GS1 Germany Köln.

FRANK SCHÖNROCK

Frank Schönrock ist seit mehr als 15 Jahren in der PR-Branche tätig und gilt als einer der führenden Experten für Krisenkommunikation. Als Deputy Managing Director und Mitglied des Europäischen Crisis Management Teams des weltweiten PR-Unternehmens Edelman berät Frank Schönrock schwerpunktmäßig Unternehmen aus der Ernährungsindustrie. Dabei fokussiert er sich auf den Aufbau und Schutz von Unternehmensmarken mit dem Ziel, die Reputation einer Firma zu stärken und in Krisensituationen zu sichern. Er war zudem externes Mitglied mehrerer Krisenstäbe auf Unternehmensseite.

CHRISTOPHER SCHRAMM

Als Major d. R. war Herr Schramm 12 Jahre Offizier der Bundeswehr. Er ist diplomierter Wirtschaftspädagoge und war in seiner aktiven Laufbahn in verschiedenen Krisenregionen eingesetzt. Nach seinem Ausscheiden wurde er Leiter des Sicherheits- und Krisenmanagement einer Unternehmensberatung, die Sicherheitsdienstleistungen im High-Level-Segment anbietet. Seit 2003 ist er als Berater Spezialist für Entführungs- und Produkterpressungsfälle bei der international operierenden Firma Clayton Consultants Inc. Außerdem ist er als Geschäftsführer einer mittelständischen Sicherheitsfirma für 500 Mitarbeiter verantwortlich.

SUSANNE SIGG

Frau Susanne Sigg ist seit 1990 wissenschaftliche Mitarbeiterin beim Bund für Lebensmittelrecht und Lebensmittelkunde e.V. (BLL). Nach dem Studium der Ernährungswissenschaften an der Universität Stuttgart-Hohenheim und der Ausbildung zur Wissenschaftlichen Dokumentarin in Frankfurt baute sie den Informationsservice des BLL mit Recherchen zum internationalen Lebensmittelrecht und fachspezifischer Literatur auf. Sie wirkte an der Planung und dem Aufbau der BLL-Krisenmanager-Datenbank mit und betreut seitdem deren Pflege und Weiterentwicklung.

DR. CHRISTOPH WILLERS

Nach seinem Studium der Betriebswirtschaft hat Christoph Willers über das „Marketing in Widerstandsmärkten – untersucht am Beispiel gentechnisch veränderter Lebensmittel" promoviert. Seit 2007 ist er für die AFC Management Consulting AG als Consultant im Bereich Risiko- und Krisenmanagement tätig. Neben dem aus seiner Forschungstätigkeit resultierenden Fachgebiet der Grünen Gentechnik liegt sein Beratungsschwerpunkt im präventiven Markenmanagement sowie im Aufbau und der Anpassung von Risiko- und Krisenmanagementsystemen bei Unternehmen im Agrar- und Ernährungssektor.

Inhaltsverzeichnis

I   Risikomanagement

Behr's Verlag, Hamburg

Behr's Verlag, Hamburg

Behr's Verlag, Hamburg

I Risikomanagement

1 Risikoprävention auf Unternehmensebene

ANSELM ELLES

Die klassischen Präventionsmaßnahmen auf dem Niveau von Verarbeitungs- und Handelsunternehmen lassen sich in die Bereiche

* aktuelle Gesetzgebung und Normen sowie

* Unternehmensmanagement

gliedern.

In dem am 01.05.1998 in Kraft getretenen *Gesetz zur Kontrolle und Transparenz im Unternehmensbereich (KonTraG)* wird durch den Gesetzgeber in § 91. Abs 2 AktG von den Vorständen deutscher Aktiengesellschaften die Einrichtung eines Risikomanagementsystems zur Früherkennung existenzgefährdender Entwicklungen verlangt. Auch für die GmbH-Geschäftsführung wir in § 43. Abs. 1 des GmbH-Gesetz die Sorgfaltspflicht eindeutig definiert. Somit wird für beide Unternehmensformen die Notwendigkeit geregelt, mögliche bestandsgefährdende Risiken sorgfältig zu identifizieren, zu steuern und Präventivmaßnahmen zu definieren. Risikoprävention wird hierdurch ein Bestandteil der ordnungsgemäßen Unternehmensführung, die auf der Grundlage von nachprüfbaren Maßnahmen zur gesetzlichen Verpflichtung für die Geschäftsführung und Vorstände erhoben wird. Verstößt die Unternehmensleitung gegen die ihr auferlegte Sorgfaltspflicht, so macht sie sich schadensersatzpflichtig.

Auch wenn sich, trotz dieser gesetzlichen Auflagen, bislang kein einheitliches Risikomanagement-Verständnis entwickelt hat, so muss die Unternehmensleitung der ihr auferlegten Verpflichtung entsprechen und Systeme und Instrumente für die

* Risikoüberwachung,

* Risikoidentifizierung,

* Risikobewertung,

* Risikosteuerung und

* Risikoprävention

entwickeln und implementieren.

Die Herleitung einer angepassten Risikostrategie ist die natürliche Folge, die darauf abzielt, geeignete Strukturen, Instrumente und Dokumente für das Unternehmen und die mit dem Risikomanagement Beauftragten zu entwickeln und nachhaltig abzusichern.

Infolge der hinlänglich beschriebenen Skandale in der Agrar- und Ernährungsindustrie sowie dem Lebensmittelhandel hat sich auch die Europäische Kommission einen ergänzenden Gesetzesrahmen gegeben, der u. a. in der Verordnung (EG) Nr. 178/2002 vom 28.01.2002 zusätzliche Auflagen für die zuständigen Behörden sowie für die Lebensmittelwirtschaft formuliert. Ohne hier eine neuerliche Kommentierung der Verordnung zu wagen, gilt es auf einige wichtige, in der öffentlichen Diskussion oftmals ausgeblendete Aspekte im Zusammenhang mit dem Risikomanagement in der Lebensmittelwirtschaft hinzuweisen.

Im Sinne der EU-Verordnung zählen „alle Stoffe oder Erzeugnisse, die dazu bestimmt sind oder von denen nach vernünftigen Ermessen erwartet werden kann, dass sie in verarbeiteten, teilweise verarbeitetem oder unverarbeitetem Zustand von Menschen aufgenommen werden" zu Lebensmitteln. Der „Anwendungsbereich" stellt in Kapitel II Allgemeines Lebensmittelrecht, Artikel 4, einen Bezug her, zu allen „Produktions-, Verarbeitungs- und Vertriebsstufen von Lebensmitteln wie auch von Futtermitteln, die für der Lebensmittelgewinnung dienende Tiere hergestellt oder an sie verfüttert werden". In Artikel 6 und 7 dieses Kapitels wird bereits die Fragestellung der Risikoanalyse und des Vorsorgeprinzip erörtert.

Im Sinne der „Sorgfalt eines ordentlichen Geschäftsleiters" ist es somit von außerordentlicher Bedeutung, die im Unternehmen bestehenden und von ihm ausgehenden Risiken entsprechend zu managen. Dabei kann das Risikomanagement nur bedingt auf eine möglichst vollständige Eliminierung aller denkbaren Risiken abzielen. Es geht somit vielmehr um eine Strategie, die darauf abzielt, wesentliche Risikopotentiale frühzeitig zu erkennen, den Handlungsspielraum der Geschäftsleitung zu erhöhen und in angemessener Art und Weise bestehende Risiken und Präventionsmaßnahmen abzuwägen. Als Risiken versteht man hierbei die signifikante Abweichung von den angestrebten Unternehmenszielen.

Wie sich aus Abbildung 1.1-1 ersehen lässt, gliedern sich die Ablaufprozesse des Risikomanagements in konsekutive Folgeschritte, die es nachfolgend zu beschreiben gilt.

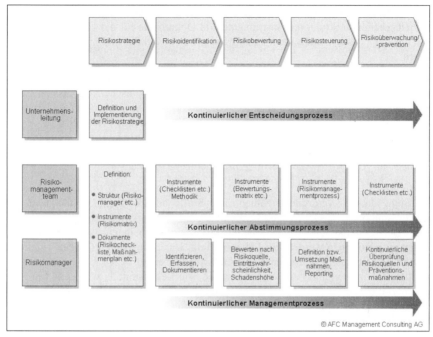

Abb. 1.1-1   Folgeschritte des Risikomanagements

1.1   Definition der Risikostrategie

Bei der Definition der Risikostrategie gilt es abzuwägen, welche Handlungspflichten sich für die Geschäftsleitung aus den gesetzlichen und unternehmensspezifischen Anforderungen ergeben sowie welche Managementstrukturen und -instrumente im Unternehmen vorhanden sind und mit der Risikoprävention beauftragt werden.

Um die **Handlungspflichten** der Geschäftsleitung zu definieren ist es zunächst von Bedeutung,

- die Unternehmensziele hinsichtlich ihrer Risikopotentiale zu überprüfen,

- spezifische gesetzliche und normative Anforderungen an das Unternehmen zu determinieren,

- sich auf die wesentlichen Risikobereiche zu fokussieren,

- Methoden der Identifizierung, des Managements und der Prävention zu determinieren.

Des Weiteren gilt es, die Ziele des Risikomanagementsystems zu definieren, die sich u. a. in

- unternehmerische Ziele
  (Umsatz-, Ertrags- und Rentabilitätsziele etc.),

- imagebezogene Ziele
  (Unternehmens-, Management-, Markenimage) und

- Managementziele
  (Früherkennung/-prävention, Identifikation, Steuerung und Bewertung/ Reporting)

gliedern können.

Als **Strukturen** verstehen wir in der Unternehmensorganisation eindeutig definierte Funktionsbereiche wie den/die Risikomanager, (interdisziplinäre) Risikoteams und mögliche externe Mitwirkende wie z. B. Wirtschaftsprüfer, Rechtsanwälte oder Riskconsultants.

Bei den **Instrumenten** haben sich u. a. Checklisten zur Risikoidentifizierung und -spezifizierung, Bewertungsmatrizes sowie Ablaufprozesse zur unternehmensweiten Strukturierung der Vorgehensweisen, der Verantwortlichen/Mitwirkenden sowie der mitgeltenden Dokumente als sinnvoll erwiesen.

Dementsprechend sollte die Risikostrategie dahingehend definiert werden, welchen Handlungspflichten sich das Unternehmen und Management verpflichtet fühlt, welche Zielsetzungen verfolgt werden und wie das Unternehmen durch entsprechende Strukturen und Instrumente abgesichert werden kann. Dabei sollte auch durchaus berücksichtigt werden, welchen Mehrwert sich das Unternehmensmanagement von Risikomanagement und -prävention erwartet und welchen Impakt derartige Systeme auf die Marktposition und den Unternehmenswert haben können. Die Risikostrategie sollte einer jährlichen Überprüfung und Anpassung unterzogen werden.

1.2 Risikoidentifikation

Wie bereits ausgeführt, sollte sich das Risikomanagementsystem auf die wesentlichen Risiken

* des Unternehmens,

* des Markts,

* der erzeugten Produkte und

* der spezifischen Kunden-/Verbraucheranforderungen und -erwartungen

konzentrieren. In der Praxis hat es sich als sinnvoll erwiesen, zwischen **externen** und **internen Risikoquellen** zu unterscheiden, als da beispielsweise wären:

* Externe Risikoquellen

  o gesetzliche, normative und durch nationale/internationale Standards (IFS, BRC etc.) geprägte Risiken

  o Beschaffungs- und Absatzrisiken (Ausfall von Lieferanten, Importbestimmungen, Änderungen im Verbraucherverhalten etc.)

  o Marktrisiken (Wettbewerbsituation, Demographie, Pandemien etc.)

* Interne Risikoquellen

  o technologische Risiken (u. a. technologische Anforderungen hinsichtlich Investitionen, Anpassungen, Erweiterungen, Ausfall von Produktionslinien infolge von Energie-, Ersatzteil- oder Maintenanceengpässen / -ausfall etc.)

  o produktspezifische Risken (u. a. Marktvolumen und -anteil, spezifische Verbrauchergruppen (Allergiker, Diabetiker etc.), auslaufende Patente etc.)

  o personalspezifische Risiken (u. a. Nachfolgeregelungen, Verfügbarkeit qualifizierter Mitarbeiter, Kompetenz und Qualifikation bzw. zusätzliche Potentiale vorhandener vs. benötigter Mitarbeiter etc.)

  o finanzielle Risiken (u. a. Investitions-, Beteiligungs- oder Abfindungsrisiken, Bilanzschutz, Notwendigkeit von Rückstellungen etc.)

Wichtig ist es, diese endogenen und exogenen Faktoren durchaus dahingehend zu betrachten, inwieweit sie einen direkten oder indirekten Impakt auf das eigene Unternehmen und dessen Produkte oder Märkte haben.

- Bei Ausbruch von bestimmten Krankheiten oder Epidemien kann es zur Festlegung von Schutzzonen kommen, so dass ein Unternehmen eventuell von seinen Liefer- oder Absatzstrukturen abgeschnitten wird (siehe Ausbruch von Avian Flue in Mecklenburg-Vorpommern).

- Die zunehmende Anzahl von Allergikern in der Bevölkerung kann ebenso zu einer sukzessiven Veränderung im Verbraucherverhalten wie auch zu der Notwendigkeit einer Produktanpassung führen.

- Die heutzutage kontrovers diskutierte Verknappung von Rohstoffen (Teller vs. Tank) sowie die demographische Entwicklung führen zu neuen Präferenzsystemen bei Konsum und Personalentwicklung.

Entsprechende Risiken gilt es anhand von Checklisten intern und extern zu

- identifizieren und zu beschreiben,

- bewerten (Risikopotential, Eintrittwahrscheinlichkeit, Schadenshöhe)

und gleichfalls Maßnahmen zu Risikoprävention und -management zu definieren.

Ähnlich wie es somit einen Risiko-Mix gibt, bedarf es im Rahmen der Risikoidentifizierung einer möglichst eindeutigen Risikoinventur und der Herleitung präventiver Maßnahmen. In der Praxis hat es sich als sinnvoll erwiesen, derartige Checklisten z. B. im Rahmen der Erstellung einer HACCP-Studie zu erstellen. Die internen Risiken können so beispielsweise produkt- und/oder abteilungsspezifisch erhoben werden, und gleichzeitig entwickelt sich das Risikomanagement zu einem integrierten, unternehmensspezifischen Präventions- und Managementsystem. Sollte beispielsweise ein bereits erzeugtes Produkt dahingehend variiert werden, dass die Mindesthaltbarkeit verlängert wird, neue Kundensegmente (z. B. Babynahrung, diätetische Nahrungsmittel, Kleingebinde für Seniorenhaushalte etc.) erschlossen oder zusätzliche in- oder ausländische Absatzmärkte beliefert werden, so bedarf es jeweils der Risikoidentifikation, damit im unternehmenseigenen Risikomanagement entsprechende Entwicklungen berücksichtigt werden.

Die Gliederung des Unternehmens in spezifische Risikobereiche lässt sich beispielsweise anhand folgender Risikofelder vornehmen:

- Haushaltung und Entsorgung (Müll)

- Gebäudezustand und Instandhaltung

- Reinigung und sanitäre Einrichtungen

- Schädlingsbekämpfung

- Hygiene und Kontrollmaßnahmen

- Produktions- und Qualitätskontrolle

- Fremdkörper- und Kreuzkontaminationen

- Produktions- und technische Anlagen

- Verpackung und Kennzeichnung

- Allergenkontrolle

- Produktions- und Betriebssicherheit

- Kennzeichnung und Rückverfolgbarkeit

- Rückruf- und Krisenplanung

Dabei müssen allerdings die abteilungsübergreifenden Risiken ebenfalls identifiziert werden. Dementsprechend werden abschließend die ermittelten Risiken dahingehend analysiert, inwieweit es sich um Einzelrisiken in spezifischen Unternehmensbereichen oder ggf. um mehrfach benannte unternehmensübergreifende Risiken handelt.

Abschließend sei nochmals darauf hingewiesen wie wichtig es ist, dass

- die Anzahl der zu betrachtenden Risiken überschaubar bleibt,

- die Beschreibung der Risiken hinsichtlich Ursache, Wirkung und Abhilfe möglichst spezifiziert und

- die hergeleiteten Abhilfe- und/oder Präventionsmaßnahmen möglichst praxisnah definiert und beschrieben werden.

1.3 Risikobewertung

Aufbauend auf der vorweg beschriebenen Risikoidentifizierung sollte sich die Risikobewertung sowohl an den Unternehmenszielen als auch an ihrem Gefahrenpotential und ihrer Eintrittwahrscheinlichkeit orientieren. Oftmals sind diese Faktoren eng miteinander korreliert.

Für die Risikobewertung hinsichtlich der Unternehmensziele sollten beispielsweise

- ökonomische, finanzielle, bilanzielle etc.,

- marktspezifische (neue Marktsegmente, Wettbewerbskonstellationen, Übernahme-/Erweiterungsinvestitionen) etc.,

- personelle und organisatorische

Risiken anhand abgeleiteter Messgrößen bewertet werden. So kann beispielsweise die oben erwähnte Auszeichnung einer Schutzzone dazu führen, dass Liefer- und Absatzwege abgetrennt werden, wodurch die Produktion und das Betriebsergebnis nachhaltig negativ beeinträchtigt werden kann.

Auch wenn es anfänglich oftmals schwer fällt, bei der Bewertung der Risiken dem Grad der Eintrittswahrscheinlichkeit eine fundiert abgeleitetete Schadenshöhe beizumessen, so muss dies konsequent durchgeführt werden. Dabei gilt es mitunter zu berücksichtigen, dass bestimmte Risiken

- hinsichtlich ihrer Eintrittwahrscheinlichkeit gegen Null tendieren, ihr Eintreten allerdings erhebliche oder eventuelle sogar Existenz gefährdende Schadenshöhen bedingt,

- alltäglich auftreten, von untergeordneter Schadenshöhe sein können, allerdings die Summe der Eintrittsfälle wirtschaftlich durchaus ins Gewicht fällt,

- unvermeidbar sind, aber dennoch Präventivmaßnahmen zu einer direkten Risiko- und Schadensminimierung beitragen.

Es ist durchaus üblich, verschiedene Szenarien zu hinterlegen, die sich hinsichtlich „best case" oder „worst case" unterscheiden und die Herleitung einer jeweiligen Schadenserwartung (Höchstwert vs. Niedrigstwert) ermöglichen. Sowohl die Eintrittswahrscheinlichkeit als auch die Schadenswerte sollten derart objektiv hergeleitet werden, dass sie eine Anpassung infolge von erfolgreichen Präventivmaßnahmen ebenso berücksichtigen wie die Möglichkeit, dass dem Unternehmen keinerlei Eingrenzungsmöglichkeiten gegeben sind.

Am oben bereits beschriebenen Beispiel der Ausweisung von Schutzzonen lässt sich die Möglichkeit der Erlangung von Sondergenehmigungen ebenso prüfen wie die Notwendigkeit einer eventuellen (temporären) Betriebsverlegung. Eine Einflussnahme auf die Ausdehnung der Schutzzonen bzw. die administrativen und behördlichen Auflagen ist hingegen als gering zu betrachten.

Die Ergebnisse der Risikobewertung sollten in eine **Bewertungsmatrix** einfließen, anhand derer die identifizierten Risiken spezifiziert, bewertet und fortgeschrieben werden können. Dabei werden allerdings nicht nur die individuellen Risiken bewertet, sondern die Gesamtwirkung aller Risiken auf das Unternehmen wird berücksichtigt. Nur so kann man ermessen, ob die Maßnahmen des Risikomanagements ausreichen, das Unternehmen gegen die existierenden Risiken zu schützen oder inwieweit ergänzende Maßnahmen zu Minimierung bzw. Vermeidung beitragen können/müssen.

Basierend auf der Bewertungsmatrix lassen sich die quantifizierten und qualifizierten Risiken periodische erheben und graphisch wie folgt darstellen.

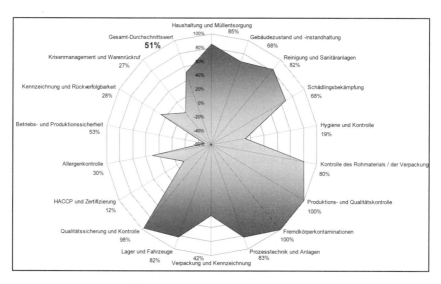

Abb. 1.3-1   Bewertungsmatrix ausgewählter Risikobereiche

1.4 Risikosteuerung

Im Alltagsgeschäft kommt der Risikosteuerung eine außerordentliche Bedeutung zu. Sämtliche Risikomanagementmaßnahmen sollten die täglichen Unternehmensabläufe berücksichtigen, auch wenn selbstverständlich eine Differenzierung zwischen

- täglichen,

- periodischen und

- einmaligen

Risiken getroffen werden sollte.

Die Risikosteuerungsinstrumente sollten auf die identifizierten Risiken ausgerichtet sein und der Aufbau- und Ablauforganisation des jeweiligen Unternehmens Rechnung tragen. So gliedern sich die Funktionen und Rollen des Risikomanagement u. a. zwangsläufig entsprechend

- der Unternehmensgröße,

- der Unternehmensstruktur (Konzern, alleinige Produktionsstätte oder verschiedene Betriebsstätten) und

- nationalen oder internationalen Beschaffungs- und Absatzmärkten.

Je nach Größe des vorliegenden Unternehmens wird die Risikosteuerung durch die Unternehmensleitung, das Risikomanagement und die jeweiligen Abteilungsverantwortlichen entsprechend diversifiziert wahrgenommen. Bei kleineren Unternehmen obliegen diese Aufgaben oftmals einigen wenigen Funktionen und Personen, bei größeren, international agierenden Unternehmen müssen sowohl zentrale als auch dezentrale Strukturen eingebunden werden.

Wichtig ist hierbei, unabhängig von der Unternehmensgröße, die Aufgaben der Beteiligten eindeutig zu definieren, Stellvertreter- und Befugnisregelungen vorzusehen sowie vorhandene Schnittstellen zwischen den Verantwortungsbereichen präzise und nachvollziehbar zu definieren.

Wie bereits in Abbildung 1.1-1 beschrieben, lassen sich die Beteiligten in Unternehmensleitung, Risikomanagementteam und Risikomanager gliedern.

Der **Unternehmensleitung** kommen dabei u. a. folgende Aufgaben und Verantwortlichkeiten zu:

- Festlegung der Risikostrategie sowie jährliche Überprüfung und Anpassung

- Absicherung der Rahmenbedingungen des Risikomanagements

- Einhaltung der Risikomanagementprozesse

Das **Risikomanagementteam** konstituiert sich in der Regel aus der Unternehmensleitung, dem Risikomanager, dem Controlling sowie den betroffenen Abteilungen aus Produktion (Qualitätsmanagement, Produktionsleitung etc.) und Warenwirtschaft (Beschaffung, Lager, Vertrieb etc.). Den Beteiligten obliegt die Aufgabe, die Unternehmensleitung und den Risikomanager bei der Identifizierung, Bewertung, Steuerung und Prävention von Risiken mitwirkend oder alleinverantwortlich beratend und agierend zu unterstützen.

Der **Risikomanager** trägt u. a. die Verantwortung für

- die Umsetzung notwendiger Steuerungs- und Präventionsmaßnahmen,

- die kontinuierliche Überprüfung und, soweit notwendig, Anpassung der vereinbarten Maßnahmen,

- die (mindestens jährliche) Aktualisierung und Fortentwicklung des Systems und

- das Reporting gegenüber der Unternehmensleitung.

Die bereits angesprochenen Stellvertreterregelungen und Befugnisse sollten in den jeweiligen Stellenbeschreibungen und notwendigen Unterschriftenregelungen nachhaltig festgelegt sein, um im Eintrittsfall mögliche Verwirrungen und Fehlentscheidungen zu vermeiden. U. a. im Sinne der Schnittstellendefinition empfiehlt es sich, die Risikomanagementprozesse in entsprechenden Ablaufplänen festzuschreiben, unter Benennung der jeweiligen Folgeschritte, der hierfür Verantwortlichen und Mitwirkenden sowie der mitgeltenden Dokumente. Anlässlich der (mindestens) jährlichen Überprüfung und Fortschreibung des Risikomanagementsystems gilt es, die aktuellen Risiken anhand der jeweils gültigen Unternehmensziele zu überprüfen und anzupassen.

1.5 Risikoüberwachung und -prävention

Einerseits bedarf es der fortwährenden Überwachung des Systems und der festgeschriebenen Präventionsmaßnahmen. Andererseits sollten interne und externe „Frühwarnsysteme" genutzt werden, um mögliche Risikopotentiale und Risikoänderungen zu determinieren.

Die Präventionsmaßnahmen, die im Rahmen der Risikoidentifizierung und -bewertung zu definieren sind, zielen darauf ab, bestehende Risiken hinsichtlich ihres Gefahrenpotentials, ihrer Eintrittswahrscheinlichkeit und der Schadenshöhe zu vermeiden oder einzugrenzen. Sie liegen im Verantwortungsbereich des Riskmanagers sowie der hierfür determinierten Unternehmensbereiche. Auch hier bietet sich an, anhand von Ablaufprozessen die jeweiligen Maßnahmen, die hierfür Verantwortlichen und Mitwirkenden sowie mitgeltende Dokumente zu definieren.

Gleichzeitig sollte sich das Risikomanagement bestehender interner und externer „Frühwarnsysteme" bedienen, als da wären

- interne Frühwarn- und Überwachungssysteme

  o HACCP- und Qualitätsmanagementsysteme etc.

  o Reklamationswesen

  o Lieferanten- und Kundenaudits

- externe Frühwarn- und Überwachungssysteme

  o EU Rapid Alert System for Food and Feed
  (http://ec.europa.eu/food/food/rapidalert)

  o Bundesverband der Deutschen Ernährungsindustrie e.V.
  (http://www.bve-online.de)

  o Bund für Lebensmittelrecht und Lebensmittelkunde e.V.
  (http://www.bll.de)

  o Bundesinstitut für Risikobewertung
  (http://www.bfr.bund.de)

  o Bundesamt für Verbraucherschutz und Lebensmittelsicherheit
  (http://www.bvl.bund.de)

  o Robert Koch Institut (http://www.rki.de)

Derartige Systeme und Institutionen sollten als „Seismographen" genutzt werden, um bestehende oder sich entwickelnde Risiken intern oder extern zu erheben und adäquate Präventions- und Steuerungsmaßnahmen abzuleiten.

Wie derartige „Seismographen" genutzt werden können, soll das nachfolgende Praxisbeispiel veranschaulichen:

Im Februar 2005 fanden britische Lebensmittelkontrolleure in einer in England produzierten Worcestersauce den Farbstoff Sudangelb (Sudan I). Sudan-Farbstoffe sind in der EU seit 1995 nicht mehr als Zusatz für Lebensmittel zugelassen, da sie im Körper in Amine aufgespalten werden können, von denen einige karzinogen sind. Sudan-Farbstoffe werden u. a. immer wieder in importierten Produkten nachgewiesen, so z. B. in Chilipulver und nativen Palmöl sowie in tomaten- und paprikahaltigen Produkten wie beispielsweise Pesto. Durch die auf dem englischen Fund basierende Warnmeldung im Europäischen Rapid Alert System konnten auch in der Bundesrepublik Deutschland zahlreiche Unternehmen der Lebensmittelindustrie ihr Risikomanagement „scharf" stellen und entsprechende Wareneingangskontrollen dahingehend nutzen, das mit Sudan kontaminierte Rohstoffe identifiziert und nicht weiter verwendet wurden.

2 Risikoassessment bei Unternehmen der Lebensmittelwirtschaft

MICHAEL LENDLE

Ein zentrales Ziel der Überprüfung von Risiken für ein Unternehmen sollte neben dem obligatorischen Verbraucherschutz die Gewährleistung von betrieblicher Kontinuität sein. Für die Identifizierung und Bewertung von Risiken ist es daher essentiell, die möglichen Bedrohungen für das Unternehmen zu kennen und ihr Ausmaß zu ermitteln. Nur so kann im richtigen Umgang mit Risiken ein weitgehend uneingeschränkter Fortgang der Geschäftsprozesse gewährleistet werden.

In die unternehmensspezifische Überprüfung von Risiken sollten nicht nur alle relevanten Unternehmensbereiche („business units"), sondern alle erforderlichen Mitarbeiter und deren Expertise einbezogen werden. Die Vorgehensweise bei der Analyse potenzieller Risiken und der Festlegung angemessener Managementmaßnahmen sollte vom verantwortlichen Team sachlogisch und zweckmäßig erfolgen:

- Definition möglicher Risiken (Bereiche und Felder)

- Zusammenstellung der Arbeitsteams (nach Expertise)

- Priorisierung der Risikobereiche (unternehmensintern, -extern)

- Rangreihung möglicher Risikofelder (Produkt, Öffentlichkeit, Gesetz etc.)

- Analyse der Ursachen und Quellen der Risiken

- Erarbeitung möglicher Managementaktivitäten

- Erstellung relevanter Lösungsalternativen

- Begleitung der Umsetzung ausgewählter Lösungen

- Evaluierung implementierter Lösung

- Empfehlungen zur Anpassung der Notfallplanung

Für den zweckmäßigen Umgang mit Risiken inner- und außerhalb des Unternehmens müssen alle relevanten Risikobereiche erfasst und bewertet werden. Aber gerade die Erfassung der bestehenden oder potenziellen Risiken stellt viele Unternehmen der Ernährungsbranche vor große Schwierigkeiten, zumal sich die möglichen Bedrohungen im Umfeld der Unternehmen stets verändern.

2.1 Risikoarten

Die Landschaft relevanter Risikobereiche hat sich in der Ausgestaltung und der Gewichtung stark verändert. Mussten Unternehmen bislang vornehmlich mit internen Risiken wie Produktkontamination oder Mitarbeiterausfall rechnen, gilt es sich heutzutage vermehrt auf externe Risikoszenarien wie kritische Verbraucher oder Lieferantenausfall einzustellen.

Zur Identifizierung bestehender Risiken müssen Unternehmen zunächst mögliche Risikobereiche inner- und außerhalb des Unternehmens bestimmen, die es im Nachgang im Einzelnen auf die spezifischen Gegebenheiten des Unternehmens hin zu bewerten gilt.

Auswahl potenzieller Unternehmensrisiken:

intern:

Produktkontamination

- a) durch Zukauf von Rohware, Halbfertigware etc.
- b) durch mangelnde Hygiene im Verarbeitungsprozess
- c) durch gezielte Sabotage von Mitarbeitern

Leistungsausfall

- a) durch fehlende Mitarbeiter (Krankheit, Kündigung, Streik etc.)
- b) durch Stillstand von Maschinen (technischer Defekt etc.)

extern:

Öffentliche Diffamierung

- a) durch Kampagne von Wettbewerbern, NGO etc.
- b) durch negative Medienberichte (Presse etc.)
- c) durch negative Testberichte (Stiftung Warentest, Öko-Test etc.)

Umweltprobleme

- a) durch Naturkatastrophen etc.
- b) durch Pandemien

Recht und Politik

- a) durch Gesetzesänderungen (Höchstmengen, Grenzwerte etc.)
- b) durch Gesetzesverstöße (Kartellrecht etc.)

Behr's Verlag, Hamburg

Ökonomie

a) durch erhöhte Rohstoffpreise

b) durch Währungsschwankungen

c) durch Konkurs bei Lieferanten

Auch wenn diese für die Gewährleistung einer betrieblichen Kontinuität erforderliche Risikoanalyse und -bewertung dringend angeraten ist, sollte an dieser Stelle betont werden, dass der Gesetzgeber zumindest im Bereich der Lebensmittelherstellung lediglich eine auf den Produktionsprozess im Unternehmen konzentrierte Analyse gegebener Risiken verlangt. Im Folgenden wird daher am Beispiel der Produktkontamination die Vorgehensweise im Risikomanagement zur Feststellung potenzieller Risikoquellen vorgestellt.

2.2   Risikoquellen

Für eine Benennung der Quellen potenzieller Risikobereiche können bestehende Systeme im Unternehmen zum Qualitäts- und Hygienemanagement etc. herangezogen werden. Gerade bei einer möglichen Produktkontamination kann die Gefahren-analyse entlang der Prozesskette im Rahmen des ohnehin obligatorischen Hygiene-management hilfreich sein. Auch das Heranziehen von implementierten Qualitätsstandards im Unternehmen wie die verbindlich festgelegten Vorgaben des International Food Standard (IFS) oder des British Retail Consortium (BRC) können bei der Bemessung potenzieller Risikoherde nützlich sein.

Risikofelder im Unternehmen am Beispiel „Produktkontamination":

- Haushaltung und Entsorgung (Müll)

- Gebäudezustand und Instandhaltungsmaßnahmen

- Reinigung und sanitäre Einrichtungen

- Qualitätssicherung, Maßnahmen und Kontrolle

- Schädlingsbekämpfung und Maßnahmen

- Hygiene, HACCP und Kontrollmaßnahmen

- Kontrolle des Rohmaterials und der Verpackung

- Produktions- und Qualitätskontrolle

- Fremdkörperkontaminationen

- Produktions- und technische Anlagen

- Lagerhaltung und Fahrzeuge

- Allergenkontrolle

- Produktions- und Betriebssicherheit

- etc.

Für das Risiko einer Produktkontamination im Unternehmen wird die endgültige Auswahl möglicher Quellen nach der obligatorischen Besichtigung der Betriebs- und Produktionsstätten anhand vorliegender Unterlagen und mitgeltender Dokumente zum Qualitätsmanagement getroffen. Von Nutzen können hierfür folgende Aufzeichnungen sein:

- Handbücher und Berichte zum Hygiene- und Qualitätsmanagementsystem, insbesondere HACCP-Konzept

- Berichte zur Implementierung und Evaluierung zusätzlicher Lebensmittelsicherheits-Standards wie ISO 9000 / 9001 ff / 22000, IFS

- Informationen zum Tracking & Tracing System wie Batch Coding System und Kennzeichnung (Etikettierung) von Eigenprodukten und der Zuliefer-Unternehmen

- Prüfberichte der Lebensmittelbehörden (Stichproben-Analyse, Kontaminationsrisiken)

- Berichte zu durchgeführten Lieferanten-Bewertungen (Audits)

- etc.

Die Analyse bestehender Risiken und deren Quellen erfolgt anhand der letztendlich identifizierten Risikobereiche und -felder im Unternehmen.

Behr's Verlag, Hamburg

2.3 Risikoanalyse

Mit Blick auf die Gewährleistung betrieblicher Kontinuität geht es um die Aufrechterhaltung einer notwendigen Mindestleistung bei Fortführung der erforderlichen Geschäftsprozesse. Der Einsatz der gegebenen Produktionsfaktoren wie Mensch, Maschine und Infrastruktur sollte dabei nur mit einem tolerierbaren Leistungsausfall erfolgen.

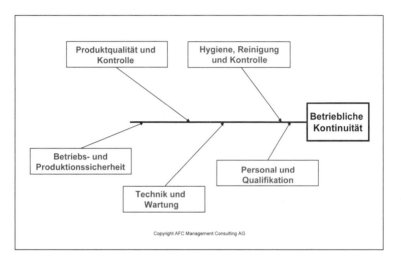

Abb. 2.3-1   Fehlerbaumanalyse potenzieller Risiken betrieblicher Kontinuität

Nach der Bestimmung möglicher Risiken im Unternehmen sollte eine eingehende Untersuchung der Ursachen und Wirkungen erfolgen. Diese Analyse erfolgt ungeachtet einer monetären Bewertung zunächst anhand einer Ursachen-Wirkungskette, um entsprechende Auswirkungen für unternehmensinterne Prozessabläufe und Leistungsausfälle ermitteln zu können.

Wesentlich ist bei dieser Analyse, das Zusammenspiel verschiedener Produktions- und damit auch Risikofaktoren und ihrer unmittelbaren Auswirkungen auf einen möglichen Leistungsrückgang oder -ausfall zu berücksichtigen.

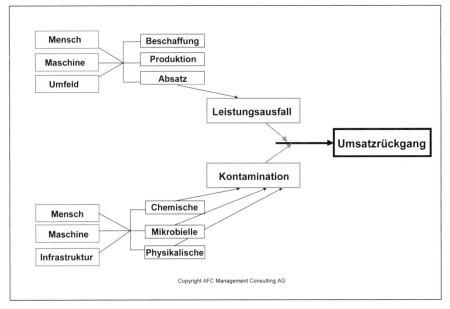

Abb. 2.3-2   Fehlerbaumanalyse zum Umsatzrückgang

Am Beispiel „Maschinenausfall" werden das Zusammenspiel von verschiedenen Produktionsfaktoren und damit die Auswirkungen auf einen Produktionsausfall oder Leistungsabfall deutlich.

1. Bei Wartungsarbeiten wird der fortgeschrittene Verschleiß eines Maschinenteils nicht identifiziert und dokumentiert.

2. Schaden tritt ein und Maschinenteil fällt aus.

3. Benachrichtigung des für die Reparatur verantwortlichen Dienstleisters erfolgt

4. Maschine fällt für die laufende und folgende Schicht aus

5. Zuständiger Monteur des Dienstleisters ist krank und kein Ersatz möglich.

6. Anwesender Mitarbeiter ist nicht qualifiziert für die Durchführung der notwendigen Reparaturen.

7. Reparatur durch Dienstleister ist erst nach 48 h möglich, mehrere Schichten fällt Maschine aus.

8. Es liegen keine Pläne für den Einsatz einer Ersatzmaschine vor.

9. Produktionsausfall: 54 h

Aufgrund der Notwendigkeit der gleichzeitigen Nutzung verschiedener Produktionsfaktoren bei der Leistungserstellung muss auch das Risiko eines Ausfalls oder Rückgangs von mehren Faktoren mit in die Risikoanalyse einbezogen werden. Daher ist die Erarbeitung von Risiko-Clustern auf Basis der durchzuführenden Bewertungen nach Eintrittswahrscheinlichkeiten und Folgeschäden wesentlich.

Die Analyse gegebener Risiken im Unternehmen sollte ganzheitlich und mehrstufig erfolgen:

1. Feststellung der größten Risiken für die betriebliche Kontinuität
   Ausfall von Produktionsfaktoren: Mensch, Maschine, Infrastruktur etc.

   o   Gefahrenpotential (Schadenshöhe, Leistungsabfall, -ausfall)

   o   Eintrittswahrscheinlichkeit (Auftrittshäufigkeiten, Erfahrungen, Einschätzung)

2. Bildung von Risiko-Clustern gemäß des Zusammenspiels verschiedener Faktoren
   Ressourcenausfall: Ursache-Wirkungs-Zusammenhang

   o   Bemessung des kritischen Zustands

   o   Festlegung tolerierbarer Ausfallzeiten

3. Einschätzung der Risiken gemäß Szenarien
   Möglicher Leistungsausfall und -abfall, Schadenseintritt

   o   Definition plausibler Szenarien

   o   Identifikation möglicher Ursachen (Fehlerbaum)

Nach der Erarbeitung relevanter Risiko-Cluster und realistischer Szenarien eines Leistungsausfalls oder -abfalls müssen diese Risiken bewertet werden. Eine gängige (monetäre) Bewertung von Risiken findet nach Gefahrenpotential (Schadenshöhe) und Eintrittswahrscheinlichkeit (Auftrittshäufigkeit) statt. Aber grundsätzlich ist nicht immer eine monetäre Bewertung anhand entstehender direkter oder indirekter Kosten möglich.

2.4 Risikobewertung

Die Bewertung von Risiken erfolgt in den meisten Fällen durch Bemessen der einge-schätzten Schadenshöhe und der Häufigkeit des bereits aufgetretenen Schadens. Am Beispiel der Marktentnahme durch Rückruf fehlerhafter oder gesundheitsgefährden-der Produkte lassen sich die unmittelbaren (kurzfristigen Effekte) meist monetären Auswirkungen des Schadens mehr oder minder leicht bemessen.

Kurzfristige Effekte

- Nicht-Verkauf schadhafter Ware

- Warenrückruf und Marktentnahme

- Vernichtung schadhafter Ware

- Investitionen zur Fehlerbeseitigung

- Durchführung von PR-Maßnahmen

Schwieriger wird indes die Bewertung der Risiken bei mittelbaren Folgeschäden (langfristigen Effekten), die oftmals nicht mehr monetär zu messen sind.

Langfristige Effekte

- Rückgang bei Umsätzen und Gewinnen

- Schwächung der Marke

- Verlust von Image und Glaubwürdigkeit

- Schwächung der Marktposition

- Durchführung von Marketingaktivitäten

Vernachlässigt werden überdies die Maßnahmen und Aktivitäten, die aufgetretene Schäden häufig nach sich ziehen. Zumal ein Erfolg der Umsetzung solcher erforder-licher Korrekturen zur Risikominimierung oder der proaktiven Anpassung der Kom-munikationsstrategie nur schwer erfasst und ausgewertet werden kann.

Neben dieser Bewertung von Schäden entsprechend ihrer monetären Auswirkungen für das betroffene Unternehmen ist eine – im Sinne des vorbeugenden Verbraucher-schutzes zweckdienliche – Abschätzung der Risiken nach dem Grad der Gesund-heitsgefährdung vorrangig. Bei der Herstellung von Lebensmitteln verlangt der Ge-setzgeber von Unternehmen eine Analyse gegebener Risiken und deren Minderung durch vorbeugende Maßnahmen im Sinne der Gewährleistung von Lebensmittelsi-cherheit und Verbraucherschutz.

Der Schweregrad von potenziellen Risiken, wie z. B. durch Produktkontamination, wird anhand des Gefahrenpotenzials auf die Gesundheit und Sicherheit und von der Eintrittswahrscheinlichkeit unter den gegebenen Bedingungen der Produktion und des Produktgebrauchs bestimmt.

Im Unternehmen selbst sollten bestehende Risiken schrittweise identifiziert, analysiert und bewertet werden:

1. Identifikation von Risikofeldern entlang der Prozesskette

    o   Potential von Produktkontamination, Kreuzkontamination

    o   HACCP/Hygiene-Vorschriften (nach EU VO 852/2004)

2. Bewertung der Risiken nach Gefahrenpotential, Wahrscheinlichkeit des Eintritts und Möglichkeit zur Steuerung

3. Erstellung eines Risikoprofils für das Unternehmen anhand einer skalierten Risiko-Matrix

Die Bewertung von Risiken nach dem Grad einer möglichen Gefährdung von Verbrauchern durch nicht Gewährleistung von Lebensmittelsicherheit bildet nicht nur die Basis bestimmter Standards wie IFS oder BRC in der Ernährungsbranche, sondern ist auch im Falle der Entscheidung zum Rückruf betroffener Produkte eine wichtige Bemessungsgrundlage.

Für die Bewertung des Risikos für die Gesundheit des Verbrauchers gibt es keine eindeutige Regelung. Sicher ist nur, dass Informationen bezüglich der „Verbreitung des Produktes" und des „Ausmaßes des Schadens" sowie der „Auswirkung des Mangels" zweckdienlich sein können. Die aufgeführten Fragestellungen tragen dazu bei, eine nahezu vollständige Informationslage abzusichern.

1. Gesundheitlicher Sachverhalt (Gesundheitsrisiko):

    o   Wie hoch ist das gesundheitliche Risiko für den Verbraucher?

    o   Welche anerkannten Experten, Ärzte stehen zur Verfügung?

    o   Welche wissenschaftlichen Daten sind für die Beurteilung des Problems verfügbar?

2. Produktbezogene Informationen (Ursachenklärung, Fehler-Umfang):

    o   Hat der Produktfehler eine versehentliche oder eine vorsätzliche Ursache?

    o   Wann wurden die Produkte hergestellt (Hersteller, Lieferant, Charge, Datum)?

    o   Sind Rückstellmuster, Gegenproben vorhanden?

    o   In welchen anderen Produkten sind Rohwaren, Materialen noch verarbeitet worden?

    o   Welche Mengen sind bereits ausgeliefert und an wen (Abnehmer, Kunde)?

3. Rechtliche Beurteilung:

    o   Wie ist die geltende Rechtslage?

    o   Was hat das Unternehmen zur Erfüllung seiner Sorgfaltspflicht getan?

    o   Welche rechtlichen Konsequenzen und Folgen drohen?

Sollten sich die Informationen dahingehend verdichten, dass gesundheitliche Gefährdungen für den Verbraucher und somit negative wirtschaftliche Beeinträchtigungen für das Unternehmen zu befürchten sind, so gilt es, entsprechende Sofortmaßnahmen in Abstimmung mit dem einberufenen Krisenstab einzuleiten. Je nachdem um welchen Produktfehler oder -mangel es sich handelt, kann dieser auch im kleinsten Ausmaß fatale Auswirkungen haben.

Behr's Verlag, Hamburg

3 Produktrisiken durch Kontamination

CHRISTOPH WILLERS

Der Gesetzgeber verlangt sowohl bei der Herstellung und dem Inverkehrbringen von Food als auch bei Non-Food eine Analyse potenzieller Risiken im Unternehmen. Für den Food-Bereich ist dies in der Basis-Verordnung zur Lebensmittelsicherheit VO (EG) Nr. 178/2002, Artikel 6, Absatz 1 näher spezifiziert: „Um das allgemeine Ziel eines hohen Maßes an Schutz für Leben und Gesundheit der Menschen zu erreichen, stützt sich das Lebensmittelrecht auf Risikoanalysen, außer wenn dies nach den Umständen oder der Art der Maßnahme unangebracht wäre." Das Lebensmittel-, Bedarfsgegenstände- und Futtermittelgesetzbuch (LFBG) bezieht sich in § 36 in diesem Zusammenhang auf die Ermächtigungen für betriebseigene Kontrollen und Maßnahmen: „Das Bundesministerium wird ermächtigt, (...) vorzuschreiben, dass Betriebe, die bestimmte Erzeugnisse herstellen, behandeln oder in den Verkehr bringen, bestimmte betriebseigene Kontrollen und Maßnahmen sowie Unterrichtungen oder Schulungen von Personen in der erforderlichen Hygiene durchzuführen und darüber Nachweise zu führen haben (...)".

Diese exemplarischen Auszüge aus den rechtlichen Rahmenbedingungen machen folgende Punkte deutlich:

- Die Unternehmen tragen die Verantwortung für die Risiken der hergestellten Produkte.

- Im Unternehmen selbst müssen dazu alle bestehenden Risiken für die Gesundheit der Verbraucher bekannt sein.

- Im Unternehmen sind Präventivmaßnahmen zur Verringerung von gegebenen Risiken durchzuführen.

Die Zielsetzung dieser rechtlichen Rahmenbedingungen ist die Erfüllung des Vorsorgeprinzips zum Verbraucherschutz und damit die Gewährleistung der Futter- und Lebensmittelsicherheit. Dazu gehört die Vermeidung von Produktschäden und -kontaminationen.

3.1 Kontaminationsarten

Auslösende Ursachen für Kontaminationen im Lebensmittelsektor können allgemein zwischen

- technologischen Risiken (naturwissenschaftliche Mängel, ungewolltes menschliches oder technisches Versagen) und

• verhaltensbedingten Risiken (Nachlässigkeit, bewusstes Fehlverhalten)

differenziert werden. In der Praxis hat sich im Lebensmittelbereich die Unterscheidung zwischen den Hauptgruppen der versehentlichen und der vorsätzlichen Kontamination etabliert.

3.1.1   Versehentliche Kontamination

Bei den versehentlichen Kontaminationsursachen wird im Lebensmittelbereich zwischen folgenden Risikofeldern unterschieden:

• **Chemische Kontamination:** Die Ursache resultiert z. B. aus unangepassten Verarbeitungstechnologien oder mangelhafter Hygiene beim Personal und im Produktionsprozess. Beispiele für eine chemische Kontamination sind: Rückstände (z. B. Reinigungs- oder Lösungsmittel, Pflanzenschutzmittel, Schwermetalle, Tierarzneimittel), Verunreinigungen während der Produktion (z. B. Maschinenöl, Desinfektionsmittel), Lebensmittelinhaltsstoffe und -zusatzstoffe (z. B. Allergene) oder Migrationen (z. B. Fremdstoffe aus Verpackungen, wie ITX oder Phthalate).

• **Physikalische Kontamination:** Die Ursache resultiert z. b. aus unangepassten Verarbeitungstechnologien, veralteter Prozesstechnik oder unvorsichtigem Arbeiten. Beispiele für eine physikalische Kontamination sind: Fremdkörper aller Art (z. B. Glassplitter, Metallspäne, Silikon- oder Plastikteilchen, Holz, Steinchen, Haare) im Rohmaterial, durch Misch-, Verarbeitungs- und Distributionsprozesse, durch Maschinen und Anlagen oder durch Mitarbeiter.

• **Mikrobiologische Kontamination:** Die Ursache resultiert z. B. aus veralteten/verschmutzten Rohwaren, mangelhafter Hygiene beim Personal und im Produktionsprozess oder der Nicht-Einhaltung von Kühltemperaturen in der Distribution. Beispiele für eine mikrobiologische Kontamination sind: Bakterien und deren Toxine (z. B. Salmonellen, Listerien), Schimmelpilze und deren Toxine (Mykotoxine: z. B. Aflatoxine, Fumonisine, Ochratoxine), Hefen, Viren, Schädlinge und Parasiten.

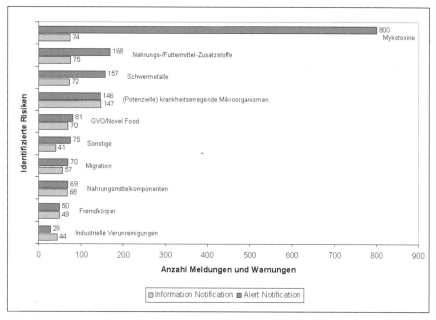

Abb. 3.1-1 **Anzahl von Warn- und Informationsmeldungen nach Ursache (2006)**
(Quelle: RASFF – Annual Report 2006)

Wie sich aus der Abbildung 3.1-1 ersehen lässt, verteilen sich die im Europäischen Frühwarnsystem (RASFF) gemeldeten Rückrufe zu einem großen Teil auf das Feld der mikrobiologischen Kontamination in Form von auftretenden Mykotoxinen. Diese sekundären Stoffwechselprodukte aus Schimmelpilzen finden sich häufig bei landwirtschaftlichen Produkten (Mais, Weizen oder ölhaltige Samen und Nüsse, wie z. B. Pistazien, Erdnüsse, Mandeln und Paranüsse). Die hohe Anzahl von Meldungen im Schnellwarnsystem lässt sich darauf zurückführen, dass die meisten Mykotoxine sehr widerstandsfähig gegenüber Hitze- und Säurebehandlung sind und die betroffenen Waren in hohem Maße als Rohware, d. h. unverarbeitet gehandelt werden. Besonders betroffen von einem Aflatoxin-Befall sind landwirtschaftliche Produkte aus tropischen und subtropischen Gebieten, da Temperaturen von 25 bis 40 °C die Bildung verschiedener Aflatoxine positiv unterstützen.

Zusammenfassend kann festgehalten werden, dass in der Praxis die wichtigsten **Ursachen für Produktrückrufe** aufgrund versehentlicher Kontamination durch folgende Einflussfaktoren bedingt sind:

- mindere Produktionsqualitäten und ungeeignete Testverfahren,

- unangepasste Verarbeitungstechnologien,

- veraltete oder unsachgemäß gelagerte Rohwaren,

- mangelhafte Hygiene bei Personal und im Produktionsprozess,

- Nicht-Einhaltung von Kühltemperaturen, insbesondere bei Distribution,

- allergene Residuen infolge von Kreuzkontamination,

- Kontamination infolge der Produktverpackung,

- ungeeignete sanitäre Bedingungen.

3.1.2 Vorsätzliche Kontamination

Ein Vorsatz ist die konkrete Absicht, eine Handlung auszuführen. Bei der vorsätzlichen Kontamination im Lebensmittelbereich handelt es sich aus strafrechtlicher Sicht beim Vorsatz um das zwingende Tatbestandsmerkmal zur Verwirklichung einer Straftat.

Als Tatmotiv kommen u. a. nachfolgende Möglichkeiten in Frage:

- Sabotage im Unternehmen oder

- Bereicherungsabsicht in Form der Erpressung

Der letztgenannte Aspekt der Erpressung steht dabei im Vordergrund. Insgesamt ist der Anteil vorsätzlicher Kontaminationen an den gesamten Produktrückrufen im Lebensmittelbereich relativ gering, wobei hierzu jedoch keine offiziellen Zahlen vorliegen. Schätzungsweise treten rund 100-150 Fälle pro Jahr auf. Die Dunkelziffer liegt annahmegemäß höher, da seitens betroffener Unternehmen nicht alle Fälle zur Anzeige gebracht werden.

Einige dieser vorsätzlichen Produktkontaminationen haben in der Vergangenheit eine sehr hohe mediale Aufmerksamkeit erfahren. Prominente Beispiele sind z. B. Pepsi, die Anfang der 90er Jahre in den USA mit Verbraucherbeschwerden hinsichtlich Verunreinigungen in ihren Dosen (Schrauben, Näh- und Injektionsnadeln) konfrontiert wurden. Hierbei wurde sehr schnell klar, dass es sich um gezielte Erpressungsversuche handelte. In Deutschland erlangte 1997 der „Thomy-Skandal" eine hohe mediale Präsenz. Der Nestlé-Konzern und seine Tochter Thomy wurden mit der Androhung erpresst, das Sortiment von etwa 20 Markenprodukten aus dem Hause Nestlé mit Zyanid zu vergiften.

Behr's Verlag, Hamburg

Solche Produkterpressungen als Sonderform konventioneller Erpressung stellen das Krisenmanagement eines Unternehmens vor große Herausforderungen. Wenn es zu einer vorsätzlichen Kontamination kommt, so hat dies unter Umständen weitreichende Folgen für das betroffene Unternehmen, z. B. in Form der (negativen) medialen Berichterstattung, drohenden Absatz- und Umsatzeinbußen, Imageschäden und Markenwertverlusten, Zahlung von hohen Erpressungsgeldforderungen oder Regulierungen zivilrechtlicher Ansprüche.

3.2   Kontaminationsquellen

Hinsichtlich der Kontaminationsquellen im Lebensmittebereich lässt sich

- die Herkunft des Produktes und

- die Produktkategorie

unterscheiden. Beide genannten Aspekte werden durch das RASFF erfasst und entsprechend ausgewertet.

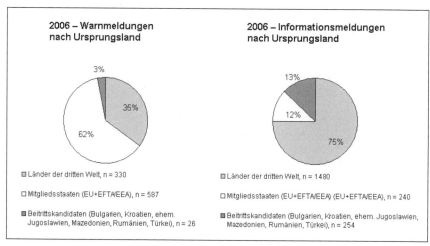

Abb. 3.2-1   Anzahl von Warn- und Informationsmeldungen nach Ursprungsland (2006) (Quelle: RASFF – Annual Report 2006)

Bei den „Verursachern" von Warnmeldungen (Alert Notifications) liegen europäische Staaten vorn (siehe Abbildung 3.2-1). Gleichzeitig resultierten im Jahr 2006 im Lebens- und Futtermittelsektor 75 % der Informationsmeldungen (Information Notifications) aufgrund einer Produktherkunft aus Drittländern. Dieser hohe Anteil verdeutlicht das Risikopotenzial, das von aus Drittländern bezogenen Rohstoffen oder Fertigwaren hervorgehen kann. Die Zunahme der Meldungen im RASFF im Zeitraum 1997-2006 wird dabei besonders stark durch asiatische Länder beeinflusst (siehe Abbildung 3.2-2).

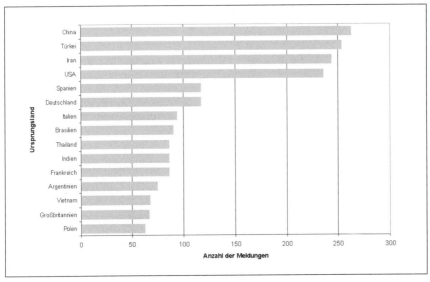

Abb. 3.2-2   Entwicklung der Meldungen nach Kontinenten (1997-2006) (Quelle: RASFF – Annual Report 2006)

China als Herkunftsland von Produkten war demzufolge im Jahr 2006 auch das Land mit den meisten Meldungen im RASFF, gefolgt von der Türkei und dem Iran (siehe Abbildung 3.2-3). Die Ursachen hierfür liegen vor allem in Höchstmengenüberschreitungen von Mykotoxinen und Aflatoxinen bei Nüssen und Nussprodukten. Während China besonders bei Erdnüssen und der Iran bei Pistazien betroffen sind, kommt es bei der Türkei zudem zu Aflatoxin-Problematiken mit Trockenfeigen.

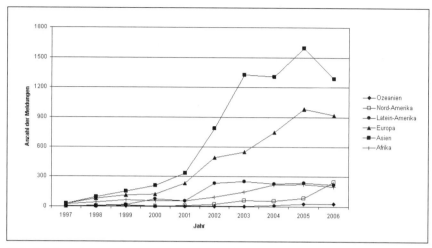

Abb. 3.2-3   Anzahl von Meldungen nach Ursprungsland, Top-15 (2006) (Quelle: RASFF – Annual Report 2006)

Bei der Betrachtung der betroffenen Produktkategorien zeigt sich, dass Informations- und Warnmeldungen im RASFF über alle Produktsegmente der Lebensmittelindustrie und des -handels auftreten (siehe Abbildung 3.2-3). Mit Abstand führt das Produktsortiment „Nüsse und Nussprodukte", bei denen in hohem Maße Aflatoxine festgestellt wurden. In der Produktkategorie „Milch und Milchprodukte" kam es im Jahr 2006 nur zu vereinzelten Meldungen über das Schnellwarnsystem. Dieser geringe Anteil resultiert u. a. aus der konsequenten Anwendung von HACCP-Konzepten im Milchsektor.

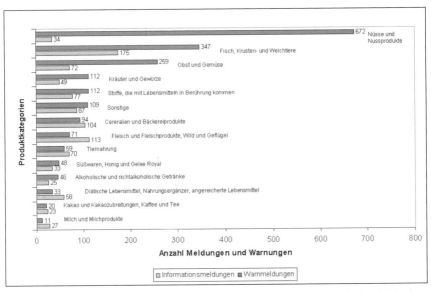

Abb. 3.2-4   Anzahl von Warn- und Informationsmeldungen nach Produktkategorien (2006) (Quelle: RASFF – Annual Report 2006)

Kontaminationsauswirkungen

Bei der folgenden Betrachtung der Kontaminationsauswirkungen steht die Frage nach den potenziellen Gesundheitsgefahren für den Verbraucher im Mittelpunkt. Hierbei werden die Risiken aus wissenschaftlicher Sicht berücksichtigt – Risiko als Wahrscheinlichkeit des Eintritts eines Schadens, das maßgeblich von Schadenspotenzial und Exposition abhängig ist.

- **Auswirkungen chemischer Kontamination:** Rückstände z. B. von Reinigungs- und Lösungsmitteln oder Pflanzenschutzmitteln können beim Menschen toxikologische Wirkungen hervorrufen. Schwermetalle wie Blei, Cadmium oder Quecksilber, können bereits in geringen Mengen zu Schäden der Nieren oder des Nervensystems führen. Lebensmittelinhaltsstoffe und -zusatzstoffe lösen beim Verbraucher gegebenenfalls Allergien, Unverträglichkeiten oder akute Intoxikationen aus. Migrationen z. B. durch „Weichmacher" (Phthalate) können beim Menschen hormonelle Wirkungen, z. B. in Form von Unfruchtbarkeit oder Übergewicht, bewirken.

- **Auswirkungen physikalischer Kontamination:** Physische Fremdkörper können beim Verzehr zu Verletzungen im Mund, Rachenraum oder Magen führen.

- **Auswirkungen mikrobiologischer Kontamination:** Bakterien und deren Toxine verursachen z. B. in Form von auftretenden Salmonellen beim Menschen Durchfallerkrankungen. Bei Risikogruppen (z. B. Säuglinge, Kleinkinder, alte Menschen) können allerdings auch schwere Erkrankungen (Allgemeininfektionen) hervorgerufen werden. Listerien können beim Menschen zu Infektionskrankheiten (Listeriosen) führen. Mykotoxine können eine Vielzahl von meist sehr schädlichen Wirkungen auslösen, wie z. B. akute Vergiftungen, krebserregende Wirkung, Schädigungen des Nerven- und Immunsystems, des Erbguts, von Organen oder Auslösung allergischer Reaktionen. Schädlinge und Parasiten können z. B. Zoonosen (Infektionskrankheiten) verursachen, die beim Menschen zu Durchfällen oder Infektionen führen.

Diese exemplarische Darstellung unterschiedlicher Kontaminationsrisiken ist keinesfalls abschließend. Es wird jedoch deutlich, welche Vielzahl gesundheitlicher Risiken für den Verbraucher auftreten können, wenn es im Rahmen der Herstellung, Behandlung oder des Vertriebs zu einer Kontamination von Rohmaterialien oder eines aus diesen hergestellten Lebensmittels kommt. Hinzu kommt die mögliche Verstärkung „gefühlter" Risiken seitens des Verbrauchers, also nicht wissenschaftlich begründeter Risiken, bei wahrgenommenen Produktkontaminationen und folgenden Rückrufen. Die Durchführung eines entsprechenden **Risikoassessments** und die Steuerung und Kontrolle implementierter Qualitätssicherungssysteme ist daher unerlässlich.

Die Abbildung 3.2-5 zeigt exemplarisch entsprechende Beispiele, anlässlich derer versehentliche Kontaminationen zu Warenrückrufen geführt haben.

Mikrobiologische Kontamination:

- Geringer Hefe-Gehalt in Apfelschorle   → Gärung und Platzen der Flaschen
- Salmonellen in Mandeln   → Magen-Darm-Infekt, Durchfall etc.
- Listerien in geräuchertem Lachs   → Infektionskrankheit (Listeriose), Fieber, Muskelschmerzen etc.

Chemische Kontamination:

- Bromat in Tafelwasser   → Erhöhung von Krebsrisiken
- Erdnüsse in Snack-Mix   → Gefahr von Allergien
- Sulfat in Ingwer-Gewürz   → Auslösen schwerer Allergien

Physikalische Kontamination:

- Glassplitter, Metall, Holz etc. in Produkten   → Gefahr des Verschluckens (v.a. Säuglinge, Kleinkinder, alte Menschen)

Abb. 3.2-5 **Beispielhafte Kontaminationsauswirkungen, die zu Warenrückrufen führten (© AFC Management Consulting)**

4 Reklamationsmanagement

MICHAEL LENDLE

Im Falle einer Reklamation oder Meldung fehlerhafter Produkte am Markt ist eine reibungslose und schnelle Reaktion vor allem bei potenzieller Gesundheitsgefährdung von Verbrauchern erforderlich. Dies ist nicht nur im Sinne des vorbeugenden Verbraucherschutzes, sondern auch um wirtschaftlichen Schaden und Imageverluste vom Unternehmen abzuwenden bzw. weitestgehend zu minimieren. Daher erlangt die vollständige und korrekte Erfassung aller eingehenden Informationen eine besondere Bedeutung beim Management von möglichen Krisen aufgrund von kritischen Reklamationen.

4.1 Reklamationseingang und -bearbeitung

Die Aufnahme der eingehenden Informationen zu einer oder mehreren Reklamationen bilden die Basis einer Analyse und Beurteilung der Sachlage, um anschließend das Krisenpotenzial bewerten zu können. Diese Informationen können in sehr unterschiedlicher Form an das betroffene Unternehmen übermittelt werden:

- Mündlich, telefonisch oder persönlich

- Schriftlich, postalisch (Brief, Fax) oder elektronisch (Email, Internet)

Diese eingehenden Informationen über die Nichteinhaltung produktspezifischer Merkmale oder gesundheitsgefährdender Aspekte des betroffenen Produktes können internen oder externen Ursprung haben.

Als interne Daten sind Produktanalysen, Produktionskennzahlen und Prüfaufzeichnungen der Eigenkontrolle zu verstehen.

Mögliche externe Informationsquellen sind:

- Käufer-, Verbraucher- bzw. Kundenreklamationen,

- Befunde aus Arzt- oder Krankenhausberichten,

- Anfragen von Konsumentenverbänden, von Nicht-Regierungsorganisationen, von Geschäftspartnern,

- Bewertungen aus Konsumenten- bzw. Produkttests,

  o Anklagen von Konkurrenten (Mitbewerbern)

  o Medien,

- Mitteilungen von Behörden, Anordnungen von Gesundheitsbehörden und
- Ergebnisse aus Kunden-Audits.

Produkte werden als fehlerhaft betrachtet, wenn die im Rahmen der durchgeführten Prüfungen festgelegten Anforderungen nicht erfüllt werden, sie sich beim Vertrieb als fehlerhaft erwiesen haben oder eine Nichtkonformität festgestellt wurde.

Die jeweils wichtigen Informationsquellen und -wege sowie die daraus generierten Daten müssen einfach, nachvollziehbar und auswertbar sein wie auch den Produktionseinheiten zugeordnet werden können.

Das Reklamationswesen eines Unternehmens sollte wie ein Seismograph funktionieren, anhand dessen bereits zu einem frühen Zeitpunkt mögliche Reklamationsfälle und ihre Ursachen erfasst und unternehmensintern evaluiert und validiert werden.

4.2 Reklamationsaufnahmen und -analyse

Nach Informationseingang der Reklamation, insbesondere über eine mögliche Krise, werden alle wesentlichen Maßnahmen zur internen wie externen Lenkung und Kontrolle gestartet. Dabei muss die Umsetzung der Einzelmaßnahmen sach- und chronologisch zweckmäßig erfolgen.

Zunächst gilt es, alle relevanten Informationen zu erfassen, um nach Weiterleitung an die verantwortlichen Mitarbeiter eine Bewertung des Sachverhaltes vornehmen zu können. Daher sind alle Mitarbeiter, insbesondere die Verantwortlichen für den Reklamationseingang, verpflichtet, jede Information bezüglich einer Nichteinhaltung von Produktspezifikationen oder einer Beeinträchtigung der Lebensmittelsicherheit und -qualität standardisiert zu erfassen und an den direkten Vorgesetzten zu melden.

Auf Grundlage dieser Beurteilung der Situation erfolgt die Entscheidung zur weiteren Vorgehensweise. Als Entscheidungskriterien dienen die Antworten auf folgende Fragen:

- Was – ist passiert, worum geht es?
- Wer – ist davon betroffen, welche Personen sind wichtig?
- Wann – ist etwas passiert, über welchen Zeitraum sprechen wir?
- Wo – ist etwas geschehen bzw. passiert?
- Warum – ist etwas passiert?
- Wie – ist etwas passiert?
- Welche – technische Lösung gibt es?

Die wesentlichen Hintergrundinformationen zum reklamierten Produkt liefert die Abteilung Qualitätswesen, indem alle Prüfdokumente wie Qualitätsaufzeichnungen des betroffenen Artikels beschafft und geprüft werden. Bei Vorlage von Prüf- und Laborunterlagen durch den Kunden oder Behörden gilt es zu erwägen, ob und inwieweit externe Laboratorien beauftragt werden müssen, um anhand ggf. vorhandener Warenbestände oder Rückstellmuster Untersuchungen und Gutachten zu erstellen. Nach Absprache mit den Behörden kann auch ein Rückstellmuster zur Verfügung gestellt werden.

Grundsätzlich gilt: Jede eingehende Information, die den Verdacht einer Reklamation oder Schadensmeldung beinhaltet, stellt eine mögliche Alarmmeldung dar, die abhängig vom Inhalt einer Gefahrenkategorie zugeordnet werden kann.

4.3   Reklamationsweiterleitung und -reporting

Die Dokumentation des Eingangs von Informationen, die Hinweise auf eine Reklamation oder Schadensmeldung beinhalten, erfolgt im Unternehmen meistens zentral im Sekretariat oder bei einer eigens hierfür eingerichteten Stelle (z. B. Reklamationsabteilung, Kundenservice). Erfasst werden sollten alle relevanten Informationen zur Sachlage nach Quelle, Tag, Uhrzeit, Produktspezifikation, Art der Reklamation oder des Schadens etc.

Die Erfassung und Weiterleitung der Informationen erfolgt mittels einer Standardvorlage, die alle relevanten Aspekte berücksichtigen sollte:

- Wer hat die Reklamation aufgenommen? (Name, Datum, Uhrzeit etc.)

- Wer reklamiert? (Handelsunternehmen, Zwischenhändler, Endverbraucher etc.)

- Wer ruft an? (Name, Telefon, Anschrift etc.)

- Was ist passiert? (Art des Vorfalls etc.)

- Welcher Artikel? (Artikelbezeichnung, Artikelnummer, Losnummer, MHD etc.)

- Wo gekauft? (Firma, Telefon, Anschrift etc.)

- Wer ist/wurde bereits informiert? (Name, Datum, Uhrzeit etc.)

Mit Hilfe dieses Reklamationsbogens und entsprechend festgelegter Verfahren wird sichergestellt, dass Reklamationen seitens des Kunden, Käufern und Behörden umfassend erfasst, detailliert analysiert und zeitnah berücksichtigt wie auch hinsichtlich potentieller Risiken für die Gesundheit des Käufers und die wirtschaftliche Entwicklung des Unternehmens evaluiert werden können.

Für die gezielte Bearbeitung von Reklamationen ist folgende, systematische Vorgehensweise angeraten:

- Erfassung und Weiterleitung eingehender Informationen

- Analyse und Beurteilung der Sachlage

- Bewertung und Definition des Gefahrenpotenzials

- Einleitung interner und externer Sofortmaßnahmen

- Feststellung der Ursache

- etc.

Diese Vorgehensweise dient z. B. bei drohender Gesundheitsgefährdung zunächst der Gewährleistung von Lebensmittelsicherheit und Verbraucherschutz. Ebenso sollte aber auch die Betreuung des reklamierenden Verbrauchers oder Kunden in die Bearbeitung von Reklamationen einfließen. Daher ist nach der Analyse der möglichen Ursache für die Reklamation nicht nur die Beseitigung des Mangels im Verarbeitungsprozess, sondern auch die Kommunikation mit dem Verbraucher oder Kunden entscheidend.

4.4 Reklamationsstatistiken und Verbesserungsprozesse

Grundsätzlich sollten alle relevanten Informationen zur festgestellten Reklamation im Unternehmen zur Verbesserung der Prozesse genutzt werden. Daher sind nicht nur alle relevanten Informationen zu erfassen und zu analysieren, sondern auch Aufzeichnung hinsichtlich der identifizierten Ursachen und durchgeführten Verbesserungsmaßnahmen anzufertigen.

In eigens angefertigten Statistiken lassen sich aufgetretene Reklamationen nach bestimmten Kriterien wie folgt qualifizieren:

- Art der Reklamation

- Ausmaß des Mangels

- Ursache der Abweichung oder des Schadens

- Vorschlag zur Verbesserungsmaßnahmen

- Durchführung der Maßnahme

- Grad der Zielerreichung

- etc.

Behr's Verlag, Hamburg

Mittels der Aufzeichnung und der Qualifizierung von eingehenden Reklamationen sollte der größtmögliche Nutzen für das betroffene Unternehmen erzielt werden können. Dieser Nutzen liegt in der weitgehend effizienten Vorgehensweise bei der Durchführung von erforderlichen Korrekturmaßnahmen im Beschaffungs-, Produktions-, Lagerungs- und/oder Distributionsprozess sowie in der Wiederherstellung der verlorenen Kunden- und Verbraucherzufriedenheit.

Die Ableitung von Verbesserungsmaßnahmen aus der Qualifizierung von Reklamationen nach bestimmten Kriterien verlangt die Festlegung von Zuständigkeiten und Verantwortlichkeiten bei der Kontrolle der Zielerreichung. Wobei der Grad der Zielerreichung eingeleiteter Maßnahmen einerseits quantitativ (z. B. abgewendeter monetärer Schaden) und andererseits qualitativ (z. B. erreichte Kundenzufriedenheit) gemessen werden kann.

Gerade bei systematisch auftretenden Fehlern sollten die aus der qualifizierten Reklamation abgeleiteten und durchgeführten Verbesserungsmaßnahmen ähnlich gelagerter Fälle künftig nahezu ausschließen. Das zentrale Ziel des Reklamationsmanagements sollte sein, eine potenzielle Gesundheitsgefährdung von Verbrauchern und einen drohenden wirtschaftlichen Schaden oder Imageverlust vom Unternehmen abzuwenden.

Dies beinhaltet auch, dafür Sorge zu tragen, dass Produkte, die festgelegte Anforderungen nicht erfüllen, identifiziert, ausgesondert und nachgearbeitet oder vernichtet werden. Entsprechende Maßnahmen zur Behandlung fehlerhafter Produkte werden dokumentiert und nachgearbeitete Waren werden einer erneuten Prüfung unterzogen.

5 Betriebliches Kontinuitäts- management (BKM)

LARS GROEGER

Unternehmerisches Handeln ist gekennzeichnet durch das Tragen von Risiken, das Entdecken von Chancen, Durchsetzen von Innovationen und der Nutzung von Ressourcen. Unternehmen und ihre Mitarbeiter sind tagtäglich Unsicherheiten ausgesetzt, die es zu bewältigen gilt. Das folgende Kapitel beschreibt ein besonderes und in seiner Auswirkung zum Teil existenzbedrohendes Risiko: Die Gefährdung der betrieblichen Kontinuität. Die Kontinuität bezieht sich auf die essentiellen wertschöpfenden Geschäftsprozesse – wie die Produktion – einer Unternehmung, die ihr wirtschaftliches Fortbestehen sichert. Folglich liegt dem Betrieblichen Kontinuitätsmanagement die Vorstellung zugrunde, die Fortführung dieser Geschäftsprozesse unter ungewöhnlichen, kritischen oder katastrophenähnlichen Bedingungen zu gewährleisten.

5.1 Ursprung und Entwicklung

Das Betriebliche Kontinuitätsmanagement (BKM) hat seinen Ursprung im Finanzsektor, aufgrund der dort herrschenden hohen IT-Abhängigkeit der Geschäftsprozesse. In der jüngeren Vergangenheit haben vor allem US-amerikanische und britische Ansätze das Verständnis um die Notwendigkeit eines fachbereichsübergreifenden Kontinuitätsmanagements vorangetrieben und auch der deutsche Mittelstand kommt zunehmend zu der Erkenntnis, eine systematische Notfallplanung aufzubauen. Während vor einigen Jahren BKM-Projekte noch vorwiegend von der Frage bestimmt waren, welche IT-Backup-Systeme die schnellstmögliche Wiederherstellung der IT-Infrastruktur gewährleisten, beziehen sich aktuelle, ganzheitliche BKM-Ansätze auf verschiedenste Fragestellungen:

- Welcher Ressourcenausfall führt zu den schwerwiegendsten Betriebsunterbrechungen?

- Wer übernimmt das Notfallmanagement, wenn die Geschäftsführung nicht verfügbar ist?

- Wie lang ist die maximal tolerierbare Ausfallzeit für wichtige Produktionsfaktoren?

- Ab welchem Zeitpunkt steigen die Produktionsausfallzeiten rapide an, beispielsweise aufgrund von eigenen Lieferengpässen bei Kunden und daraus folgenden Regressansprüchen?

- Wie lange können Lieferverträge eingehalten werden, wenn nur ein Bruchteil der Belegschaft zur Verfügung steht? Wie schnell kann auf Fremdarbeitskräfte zurückgegriffen werden?

- Wie lange kann das Unternehmen seine Produktion aufrechterhalten, ohne von seinen Hauptlieferanten beliefert zu werden?

- Welche Kunden werden im Fall eingeschränkter Liefermöglichkeiten anhand welcher Kriterien bevorzugt? Wie hoch ist die maximal tolerierbare Lieferausfallzeit für Kunden-, Produktgruppe A, B, C etc.?

- Welche Möglichkeiten bestehen, um den Produktionsausfall ihres Kunden zu verhindern, wenn das Unternehmen nicht lieferfähig ist?

Auch wenn Risiken der Leistungserstellung in einer Unternehmung grundsätzlich kalkulierbar sind, beruhen Notfallsituationen häufig auf Ereignissen, die sich dem Einflussbereich des Unternehmens entziehen: Streikende LKW-Fahrer auf Autobahnen oder ein Containerschiffunglück auf dem Rhein legen die Verkehrswege für mehrere Tage lahm, Strommasten im Münsterland halten den Schneemassen nicht stand und führen zu tagelangem Stromausfall; Tierseuchen treten auf, die sich explosionsartig ausbreiten und ganze Regionen in Sperrbezirke verwandeln.

Neben diesen externen Ursachen für eine Ausnahmesituation, ist es aber häufig auch die Aneinanderreihung von an sich weniger dramatischen Zwischenfällen, die im Zusammenwirken das Unternehmen in eine kritische Situation manövrieren. Dass der eigene Betrieb von so einem Fall betroffen sein könnte, wird häufig ausgeschlossen, denn die Wahrscheinlichkeit erscheint zu gering – außerdem sei so etwas in den letzten 25 Jahren auch nicht vorgekommen. Es überwiegt die Zuversicht, dass man selbst von solchen Ereignissen verschont bleibt. Der Blick in die Zeitung reicht jedoch schon aus, um zu belegen, dass es immer wieder zu Krisen kommt, die in ihren Auswirkungen angeblich nicht vorhersehbar waren. Als Entschuldigung für den unprofessionellen Umgang mit einer Notfallsituation gegenüber Kunden, Lieferanten oder auch Investoren ist eine solche Aussage jedoch wenig hilfreich, wenn nicht sogar kontraproduktiv.

5.2   Zielsetzung

Es erscheint unrealistisch, alle möglichen auslösenden Momente für kritische oder sogar Existenz bedrohende Situationen zu erfassen und das Tagesgeschäft durch unnötige Absicherungen in seiner Flexibilität zu behindern. Übertriebener Optimismus, der möglicherweise von Dritten auch als Fahrlässigkeit gedeutet werden könnte, ist ebenfalls keine Lösung – kein Untenehmen ist gegenüber Ausnahmesituationen gefeit. Das BKM bewegt sich zwischen diesen beiden Extrempolen und soll ein System gewährleisten, welches die Widerstandskraft des Unternehmens gegenüber Störfällen erhöht und dabei eine Kosteneffizienz sichert.

BKM wird somit als übergeordneter Rahmen (Werkzeugkasten) verstanden, innerhalb dessen verschiedene Instrumente (Werkzeuge) entwickelt werden, um das Unternehmen auch gegenüber bisher noch nicht eingetretenen und unwahrscheinlichen Ereignissen abzusichern. Durch das BKM sollen nicht alle vergangenen, aktuellen oder auch zukünftigen Risiken ausgeschlossen werden. Vielmehr sind die wesentlichen Geschäftsprozesse gegenüber verschiedensten Notfall-Szenarien abzusichern, um damit die Robustheit des Unternehmens zu stärken und die betriebliche Kontinuität zu gewährleisten. Die Betrachtung konzentriert sich auf diejenigen wertschöpfenden Prozesse, die die Marktposition des Unternehmens konstituieren und für den wirtschaftlichen Erhalt der Geschäftätigkeit maßgeblich sind. Folglich soll durch BKM auch die über Jahre aufgebaute Reputation als zuverlässiger Marktpartner gesichert werden.

Dabei gilt es, zwischen zwei grundsätzlichen Bedrohungen der betrieblichen Kontinuität zu differenzieren: dem **Ausfall** und dem **eingeschränkten Einsatz** essentieller Geschäftsprozesse. Während bei Letzterem die Fortführung der Geschäftsprozesse auch unter ungewöhnlichen, kritischen oder katastrophenähnlichen Umständen gewährleistet werden soll, gilt es, nach einem Ausfall die Betriebsaktivitäten innerhalb kürzester Zeit wieder aufzunehmen. Die folgende Abbildung stellt dies grafisch dar.

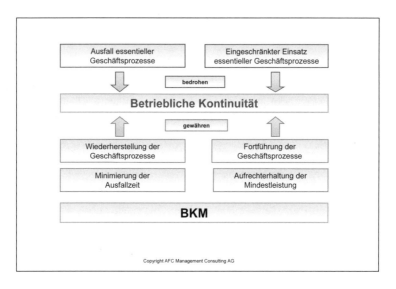

Abb. 5.2-1 **Zielsetzung des Betrieblichen Kontinuitätsmanagements**

5.3 BKM-Prinzipien

Von besonderer Bedeutung ist, dass kein allgemein gültiges Kontinuitätsmanagement für Unternehmen existiert. Je nach Firmengröße, Geschäftsgegenstand, Lieferanten-, Kunden und Organisationsstruktur müssen die einzelnen Instrumente unternehmensspezifisch entwickelt und angepasst werden. Für eine effiziente Umsetzung gilt es, folgende Prinzipien zu befolgen:[1]

• Alle Aktivitäten des BKM müssen die strategische Ausrichtung und die Geschäftsziele des Unternehmens berücksichtigen und unterstützen.

• Um die Verfügbarkeit von Produkten und Dienstleistungen zu gewährleisten und zu optimieren, muss das BKM ein Höchstmaß an organisatorischer Stabilität gegenüber Störfällen herstellen.

---

[1] In Anlehnung an die Prinzipien des Business Continuity Institute. Online abrufbar unter: http://www.thebci.org

- Alle BKM-Pläne und -Maßnahmen müssen sich auf die geschäftskritischen Aktivitäten und deren Abhängigkeiten beziehen.

- Es muss eine von der Geschäftsführung getragene und veröffentlichte organisatorische BKM-Strategie vorliegen.

- Vor der Durchführung eines BKM-Projektes müssen die relevanten Gesetze und Vorschriften für das BKM klar definiert, dokumentiert und kommuniziert sein.

- Es muss ein systematischer Wissensmanagement-Prozess implementiert sein, um die Nachhaltigkeit aller BKM-Projekte zu garantieren.

5.4 Instrumente und Vorgehensweise

Jedes Unternehmen muss für sich entscheiden, in welchem Ausmaß es materielle und personelle Ressourcen zur Absicherung möglicher zukünftiger Ereignisse binden kann und will. Denn wenn aus rationalem Kalkül keine Notfallplanung erarbeitet wird, weil aus der Perspektive des Unternehmens die dafür notwendigen Kosten nicht im Verhältnis zu der Minimierung des potentiellen Schadens stehen, ist das auch eine Form des Risikomanagements. Jedoch sollte diese Vorgehensweise nicht mit dem reinen „Nichts-Tun" verwechselt werden – als Resultat mangelnder Auseinandersetzung mit dem Themengebiet BKM –, denn das ist verantwortungslos gegenüber Mitarbeitern, Gesellschaftern und anderen Interessengruppen.

Folglich gilt es abzuwägen, wie umfassend das eigene BKM sein soll. Das obere Ende einer möglichen Skala reicht zu den im Bankensektor üblichen umfassenden Notfallsystemen, die mehrere Millionen Euro kosten können. Für mittelständische Unternehmen, deren Notfallsysteme häufig ausschließlich im Kopf der Geschäftsführung existieren, kann bereits eine strukturierte Erfassung und vor allem Dokumentation bestehender Pläne sowie eine daraus folgende Anpassung und Optimierung des Systems die Folgeschäden von Störfällen erheblich mindern.

Unabhängig vom Umfang und Detaillierungsgrad des unternehmensspezifischen BKM müssen jedoch alle Systeme „leben". Das heißt, so wie sich ein Unternehmen kontinuierlich verändert und sich neuen Markt- und Umfeldbedingungen anpasst, bedarf es auch einer stetigen Anpassung und Verbesserung der Systeme zur Gewährung der betrieblichen Kontinuität. Sei es der Zukauf redundanter Maschinen, das Aufsetzen einer unabhängigen Stromversorgung oder auch veränderte Lieferanten- und Kundenstrukturen, die zu einer Verschiebung der Ausfallzeiten kritischer Geschäftsprozesse führen. Folgerichtig gilt es, im Rahmen jährlich stattfindender Systemüberprüfungen existierende Notfallpläne anzupassen und damit zu optimieren. Hierzu eignen sich vor allem Notfallübungen, die neben externen Einflussfaktoren auch das Zusammenspiel der Notfall-Team-Mitglieder überprüfen und bestenfalls auch externe Partner einbinden.

Die folgende Abbildung verdeutlicht diesen „Lebenszyklus", der die Entwicklung und Nachhaltigkeit des betrieblichen Kontinuitätsmanagements sichert und im Folgenden detailliert beschrieben wird.

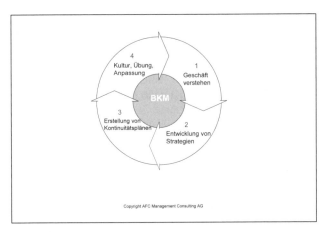

Abb. 5.4-1   BKM-Lebenszyklus

1. Geschäft verstehen

Zunächst gilt es, das Geschäft des Unternehmens zu verstehen. Diese zunächst trivial erscheinende Aufgabe ist eine notwendige Bedingung für die Erarbeitung eines funktionierenden BKM-Systems. Sicherlich versteht jeder Mitarbeiter seine spezifischen Aufgaben und Verantwortungsbereiche innerhalb des Betriebes, aber die einzelnen Abhängigkeiten der verschiedenen Fachbereiche und Prozessstufen sind häufig nur unzureichend bekannt. Um das Gesamtgeschäft abzusichern, gilt es jedoch, insbesondere diese Verkettungen zu berücksichtigen. Dazu müssen diejenigen Tätigkeiten und Prozesse identifiziert werden, die unbedingt erforderlich sind, um ein Mindestmaß an Durchsetzung der Geschäftsziele zu gewährleisten. In der Regel handelt es sich hierbei um direkte betriebliche Funktionen der Wertschöpfungskette, wie Beschaffung, Produktion, Logistik, Vertrieb und Kundendienst, die Leistungen für externe Kunden erzeugen. Die Sicherstellung dieser Prozesse ist zudem abhängig von unterstützenden internen oder externen Tätigkeiten, wie der Unternehmensinfrastruktur, Personal, Technologien und der Bereitstellung weiterer Ressourcen.

Ziel ist es somit, diejenigen Geschäftsfunktionen zu identifizieren, die eine schnellstmögliche Wiederaufnahme erfordern, da der komplette oder auch teilweise

Ausfall sehr schnell zu hohem Schaden führt: die so genannten „**kritischen Geschäftsfunktionen**". Diese wertschöpfenden Aktivitäten sind absolut unabdingbar für die Erwirtschaftung von Gewinnen. Es gilt darauf hinzuweisen, dass die Einstufung als unkritische Funktion nicht gleichzusetzen ist mit unwichtig. Vielmehr kann die Widerherstellung im Ausnahmezustand zunächst aufgeschoben und die begrenzten Ressourcen auf andere Tätigkeiten verteilt werden.

Als Werkzeug zur Identifikation der kritischen Geschäftsfunktionen erfolgt eine Folgeschadenabschätzung, indem die Auswirkungen der Unterbrechung unterschiedlicher Tätigkeiten bewertet werden. Die Betrachtung erfolgt hierbei ausschließlich über diese Auswirkungen des Ausfalls der Geschäftprozesse. Das heißt, es wird nicht untersucht, warum beispielsweise die Anlieferung der Rohware ausfallen könnte (Verkehrswege blockiert, Brand im Lager des Lieferanten etc.), sondern welche Konsequenzen sich daraus ergeben. Wichtige Zielgröße hierbei ist die Festlegung der maximal tolerierbaren Ausfallzeiten der einzelnen Prozesse: der Zeitrahmen, innerhalb dessen der Prozess wiederhergestellt werden muss, um eine Bedrohung der Geschäftsziele zu vermeiden.

Je nach Komplexität der Produktpalette und des Produktionsprozesses bieten sich vor allem für mittelständische Unternehmen die Szenario-Analyse in Kombination mit Experteneinschätzungen im Rahmen mehrtägiger Workshops an. Die Leitung und Moderation sollte hier ein externer Dienstleister übernehmen, der unabhängig von einer gewissen „Betriebsblindheit" alle möglichen Szenarien erfasst und die unterschiedlichen Meinungen und Erfahrungen der Mitarbeiter sammelt, systematisiert und auf einen Konsens bringt. Mögliche Szenarien könnten Folgendes beinhalten:

- teilweiser oder vollständiger Ressourcenausfall

  o Bauliche Infrastruktur

  o Mitarbeiter

  o Strom

  o Wasser

  o Zulieferer/Rohstoffe

  o Maschinen

  o Telekommunikation

- Verlust von Standorten

- etc.

Es liegt im Ermessen der Organisation, wie umfangreich die Szenarios bearbeitet werden sollen. Der Umfang kann mit fortschreitender Tätigkeit angepasst werden. Die hohe Komplexität der einzelnen Szenarien und ihre Auswirkungen ist nicht zu unterschätzen, da bestimmte Szenarien ihrerseits wiederum Unterszenarien beinhalten. Wenn also eine Produktionshalle aufgrund eines Blitzeinschlages ausfällt, dann kann dies auch den Ausfall der dort zwischengelagerten Ware, der Maschinen und zentraler Informationssysteme beinhalten, die ihrerseits weitere Störungen nach sich ziehen.

Auf Basis der Szenario-Analyse erfolgt eine Risikobeurteilung, die sich auf die zuvor identifizierten kritischen Prozesse fokussiert. Hierzu hat sich die Fehlerbaumanalyse als äußerst praktikabel erwiesen. Durch eine mehrstufige Rückwärtssuche werden alle möglichen Ursachen für den angenommen Ausgangspunkt, also den Ausfall des definierten Prozesses oder der Ressourcen, identifiziert. Auf diese Weise soll gewährleistet werden, dass alle potentiellen Ursachen schwerwiegender Unterbrechungen einer Organisation erfasst werden. Nur dann ist eine angemessene Beurteilung der Wahrscheinlichkeit des Auftretens und der Auswirkungen durchführbar. Die Ergebnisse können dann in einer Risikomatrix dargestellt werden, wie folgende Abbildung beispielhaft darstellt.

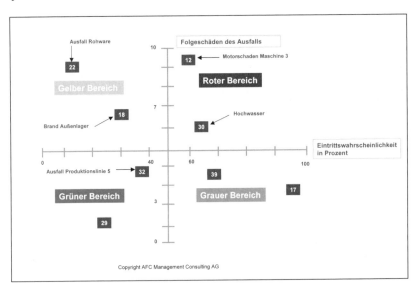

Abb. 5.4-2   Risikomatrix

Die Kombination der Eintrittswahrscheinlichkeit mit den resultierenden Folgeschäden bildet die Basis für eine Priorisierung der Maßnahmen zur Verringerung der Eintrittswahrscheinlichkeit und Minderung der Folgeschäden. Als Methode für die Beurteilung der Wahrscheinlichkeiten bieten sich Workshops an, in denen Mitarbeiter aus unterschiedlichen Funktionsbereichen ihre Expertise gemeinsam einfließen lassen. Darüber hinaus sollten eigene Ausfallstatistiken und externe Daten (Statistisches Bundesamt, Verbände etc.) unterstützend eingesetzt werden.

2. Entwicklung von Strategien

In einem zweiten Schritt sind die BKM-Strategien zu entwickeln. Diese geben eine dokumentierte Grundstruktur für die Fortsetzung eines oder mehrerer unternehmenskritischer Prozesse vor. Die Erkenntnisse aus der Analyse der kritischen Geschäftsprozesse werden auf dieser Stufe in einen Rahmen umgewandelt, der die Leitlinie für die Entwicklung detaillierter Notfallpläne bildet. Die Formulierung einer klaren Kontinuitätsstrategie erfüllt neben der Bündelung von Einzelmaßnahmen zur Zielerreichung – Aufrechterhaltung der betrieblichen Kontinuität – auch einen Kommunikationszweck: Die Erstellung einzelner Notfallpläne bedarf der aktiven Unterstützung unterschiedlicher Abteilungen und Funktionsbereiche. Um die Wahrscheinlichkeit einer effektiven Beteiligung der verantwortlichen Mitarbeiter zu erhöhen, gibt die Strategie eine klare Leitlinie vor, die die Durchführung einzelner Schritte begründet. Erst nach Festlegung der Strategien erfolgt die Detailarbeit.

Für die Erarbeitung der Strategien und auch konkreten Kontinuitätsplänen müssen zudem die organisatorischen Voraussetzungen geschaffen werden. Das heißt, es bedarf der Festlegung klarer Arbeitsteams, die eine Bündelung und Aufarbeitung der Informationen gewährleisten und darüber hinaus das Projektcontrolling übernehmen. Die Geschäftsführung trägt die Verantwortung für dieses Team und verteilt die Rechenschaftspflicht an die jeweiligen Team-Mitglieder.

BKM-Strategien betreffen beispielsweise die Auswahl von alternativen Betriebsmethoden, um die unternehmenskritischen Prozesse der Organisation und ihre internen sowie externen Abhängigkeiten nach einer Unterbrechung entsprechend aufrechtzuerhalten. Neben der von der Geschäftsführung festgelegten Grundstruktur handelt es sich hierbei um Fortsetzungsstrategien für die Geschäftsprozesse und die Wiederherstellung von Ressourcen.

Um die Aufrechterhaltung des Vertriebs zu gewährleisten, wenn ein Fertigungsstandort ausfällt, lässt sich beispielsweise zwischen folgenden grundsätzlichen Strategien unterscheiden:

• Geografische Verzweigung: Verteilung der Produktion gleicher Produkte auf mehrere Standorte.

• Einbindung von Subunternehmern: Für einzelne Subprozesse der unternehmerischen Wertschöpfung besteht eventuell die Möglichkeit andere Hersteller einzubinden.

- Bevorratung: Lagerung von Fertigware, die eine Belieferung über den Zeitraum gewährleistet, der für die Wiederherstellung der Produktion benötigt wird.

- Prozessveränderung: Umstellung der Produktion bei gleichzeitiger Anpassung der Kundenfertigung auf die neuen Produkte.

- Festung: Konzentration auf die Minimierung der Eintrittswahrscheinlichkeiten potentieller Bedrohungen, da der Standort und die speziellen Fertigungsprozesse nicht durch andere Strategien geschützt werden können.

Es ist nahe liegend, dass die Kosten einer Lösung in der Regel umso höher sind, je kurzfristiger die Wiederherstellung erfolgen muss. Insofern ist die Einschätzung der maximal tolerierbaren Ausfallzeit von besonderer Bedeutung für die Effizienz der ausgewählten Strategien und Maßnahmen, denn eine übermäßig schnelle Wiederherstellungszeit widerspricht dem Prinzip ökonomischen Handelns: Es gilt, die beste Lösung bei begrenzten Mitteln zu erreichen.

3. Umsetzung von Kontinuitätsplänen und -maßnahmen

Vordergründiges Ziel der verschiedenen Kontinuitätspläne ist die detaillierte Beschreibung notwendiger Aktionen und Ressourcen, die eine Fortsetzung oder schnelle Wiederherstellung der unternehmenskritischen Geschäftsprozesse ermöglicht. Die ausführenden Mitarbeiter der Pläne sollen befähigt werden, Informationen hinsichtlich des Zwischenfalls zu analysieren, die geeigneten Strategien auszuwählen und Maßnahmen gemäß den vereinbarten Prioritäten einzuleiten. Die Ausgestaltung der Pläne bewegt sich dabei in einem Spannungsfeld zwischen notwendigem Konkretisierungsgrad, um handlungsweisend zu sein und der Abstraktion von einzelnen Ursachen für den Ausfall. Denn es ist kaum umsetzbar und auch nicht effizient, für alle potentiellen auslösenden Momente von Notfallsituationen einzelne Pläne zu erstellen. Für den Notfall müssen die Ablaufpläne eindeutig und unmissverständlich strukturiert und formuliert sein, damit alle Beteiligten Schritt für Schritt schnelle und richtige Entscheidungen treffen können. Befindet sich das Unternehmen erst in einer Ausnahmesituation, fehlt die Zeit, um sich mit grundlegenden organisatorischen Fragestellungen auseinander zu setzen. Dementsprechend „schlank" sollten die Pläne strukturiert sein, da sie ausschließlich der Aktionsdurchführung dienen sollen.

Notfallpläne sind betriebs- und szenariospezifisch. Die Funktionsfähigkeit dieser Pläne ist somit unmittelbar abhängig von einer sorgfältig durchgeführten Identifikation kritischer Geschäftsprozesse und der Folgeschadenanalyse. Damit die einzelnen Maßnahmen zur Wiederherstellung der Geschäftstätigkeit auch effizient umgesetzt werden können, ist eine übergeordnete Instanz von herausragender Bedeutung: das Krisenmanagement. Während sich die Kontinuitätspläne auf einzelne Geschäftsprozesse und Ressourcen beziehen, bildet ein definiertes und erprobtes Krisenmanagement den Überbau der gesamten Kontinuitätsplanung. Das Management der gesamten Organisation wird von diesem Team durchgeführt, das alle eingehenden Informationen bündelt, strukturiert, analysiert und die daraus resultierenden Maßnahmen als Leitzentrale delegiert (vgl. auch Kapitel II Krisenmanagement für eine detaillierte Beschreibung zum Krisenmanagement). Dem Krisenmanagement obliegt damit auch die Verantwortung für die Eskalation der Notfälle, indem auf Basis der Einschätzung des Schadensausmaßes und -potenzials die fachbereichsspezifischen Kontinuitätspläne ausgelöst werden. Die Einhaltung klarer Meldewege und Eskalationsstufen ist hierbei von herausragender Bedeutung.

Einleitend wurde bereits erwähnt, dass es nicht immer nur die „Worst-Case-Szenarien" sind, die zur einer kritischen Ausnahmesituation führen. Vielmehr können auch mehrere, für sich allein problemlos zu bewältigende, Zwischenfälle in ihrem Zusammenwirken das Unternehmen gefährden. In diesem Fall ist der mögliche Einflussbereich des Unternehmens auf die frühzeitige Steuerung der Situation größer als im Fall eines plötzlich auftretenden schwerwiegenden Ereignisses, wie beispielsweise einem Großbrand. Jedoch ist der Einflussbereich des Unternehmens im ersten Fall nur größer, wenn ein funktionierendes Monitoring-System etabliert ist, welches eine Eskalation der Zwischenfälle und ihre Auswirkungen erfasst. Notwendige Bedingung für ein solches Eskalationsmanagement ist die Gewährleistung von Informationsflüssen zwischen den einzelnen Fachbereichen. Zuvor bedarf es klarer Kriterien und Kennzahlen, die Warnmeldungen an verantwortliche Mitglieder des Krisenmanagements auslösen. Dies kann beispielsweise die Unterschreitung von Mindestbeständen kritischer Roh-, Halbfertig- und Fertigwaren, Lieferverzögerungen oder auch der Ausfall von Schlüsselpersonen sein. Unternehmensspezifische Kriterien sind in einem interdisziplinären Arbeitsteam zu erarbeiten und kontinuierlich zu überprüfen.

Folgende entscheidende Schritte gilt es bei der Entwicklung der Kontinuitätspläne zu befolgen:

- Ernennung eines verantwortlichen Arbeitsteams (inkl. Stellvertreter) für jeden Kontinuitätsplan. Definition von Aufgaben und Verantwortungsbereichen innerhalb des Teams sowie der mitgeltenden Dokumente.

- Definition der Ziele und des Geltungsbereichs der Pläne hinsichtlich der festgelegten Strategien.

- Festlegung von Meilensteinen für das Projektmanagement.

- Eindeutige Definition der Struktur, des Formats, der Komponenten und Inhalte der Pläne.

- Soll-Ist-Analyse der notwendigen Daten für die Erstellung der Pläne.

- Erarbeitung der einzelnen Ablaufschritte für die ausgewählten Szenarien im Rahmen von Workshops mit den jeweils Plan-Verantwortlichen.

- Überprüfung und Anpassung der Ablaufschritte anhand einer Desktop-Notfall-Simulation.

- Zeitliche Planung der kontinuierlichen Übung und Pflege des Plans, um seine Aktualität zu gewährleisten.

Die Funktionsfähigkeit der Kontinuitätspläne ist in starkem Maße davon abhängig, inwiefern die verantwortlichen Mitarbeiter das System „leben" und eine kontinuierliche, kritische Überprüfung und Anpassung erfolgt. Darüber hinaus bedarf es eines systematischen Wissensmanagements hinsichtlich der Kontinuitätspläne, um ein effizientes Notfallmanagement gewährleisten zu können – die einzelnen Vorgehensweisen und Prozesse müssen personenungebunden umsetzbar sein und zur Verfügung stehen. Denn bereits der Ausfall einzelner Schlüsselpersonen im Unternehmen kann zu kritischen Situationen führen, wenn keine entsprechenden Stellvertreter-Regelungen vorhanden sind. Eine Maxime effizienter BKM-Strategien ist die Gewährleistung betrieblicher Kontinuität, durch die Verteilung von Wissen auf „mehrere Schultern". Vor allem im Mittelstand ist das Wissen um externe Support-Partner, wie beispielsweise langjährige Geschäftspartner, Mitbewerber, Verbände, Politiker etc. häufig ausschließlich personenspezifisch vorhanden (Geschäftsführer). Die Frage, wer die notwendigen Personen bei Abwesenheit des Geschäftsführers kontaktiert, wird dann häufig mit der Aussage beantwortet, dass die Geschäftsführung immer und überall erreichbar sei. Aber auch in Zeiten einer umfassenden Mobilfunkabdeckung ist dies ein Trugschluss, wie die Praxis immer wieder belegt. Darüber hinaus gilt es, neben der grundsätzlich technischen Erreichbarkeit auch zu berücksichtigen, dass der Notfall die Führungsriege selbst in Form eines Unfalls treffen kann. Die organisatorischen Schwächen werden häufig erst evident, wenn im Rahmen einer Notfallsimulation dieses Szenario durchgespielt wird. Das heißt, die Verfügbarkeit von notfallrelevanten Informationen muss jederzeit für alle verantwortlichen Mitarbeiter gewährleistet sein. Ein positiver Sekundäreffekt dieser Vorgehensweise ist die Einbindung der zweiten und/oder dritten Management-Ebene in die Verantwortung, das Unternehmen im Krisenfall zu lenken.

4. Kultur, Übung und Anpassung

Die erfolgreiche Umsetzung des BKM innerhalb einer Organisation ist in starkem Maße davon abhängig, inwieweit das System in die operative und strategische Ausrichtung des Unternehmens eingebunden ist und dementsprechend auch von den Mitarbeitern mitgetragen wird. Dafür ist eine eindeutige und dauerhafte Unterstützung des BKM durch die Geschäftsführung unabdingbar – und zwar in Hinsicht auf personelle wie auch monetäre Ressourcen. Auch wenn die Entwicklung und Umsetzung von Kontinuitätsplänen auf den ersten Blick zunächst nur Kosten verursacht, sind diese im Vergleich zu möglichen Folgeschäden einer dauerhaften Betriebsunterbrechung wiederum verhältnismäßig gering. Unabhängig von den Rollen und Verantwortlichkeiten im Notfall ist eine klare Organisationsstruktur des BKM für den Aufbau, die Implementierung und kontinuierliche Anpassung unbedingt notwendig. Es ist dabei zu berücksichtigen, dass der Aufbau eines solchen Systems ein kontinuierlicher Prozess ist, der von einer zentralen Lenkungsstelle zu koordinieren ist. Die Lenkungsstelle ist auch für die regelmäßige Durchführung von Übungen und Simulationen verantwortlich. Dieser unabdingbare Bestandteil eines funktionierenden BKM sollte in das bestehende Aus- und Weiterbildungssystem des Unternehmens integriert werden.

Das vordergründige Ziel von Simulationen ist die realitätsnahe, praktische Überprüfung aller Konzepte und Maßnahmen des unternehmensspezifischen BKM. Diese Überprüfung kann auf verschiedene Arten erfolgen und sollte mit zunehmendem Reifegrad des Systems gesteigert werden, also von technischen Tests und Walk-Throughs am Schreibtisch bis zu Ernstfallsimulationen, bei der auch externe Dritte eingebunden werden. Die Art und der Umfang der Übung sind im Vorfeld klar zu definieren, damit eine angemessene Überprüfung ausgewählter Komponenten gewährleistet werden kann. Wichtig dabei ist, dass die involvierten Mitarbeiter nicht das Gefühl haben, überprüft zu werden, sondern vielmehr das Ziel die gemeinsame Optimierung des Systems ist. Dies ist nur möglich, wenn alle Beteiligte offen sowohl Stärken als auch Schwächen des Systems identifizieren, ohne dies als persönliche oder abteilungsbezogene Schwäche auszulegen. Darüber hinaus dienen die Übungen auch der Förderung des Teamgeists, denn alle Konzepte versagen, wenn das Zusammenspiel der beteiligten Personen im Notfall nicht funktioniert.

Die Planung einer Übung sollte folgende Schritte berücksichtigen:

- Vereinbarung des Geltungsbereichs und der Ziele der Übung mit der Unternehmensleitung.

- Festlegung des Testbudgets und des Umfangs hinsichtlich der einbezogenen internen Abteilungen und externen Dienstleistern und/oder Support-Partnern.

- Erstellung eines realistischen und geeigneten detaillierten Szenarios, das die identifizierten kritischen Geschäftsprozesse berücksichtigt.

- Verfügbarkeit der erforderlichen Teilnehmer sicherstellen.

- Sicherstellung der einwandfreien Fortsetzung des Betriebsablaufs während der Simulation.

- Festlegung von Protokollanten und Beobachtern zur Dokumentation der Abläufe und Erfahrungen.

- Bereitstellung von erforderlichen Informationen unmittelbar vor der Übung und Einweisung der Beteiligten.

- Nachbesprechung mit den Teilnehmern unmittelbar nach der Übung.

- Durchführung einer formalen Nachbesprechung zu einem späteren Zeitpunkt.

- Bewertung der Übung und Nachbesprechungsergebnisse: Erstellung eines Berichts im Anschluss an die Übung und Angabe von Empfehlungen.

- Erstellung eines Aktionsplans für die Umsetzung der erforderlichen Maßnahmen zur Optimierung des bestehenden Notfallmanagementsystems. Festlegung von Verantwortlichkeiten, Meilensteinen und Fristen.

Zahlreiche Studien belegen nachdrücklich die steigende Bedeutung eines systematischen Umgangs mit Notfallsituation.[2] Das **Betriebliche Kontinuitätsmanagement** ist ein Instrumentarium, um die Fortführung der Geschäftstätigkeit und die Aufrechterhaltung des wirtschaftlichen Erfolgs auch in ungewöhnlichen und kritischen Ausnahmezuständen sicherzustellen. Der sichere, systematische und erfolgreiche Umgang mit Notfallsituationen und die Eingrenzung der Folgeschäden sind notwendiger Bestandteil eines funktionierenden Risikomanagements.

---

[2] Vgl. Economist Intelligence Unit 2008 (Risk 2018 Planning for an unpredictable decade); AFC/BVE Studie 2007 (Risiko- und Krisenmanagement in der Lebensmittelindustrie); AT&T/Cisco/Economist Intelligence Unit 2005 (Business Continuity: Notfallplanung für Geschäftsprozesse); Deloitte 2005 (The 2005 Business Continuity Survey).

6 Präventives Markenmanagement

CHRISTOPH WILLERS

6.1 Was ist präventives Markenmanagement – Aufgaben und Ziele

Eine alte Marketingweisheit besagt, dass es zum Aufbau einer Marke Jahre brauchen kann, während es für deren Beschädigung oder gar Zerstörung oftmals nur wenige Stunden oder Tage bedarf. Mehrere Unternehmen der Lebensmittelindustrie und des -handels haben in den letzten Jahren schmerzlich erfahren müssen, was eine Krise für Auswirkungen haben kann. Die Betroffenen bzw. deren Marken sind unterschiedlich aus diesen Krisensituationen hervorgegangen – entweder gestärkt, dauerhaft angeschlagen oder durch kurzfristige Absatz- und Umsatzeinbrüche abgestraft.

Neben dem Inverkehrbringen nicht verzehrs- oder verkehrsfähiger Produkte kann grundsätzlich eine zunehmende Inflation an Krisen in Form der „Skandalisierung" vermeintlicher Missstände im Lebensmittelsektor beobachtet werden. Hinzu kommen unterschiedliche Risikofelder, deren mangelnde Berücksichtigung negative Auswirkungen auf das Markenimage, die Markenstärken und letztlich auf den Markenwert haben kann. Nicht selten wird argumentiert, dass die Probleme nicht vorhersehbar gewesen seien. Einer Studie der AFC Management Consulting AG aus dem Jahr 2008 zufolge haben erst 36 % der 150 befragten Unternehmen aus den TOP1000 der Lebensmittelindustrie in Deutschland im Rahmen ihrer Markenführung eine Risikoanalyse durchgeführt. Gleichzeitig haben aber bereits rund 15 % der Befragten mit ihrer Marke eine Krise erlebt. Hersteller und Handel stehen dabei vor der Herausforderung, sich nicht nur über ein generelles Risiko- und Krisenmanagement Gedanken zu machen, sondern ebenso über ein langfristig nachhaltiges und vor allem präventives Agieren zum Schutz ihres Markenportfolios.

Ausgehend vom ursprünglichen „Branding", der Markierung von Produkten (mit Namen, Symbolen oder Zeichen), als Maßnahme der Markenpolitik subsumiert man heute unter dem Begriff „Markenmanagement" alle Aktivitäten, die zum Aufbau einer Marke eingesetzt werden. Die Zielsetzung ist dabei, das eigene Angebot im Wettbewerbsumfeld hervorzuheben und eine eindeutige Zuordnung von Angeboten zu einer bestimmten Marke zu erreichen. Dem Markenmanagement stehen dabei die klassischen Marketing-Instrumente der Produkt-, Entgelt-, Distributions- und Kommunikationspolitik zur Verfügung. Als Prävention (vom lateinischen praevenire: zuvorkommen, verhüten) bezeichnet man ein vorbeugendes Agieren, um ein unerwünschtes Ereignis oder eine unerwünschte Entwicklung zu vermeiden. Ein präventives Markenmanagement steht vor der Aufgabe, den beschriebenen Anforderungen eines Markenmanagements gerecht zu werden und durch die Berücksichtigung des präventiven Gedankens potenzielle Krisensituationen für eine Marke möglichst zu vermeiden. Ein solches Vorgehen orientiert sich an der Aussage „Vorbeugen ist besser als Heilen".

6.2 Phasenmodell zum präventiven Markenmanagement

Wer Lebensmittel herstellt oder vertreibt, muss sich an bestimmte gesetzliche Vorgaben halten. Die Einhaltung dieser Vorschriften ist somit eine notwendige Bedingung für die Lebensmittelproduktion oder den -vertrieb. Sie ist aber keineswegs hinreichend, um sich vor kritischen Situationen oder einer potenziellen Krise zu schützen. Vielmehr gilt es, zusätzliche notwendige Bedingungen zu erfüllen. Hierzu gehört u. a. im Rahmen einer Risikobewertung eine frühzeitige Identifizierung von so genannten „emerging risks": Risiken, die sich über die Zeit von schwachen Signalen zu eindeutigen Tendenzen entwickeln. Unternehmen des Agrar- und Lebensmittelsektors sollten diese schwachen Signale frühzeitig erfassen (Issue-Monitoring), einer Beurteilung unterziehen und gegebenenfalls adäquate Strategien entwickeln. Gelingt dies, können sich durch die frühzeitige Berücksichtigung von „emerging risks" – neben deren Gefahrenpotenzial – ebenso grundlegende Mehrwerte für ein Unternehmen generieren lassen. Es lassen sich somit drei grundlegende Phasen eines präventiven Markenmanagements ableiten: Bestandsaufnahme, Analyse und Bewertung, Steuerung und Kontrolle.

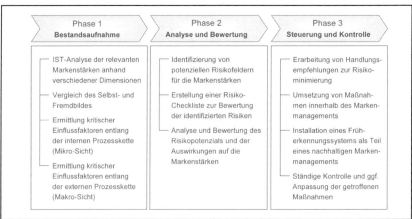

Abb. 6.2-1   Phasen eines präventiven Markenmanagements

6.2.1 Phase 1: Bestandsaufnahme

Eine Grundthese des Marketings lautet, dass der Kunde mit seinen Ansprüchen den Ausgangspunkt darstellt. Er steht im Mittelpunkt der Marketingüberlegungen. Treten beim Kunden Widerstände gegenüber einem Produktangebot und dem Markenportofolio auf, muss man nach neuen Wegen suchen. Zielsetzung eines jeden Unternehmens muss es allerdings sein, solche Krisensituationen möglichst zu vermeiden.

Im Agrar- und Lebensmittelsektor treten zunehmend Widerstände auf, die nicht nur von neuen Produkten herrühren, sondern auch von neu eintretenden Sachverhalten, die in Verbindung mit etablierten Angeboten stehen bzw. gesehen werden. Im Rahmen eines präventiven Markenmanagements gilt es, frühzeitig die eigenen Stärken zu erkennen, die einer potenziellen Bedrohung ausgesetzt sind sowie die Risiken zu identifizieren, die Auslöser einer Bedrohung am Markt sein können.

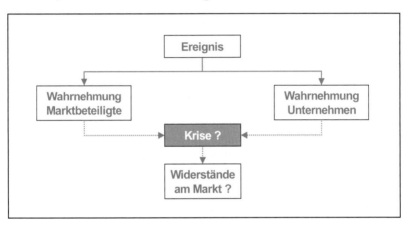

Abb. 6.2-2   Wahrnehmung einer kritischen Situation

Am Beginn sollte eine umfangreiche IST-Analyse stehen, um die relevanten Markenstärken sowohl aus Verbraucher- als auch aus Unternehmenssicht zu erfassen. Dabei gilt es, die Eigenschaften herauszuarbeiten, die diese Marke charakterisieren. Die Ermittlung des Markenwertes im Vordergrund aus finanzwirtschaftlicher Sicht, d. h. die Frage nach dem monetären Wert einer Marke, steht somit nicht im Vordergrund. Diese als Markenstärken bezeichneten Eigenschaften bilden letztlich die Grundlage für den immateriellen Markenwert. Im Kern geht es um die Frage: Wofür steht das Unternehmen bzw. seine Produkte und wie ist deren Wahrnehmung beim Verbraucher ausgestaltet?

Zur besseren Operationalisierung bedarf es hierzu verschiedener Dimensionen, die einerseits eine Verdichtung der relevanten Markenstärken und andererseits ein differenziertes Herunterbrechen in unternehmensindividuelle Sub-Kategorien ermöglichen. Es bieten sich beispielhaft acht Dimensionen an, die sich an den Marketing-Instrumenten des Markenmanagements orientieren und sich diesen übergeordneten Bereichen zuordnen lassen:

- Produktpolitik: Beschaffungsqualität, technische Produktions- und Produktqualität, Produktsicherheit

- Entgeltpolitik: Preisausrichtung

- Distributionspolitik: Marktausrichtung, Distributionsform

- Kommunikationspolitik: Emotionale Produktions- und Produktqualität, Unternehmensgeschichte und -verantwortung

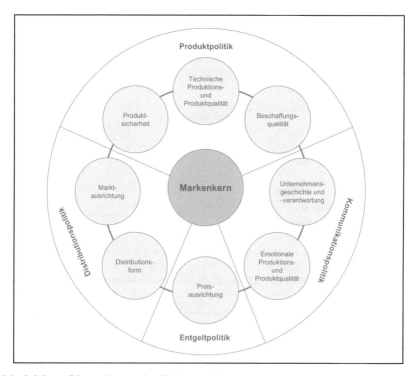

Abb. 6.2-3   Dimensionen der Markenstärken

Die Markenstärken sollen die durch die Markierung des Produkts bedingten gegenwärtigen und zukünftigen Wertsteigerungen aus Unternehmens- und Verbrauchersicht widerspiegeln. Bei deren Analyse ist es entscheidend, möglichst tief und breit vorzugehen, damit die Komplexität relevanter Kriterien erfasst wird. Gleichzeitig muss jedoch die Operationalität gewahrt werden.

Im ersten Schritt muss das Selbstbild des Unternehmens hinsichtlich seiner zentralen Markenstärken analysiert werden. Für die Einschätzung und Bewertung aus Unternehmenssicht bietet sich ein qualitatives Vorgehen in Form von Tiefen-Interviews in Ergänzung mit Fokusgruppen mit den verantwortlichen Experten aus dem Unternehmen an. Hierbei sollten nicht nur die Bereiche Marketing, Kommunikation oder PR- und Öffentlichkeitsarbeit einbezogen werden, sondern ebenso die Verantwortlichen aus der Qualitätssicherung oder aus dem Vertrieb, die direkten Kontakt zur „Herstellung" bzw. zum „Markt" haben. Im nächsten Schritt gilt es, die zentralen Markenstärken aus Verbrauchersicht (Fremdbild) zu erheben oder auf geeignete Sekundärdaten zurückzugreifen.

Den Dimensionen zugeordnete Statements, die auf einer Ratingskala bewertet werden, zeigen, welche Bewertung die einzelnen Markenstärken aus Unternehmens- und Verbrauchersicht erhalten. Die Ergebnisse lassen sich in einem Polaritätsprofil abbilden, wie die folgende Abbildung beispielhaft zeigt.

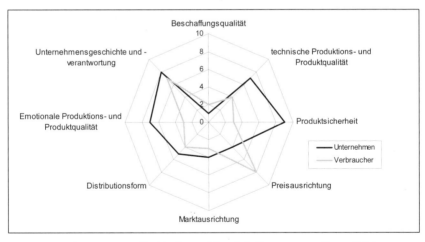

Abb. 6.2-4   Polaritätsprofil „Markenstärken" Selbst- versus Fremdbild

Die Herausforderung eines erfolgreichen Markenmanagements besteht gerade darin, die Perspektive des Unternehmens mit der derjenigen der Zielgruppe zu verknüpfen, wobei der Marketingerfolg umso eher erzielbar ist, je mehr man von den Kundenansprüchen ausgeht. Die Kategorien, in denen es – im Idealfall – zu einer Überschneidung von Selbst- und Fremdbild kommt, sind die Bereiche, deren Beschädigung eine besonders negative Auswirkung auf den Markenwert haben kann. Sie stellen relevante Markenwerttreiber dar und sind von besonders hoher Schutzgüte.

Nach dieser IST-Analyse hinsichtlich der eigenen Markenstärken, gilt es, einerseits kritische Bereiche entlang der internen Prozesskette (z. B. innerhalb der eigenen Beschaffungs-, Produktions- oder Vertriebsaktivitäten) und andererseits bezogen auf die externen Prozesse zu bestimmen. Zur Kategorisierung bietet sich die nachfolgende Einteilung an.

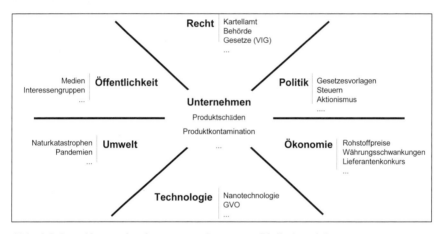

Abb. 6.2-5   Kategorien interner und externer Risikobereiche

Die zentralen Risikobereiche innerhalb des Unternehmens sind Prozessschritte, die in irgendeiner Form zu Produktschäden oder -kontaminationen führen können. Ursachen können z. B. sowohl in einem mangelnden Hygiene- und Qualitätssicherungskonzept als auch in der unsachgemäßen Bedienung von Maschinen liegen. Hinzu kommt eine Vielzahl von Risikofeldern externer Art, die Einfluss auf das Angebot und die Marke eines Unternehmens nehmen können: Recht, Politik, Ökonomie, Technologie, Umwelt oder Öffentlichkeit. Vielfach resultieren Risiken aus einer Informationsasymmetrie, d. h. einer ungleichen oder Nicht-Verfügbarkeit von Informationen.

6.2.2   Phase 2: Analyse und Bewertung

Nachdem grundsätzliche Risikofelder interner und externer Art ermittelt wurden, müssen nun, innerhalb eines „Trichterprozesses", die unternehmens- und produktindividuellen Risiken identifiziert und konkretisiert werden. Hierzu bedarf es einer Bewertung der Risiken nach dem Gefahrenpotenzial, der Wahrscheinlichkeit des Eintritts und der erwarteten Auswirkungen auf den Markenkern. Als Unterstützung dient hierzu eine Checkliste in Form eines kritischen Fragenkatalogs zur Feststellung bestehender Risiken. Anhand von differenzierten und tiefer gehenden Fragestellungen lässt sich das Gefahrenpotenzial identifizierter Risikofelder bewerten und deren bisherige Berücksichtigung in den Unternehmenshandlungen abbilden.

Anschließend sollte sich das Unternehmen der Frage widmen, wie hoch die Eintrittswahrscheinlichkeit der identifizierten Risikofelder bewertet wird und welche Auswirkungen auf den Markenkern zu erwarten sind.

Aus den Erkenntnissen der ersten Phase hinsichtlich des Ausmaßes der Überschneidung von Selbst- und Fremdbild ergeben sich bereits die Bereiche der Markenidentität, die eines besonderen Schutzes bedürfen. Es gilt nun, eine Korrelation zwischen dem entsprechenden Risikofeld und der jeweiligen Markenstärke herzustellen. Wird z. B. die Beschaffungsqualität als besonders attraktiv für den Markenwert angesehen und lassen sich auf der anderen Seite erste Signale hinsichtlich eines Ausfalls des Stammlieferanten erkennen, handelt es sich hierbei um ein Risikofeld, das mit hoher Wahrscheinlichkeit zum Tragen kommen wird und gleichzeitig deutliche Konsequenzen für einen relevanten Markentreiber haben kann.

6.2.3   Phase 3: Steuerung und Kontrolle

In der dritten Phase steht die Erarbeitung und Umsetzung von Handlungsempfehlungen zur Risikominimierung im Vordergrund. Denn was nützt das beste Analyse- und Bewertungstool, wenn die Ergebnisse nicht in praxistaugliche und konkrete Handlungsanweisungen münden bzw. direkt in der Praxis umgesetzt werden können? Ein effektiver Ansatz muss daher nicht nur auf theoretischer und analytischer Ebene funktionieren, sondern auch eine erfolgreiche Implementierung sicherstellen.

Durch die Verbindung des Gefahrenpotenzials für die Marke und der Eintrittswahrscheinlichkeit dieses Risikos lässt sich eine priorisierte Maßnahmenliste erstellen. Diese kann in Form einer Risiko- vs. Verantwortungsbereich-Matrix abgebildet werden.

Risikobereich \ Verantwortungsbereich	Risikobereich 1	Risikobereich 2	Risikobereich 3	Risikobereich ...	Risikobereich n-1	Risikobereich n
Produktpolitik	xxx	x	x		xx	xx
Entgeltpolitik		x				x
Distributionspolitik				xx	x	
Kommunikationspolitik	xx		x		xxx	

x Handlungsbedarf   xx dringender Handlungsbedarf   xxx umgehender Handlungsbedarf

Abb. 6.2-6   Risiko- versus Verantwortungsbereich-Matrix

Die Verantwortungsbereiche spiegeln an dieser Stelle die in Phase 1 erhobenen Bereiche des Markenmanagements wider, unter denen sich die verschiedenen Dimensionen der Markenstärke abbilden lassen. Für ein präventives Agieren müssen entsprechende Maßnahmen abgeleitet, implementiert und umgesetzt werden. Diese Schritte gilt es entsprechend zu priorisieren, d. h. Risikofelder mit einer hohen Eintrittswahrscheinlichkeit (z. B. potenzieller Ausfall eines Stammlieferanten und bislang keine gleichwertigen Alternativen im Lieferantenpool) und deren gleichzeitig als relevant eingestuften Konsequenzen für den Markenwert (z. B. Beschaffungsqualität als wichtige Markenstärke) würden im Ergebnis zu einem umgehenden Handlungsbedarf führen.

Damit eine Risikoanalyse letztlich keine einmalig oder unregelmäßig durchgeführte Maßnahme bleibt, sondern fester Bestandteil des Risikomanagements wird, sollte ein Unternehmen ein Früherkennungssystem (Issue-Monitoring) als Teil eines nachhaltigen Markenmanagements etablieren und unter den Mitarbeitern entsprechend kommunizieren. Nur so ist es möglich, anfangs möglicherweise schwache Signale frühzeitig erfassen und akute Risiken im Tagesgeschäft zu vermeiden. Im Marketing darf nicht nur dem Planungs- und Realisationsprozess Aufmerksamkeit geschenkt werden, sondern es muss auch eine Kontrolle und gegebenenfalls eine Anpassung der getroffenen Maßnahmen erfolgen.

Behr's Verlag, Hamburg

6.3 Ausblick

Die Stabilität eines Unternehmens hängt nicht nur von Sach- und Finanzwerten ab, sondern zunehmend auch von immateriellen Vermögensgegenständen, wie dem Markenportfolio. Für den Marketer ist es daher von elementarer Bedeutung, welche Risikofelder eine Krise für die eigene Marke auslösen und zu Widerständen am Markt führen können, womit dies zusammenhängt und wie man darauf reagieren kann. Hierzu bedarf es eines Instrumentariums, das eine systematische Risikoanalyse erlaubt und ein frühzeitiges Handeln gewährleistet. Eine Orientierung an einer „Just-in-time-Markenführung" sollte vermieden werden. Die Marke wird dabei elementarer Bestandteil des Risikomanagements. Ein Vorgehen im Sinne des hier beschriebenen präventiven Markenmanagements bildet dazu eine geeignete Grundlage.

II Krisenmanagement

1 Zur Bedeutung des Krisenmanagements

CHRISTOPH WILLERS

Eine „Krise" (vom griechischen *krisis*: Entscheidung, Zuspitzung) bezeichnet eine problematische, mit einem Wendepunkt verknüpfte Entscheidungssituation. Ob es sich hierbei um einen Wendepunkt handelt, kann jedoch oft erst festgestellt werden, nachdem die Krise abgewendet oder beendet wurde.

Im Rahmen einer vom Forbes Magazine im Jahre 2005 durchgeführten Umfrage bei den Entscheidungsträgern von 250 führenden Unternehmen der europäischen und US-amerikanischen Lebensmittel- und Getränkeindustrie wurde folgendes Meinungsbild erfasst:

- 89 % der Befragten halten Krisen für unvermeidbar

- 50 % gaben an, über kein Krisenmanagement- oder Rückrufsystem zu verfügen

- 74 % berichteten über gravierende Krisenfälle im Unternehmen, von denen:

    o 72 % mit negativer Medienberichterstattung verbunden waren

    o 35 % das Marken-/Unternehmensimage schädigten

    o 14 % die Reputation des Managements signifikant beschädigten

Derartige Aussagen werden nicht nur in der Lebensmittelwirtschaft, sondern insgesamt sektorübergreifend angetroffen. Sie sind sowohl ein eindeutiges Indiz, dass sich die Unternehmensleitung mit dieser Themenstellung auseinander setzen muss als auch dafür, dass dies bereits in zunehmendem Maße getan wird.

Eine im Frühjahr 2008 von der AFC Management Consulting AG durchgeführte Befragung von 150 führenden Unternehmen der deutschen Lebensmittelwirtschaft zeigt, dass im Vergleich zu den Vorjahren, ein höherer Anteil der befragten Unternehmen über entsprechende Krisenmanagementsysteme verfügt.

Grundsätzlich sollte nicht jede „kritische Situation" mit einer „Krise" gleichgesetzt werden. In der Regel bestehen Krisen aber aus einer Ansammlung kritischer Situationen, bei denen es sich für den weiteren Verlauf des Gesamtprozesses um entscheidende Phasen handelt. Kritische Situationen können geplant und vorhersehbar sein oder völlig unerwartet eintreten.

Es ist dabei nicht möglich, alle potenziellen Ursachen für Krisen zu erfassen: „Eine Krise ist ein ungeplantes und ungewolltes, zeitlich begrenztes Ereignis, welches sich mit hoher Geschwindigkeit in eine nicht vorhersehbare Richtung ändert oder die Unfähigkeit der Geschäftsleitung, mit eben diesen Prozessen angemessen umzugehen." (Prof. Dr. Ulrich Nöhle, TU Braunschweig).

Damit aber gewährleistet ist, dass ein Unternehmen im Krisenfall angemessen mit den eintretenden Einflussfaktoren umgeht, müssen die Verantwortlichen entsprechend auf die unterschiedlichen Interessengruppen reagieren. Ein Unternehmen des Lebensmittelsektors steht hierbei in einem Spannungsfeld, in dem die Interessen der Abnehmer (Kunden, Verbraucher) der Öffentlichkeit und der Behörden befriedigt werden müssen. Dieses sollte innerhalb eines Krisenablaufs möglichst transparent und aufeinander abgestimmt erfolgen.

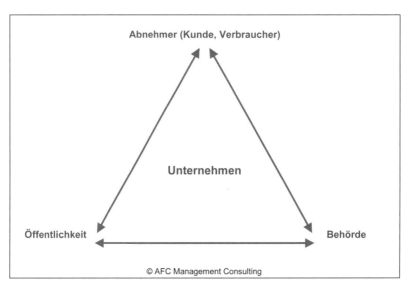

Abb. 1-1   Unternehmen im Spannungsfeld

Ein solches transparentes und abgestimmtes Vorgehen im Krisenfall ist nur mittels einer entsprechenden Vorbereitung möglich. Nach vorhandenen Instrumenten zum Krisenmanagement befragt, nennt in der oben erwähnten AFC-Studie ein Großteil der Unternehmen (83 %) das vorliegende Formblatt zur Erfassung einer Reklamation bzw. die aktuelle Adressdatei aller Abnehmer. Ein Ablaufplan zur Vorgehensweise im Krisenfall existiert bereits bei 80 % der befragten Unternehmen. Über einen „Leitfaden durch die Krise" in Form eines Handbuchs zum Krisenmanagement verfügen

77 % der Befragten. Eine vorbereitete Pressemeldung zur Information der Öffentlichkeit im Krisenfall liegt jedoch nur bei 26 % der Unternehmen des Lebensmittelsektors vor.

Bei der Mehrheit der Unternehmen im Lebensmittelsektor ist die Sensibilität für die Implementierung operativer Krisenmanagement-Instrumente in den letzten Jahren gestiegen. Die Erfahrung zeigt jedoch, dass deren praktische Anwendung und Prüfung auf Funktionsweise in tatsächlichen oder simulierten Krisenfällen nur selten erfolgt.

1.1 Krisenarten

Im Rahmen des hier vorliegenden Buches wird primär auf Krisenarten eingegangen, die u. a. folgende Ursachen haben können:

- versehentliche Kontamination (siehe Kapitel I.3),

- vorsätzliche Kontamination, Sabotage und Erpressung/Entführung (siehe Kapitel I.3),

- negative Medienberichterstattung,

- behördliche Beanstandungen,

- negative Testergebnisse,

- Auseinandersetzungen mit Verbraucherschutz- und Nicht-Regierungs-Organisationen (NGOs).

Insbesondere die „Skandalisierung" von Missständen im Lebensmittelsektor in den letzten Jahren und eine damit einhergehende negative und kritische Medienberichterstattung, hat dazu beigetragen, dass Unternehmen zunehmend mit medial ausgelösten Krisensituationen konfrontiert sind (siehe auch Kapitel II.3).

Die empirische Medienforschung hinsichtlich medialer Aufmerksamkeitsregeln zeigt, dass Berichte über Konflikte, Krisen, Aggressionen und abweichendes Verhalten eine große Rolle („Negativismus") spielen. Die Auswahl wird vom „Gefühlswert" und der Möglichkeit der „Personalisierung" mitbestimmt. Es wird vor allem über Ereignisse von relativ kurzer Dauer berichtet, wobei der Überraschungseffekt wichtig ist. Risikoargumente haben dabei einen politischen Reiz und sind in hohem Maße konsensfähig. Das vermeintlich „Schlechte" wirkt unmittelbarer und zwingender und ist auch weniger Meinungsverschiedenheiten ausgesetzt.

Für Unternehmen des Lebensmittelsektors bedeutet dies, darauf zu achten, inwieweit über die Medien Informationen vermittelt werden, die das Image einer glaubwürdigen Informationsquelle transportieren und somit das Verhalten anderer Gruppen beeinflussen können.

Neben der Bevorzugung bestimmter Informationsquellen hat das Interesse an Kontroversen sowie die Darstellung von Opfer-Täter-Bildern für die Medien eine hohe Bedeutung. Besonders in der Kommunikation im Lebensmittelbereich bedienen sich Redakteure dabei nicht nur sachlicher Formulierungen, sondern reduzieren komplexe Themen auf einen einfachen Begriff, wie „Gammelfleisch", „Rinderseuche" oder „Geflügelpest".

Infolge ergänzender Prüf- und Kontrollverfahren sowie dem Ruf nach zusätzlichen Kontrollen durch die zuständigen Behörden, hat die Anzahl an Unternehmenskrisen aufgrund von behördlichen Beanstandungen in erheblichem Maße zugenommen. Die alltägliche Beratungspraxis lehrt, wie außerordentlich wichtig daher die Fragestellung des Behördenmanagements ist (siehe auch Kapitel II.4), die insbesondere durch fundierte fachliche Kontakte zu den Ansprechpartnern in den Vorort-Behörden präventiv gestaltet werden kann. Unternehmen, die bereits in „Friedenszeiten" ihr Krisenmanagementsystem den zuständigen Behörden vorgestellt haben und aufgrund eines transparenten „Issue-Monitorings" frühzeitig Bericht erstatten können, werden in einem Krisenfall erwiesener Maßen konstruktiver und glaubwürdiger wahrgenommen. Dies gilt insbesondere im Zusammenhang mit neuen rechtlichen Rahmenbedingungen, wie dem Verbraucherinformationsgesetz (VIG), welches den Behörden zusätzliche Anforderungen hinsichtlich der Informationspflicht auferlegt.

Die Notwendigkeit eines sensiblen Umgangs mit den Resultaten negativer Testergebnisse anlässlich von Produkttests nimmt heutzutage stetig zu. Der Grund hierfür liegt in der Vielzahl von Marktakteuren, die eine steigende Anzahl von Untersuchungen zu diversen – bekannten oder neuen – Themenfeldern durchführen. Hierbei stehen Unternehmen sowohl öffentlichen Testinstitutionen als auch verschiedenen NGOs gegenüber. Den Verantwortlichen im Unternehmen muss dabei bewusst sein, dass die Bereitschaft zum konstruktiven Dialog und zur Problemlösung hinsichtlich kritischer Testergebnisse auf der „Gegenseite" sehr unterschiedlich ausgeprägt ist. Auch hier zeigt die tägliche Praxis, wie sinnvoll und notwendig ein regelmäßiger fachlicher und sachlicher Austausch mit derartigen Institutionen ist. Dieser sollte allerdings nicht erst „krisenfallbedingt" begonnen werden. Auch unter Mithilfe der Fachverbände haben sich bereits mögliche Krisenfälle entsprechend deeskalieren lassen.

Andererseits werden im zunehmenden Maße Beprobungen und Testverfahren von Wettbewerbern dahingehend genutzt, konkurrierende Produkte bei Behörden oder Handelsunternehmen „anzuprangern". Es hat sich gezeigt, wie wichtig die Existenz eines adäquaten Krisenmanagementsystems ist, das sowohl gegenüber den zuständigen Behörden als auch den Ansprechpartnern bei den Handelsunternehmen – insbesondere bei der Herstellung von Eigenmarken – eine professionelle Vorgehensweise garantiert.

Obwohl es sich häufig um eine „Skandalisierung" vermeintlicher Missstände im Lebensmittelsektor handelt, bedarf es einer eingehenden Analyse und Bewertung potenzieller Risiken und deren Krisenpotenzial für das Unternehmen sowie deren Markenwert. Hersteller und Handel stehen damit vor der Herausforderung, nicht nur ein generelles Krisenmanagement im Unternehmen zu implementieren, welches im Ernstfall zum Tragen kommt, sondern auch ein präventives und langfristig nachhaltiges Risikomanagement zum Schutz der betrieblichen Kontinuität zu entwickeln.

1.2 Krisenkategorisierung und -bewertung

Unternehmen der Lebensmittelindustrie und des -handels erreichen tagtäglich eine Fülle an Informationen, Anfragen oder Reklamationen z. B. seitens der Verbraucher, Kunden, Medien und Behörden oder auch der eigenen Mitarbeiter. Damit sich diese eingehenden Informationen im Unternehmen eindeutig bewerten lassen, sollte eine möglichst transparente Kategorisierung eingeführt werden. Eine solche differenzierte Sichtweise vorliegender Informationen hilft, diese hinsichtlich ihrer Krisen- oder Rückrufrelevanz zu bewerten. Hierdurch wird sowohl die schnelle Reaktion auf tatsächliche Problemfälle, die eines direkten Handelns bedürfen, gewährleistet als auch ein besonnenes Handeln bei „normalen" Reklamationen.

Eine solche Kategorisierung eingehender Informationen kann z. B. anhand der gesundheitlichen Auswirkungen erfolgen, wie in Abbildung 1.2-1 exemplarisch dargestellt. Hierzu ist die möglichst vollständige Aufnahme aller relevanten Informationen seitens Dritter von hoher Bedeutung (siehe auch Kapitel I.4).

Kategorie	Schadens-/Krankheitsbild	Notwendige Maßnahmen(beispielhaft)
Kategorie I	Schwerwiegende Gesundheitsbeeinträchtigung oder Todesfolge	Sofortige Information Behörden, umgehende Sperrung Charge/unmittelbarer Produktionsstopp, Ursachenanalyse, Rückruf etc.
Kategorie II	Zeitweilige oder medizinisch reversible negative Gesundheitsbeeinträchtigung oder mögliche schwerwiegende negative Gesundheitsbeeinträchtigung	Information Behörden, umgehende Sperrung Charge/mittelbarer Produktionsstopp, Ursachenanalyse, möglicherweise Rückruf etc.
Kategorie III	Unwahrscheinliche Gesundheitsbeeinträchtigung	Ursachenanalyse, Chargenidentifikation, Rücksprache mit Behörden etc.

Abb. 1.2-1   Beispielhafte Krisenkategorisierung (© AFC Management Consulting)

Die Kategorisierung ist dabei nicht als starres Konstrukt zu sehen. Im Krisenablauf kann sich aufgrund der Eskalation oder auch Deeskalation einer Krisensituation die Bewertung verändern. Eine solche Kategorisierung lässt sich ebenso anhand der öffentlichkeits- bzw. imagebezogenen Auswirkungen auf das Unternehmen oder seinen Markenwert erstellen. Anhand einer solchen Bewertung sollte auch definiert werden, wann der Krisenstab einberufen wird und welche (internen/externen) Mitglieder daran beteiligt sind.

Behr's Verlag, Hamburg

2 Krisenmanagementinstrumente

MICHAEL LENDLE

Das erfolgreiche Management eines Krisenfalls hängt im entscheidenden Maße davon ab, inwieweit die im Unternehmen verankerten Krisenmanagementinstrumente auf einander abgestimmt und erprobt sind. In der Praxis hat sich die Kombination von

- Strukturen,

- Instrumenten und

- Dokumenten

als elementar erwiesen. Wie sich aus Abbildung 2-1 ersehen lässt, handelt es sich hierbei um einen durchaus überschaubaren Mix an eindeutig definierten Krisenmanagementtools, die die zuständigen Mitarbeiter im Unternehmen sowie externe Supportpartner (siehe z. B. Krisenstab) ebenso umfassen als auch die für den Krisenablauf erstellten Ablaufpläne und die jeweils mitgeltenden Unterlagen.

Struktur	Dokumentation
• Definition des Krisenstabs / Rückrufteams	• Liste wichtiger Ansprechpartner
• Ausstattung des Krisenraums	• Adressdatei mit Kontaktdaten
	• Formblatt für Reklamationen, Schadensmeldungen
Instrumente	
• Klassifizierung von Krisenfällen	• Formblatt zur Durchführung stiller Warenrückrufe
• Ablaufplan zum Krisenfall	• Formblatt zur Durchführung öffentlicher Rückrufe
• Ablaufplan zur Rückholaktion	
• Ablaufplan zur Erpressung	• Formblatt zum Krisenmanagement bei Erpressung
	• Templates für die Krisen-Meldung
	• Abschlussbericht zur Rückruf-Aktion

Abb. 2-1   Wesentliche Elemente eines Krisenmanagementsystems (© AFC Management Consulting AG)

Anhand der dargestellten Dokumente sind die eingehenden Informationen zum Krisenfall umgehend und vollständig an die Geschäftsführung weiterzuleiten, damit eine eingehende Bewertung des Sachverhalts vorgenommen werden kann. Sollten sich die Informationen dahingehend verdichten, dass gesundheitliche Gefährdungen für den Käufer oder Dritte und daraus resultierende negative wirtschaftliche Beeinträchtigungen für das Unternehmen zu befürchten sind, so gilt es, entsprechende Sofortmaßnahmen in Abstimmung mit dem einberufenen Krisenstab einzuleiten.

Auch hier hat es sich in der Praxis als vorteilhaft erwiesen, das Krisenmanagement als ein ganzheitliches, die verschiedenen Unternehmensbereiche umfassendes System zu betrachten. Auch wenn durch gezieltes präventives Krisenmanagement der „worst-case", sprich der notwendige Warenrückruf, vermieden werden soll, so bedarf es bereits von vornherein der Abstimmung notwendiger Bestandteile eines adäquaten Krisen- und Rückrufmanagementsystems. Abbildung 2-2 gibt einen Überblick hinsichtlich der Kombination beider Systeme, damit im Notfall die Aktionsfähigkeit des Unternehmens gewährleistet ist. Oftmals hat es sich erwiesen, wie kurzfristig die Übergänge von einem aktiven Krisenmanagement zu einem direkten Rückrufmanagement erfolgen, so dass mögliche Parallelitäten bewusst dahingehend genutzt werden können, die notwendigen Abläufe zu gewährleisten und anhand mitgeltender Dokumente zu protokollieren.

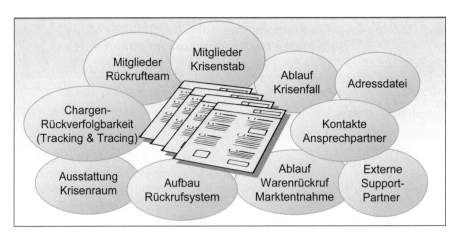

Abb. 2-2   Grundlegende Bestandteile eines Krisen- und Rückrufmanagementsystems

Nachfolgend (wie auch in Kapitel III Warenrückruf) werden wichtige Management-instrumente beschrieben, so dass die Gesamtwirkung eines Krisenmanagementsys-tems nachvollziehbar wird. Dabei sollte berücksichtigt werden, dass ein Krisen- und Rückrufmanagementsystem verschiedenen Entscheidungsfaktoren entsprechen muss.

EU VO 178/2002 Bestimmungen zur Lebensmittelsicherheit

Vorgaben und Anforderungen des Handels

Krisen-management- & Rückrufsystem

Vorteil und Nutzen für Logistik & Marketing

Risikominimierung durch Prävention bei Produktkontamination

© AFC Management Consulting AG

Abb. 2-3   Entscheidungsfaktoren für ein Krisenmanagement- und Rückruf-system

Neben den gesetzlichen Rahmenbedingungen, die in der Europäischen Union und insbesondere in Drittländern variieren, gilt es, auch den vom Handel implementierten Standards wie z. B. International Food Standard (IFS) und British Retail Consortium (BRC) Rechnung zu tragen. Auch wenn die Erfüllung dieser gesetzlichen oder von Kundenseite auferlegten Standards sehr kosten- und ressourcenträchtig sind, so kön-nen mittels eines auf die Besonderheiten des Unternehmens angepassten Krisen- und Rückrufmanagementsystems nicht zu unterschätzende Kosteneinsparungen infolge von verbesserten Betriebsabläufen u. a. in Beschaffung, Produktion, Logistik und Marketing genutzt werden.

2.1 Krisenstab (intern)

Der Krisenstab ist die zentrale Management- und Entscheidungsstruktur des Unternehmens. Hier werden grundsätzlich alle Entscheidungen zur Durchführung erforderlicher Maßnahmen gemeinsam getroffen, als da beispielsweise wären:

- Sperrung von Roh- und Fertigwaren, Verpackungsmaterialien in Lagern

- Info der Handelspartner, Behörden, Verbraucher, Presse

- Rückrufaktion (stille/öffentliche – auch Warnung über Medien)

Grundsätzlich sollten die Entscheidungen im Krisenmanagement unter der Leitung der Geschäftsführung erfolgen. Gemeinsam mit dem Krisenstab wird eine Bewertung der Sachlage und somit eine Einschätzung des Gefahrenpotenzials vorgenommen. Um diese Funktionen erfüllen zu können, sollte jeder interne Krisenstab folgende Mitglieder vorweisen, denen nachfolgend skizzierte Aufgabenbereiche übertragen werden:

- Geschäftsführung

  o definitive Entscheidungsfindung, Benachrichtigung Gesellschafter

  o Ansprechpartner gegenüber Dritten (Kunden, Banken, Behörden etc.)

  o Ansprechpartner gegenüber Vertragspartnern (Lieferanten, Lizenzgebern etc.)

  o Einberufung Krisenstab und Leitung

  o etc.

- Betriebsleitung

  o Koordination des Krisenstabs

  o Informationssammlung, -aufbereitung, -erstbewertung und -weiterleitung an Geschäftsführung

  o Beratung, Empfehlung der Geschäftsführung

  o Koordination Dritter, Berichtswesen

  o etc.

Behr's Verlag, Hamburg

- Abteilungen (Fachbereiche [z. B. Qualitätssicherung, Einkauf, Verkauf, Vertrieb, Marketing, Logistik, Controlling, Rechtsabteilung, Unternehmenskommunikation])

  o verantwortlich für Absicherung und Performance unterstützender Prozesse

  o Aufrechterhaltung des operativen Geschäftes

  o Informationssammlung, -aufbereitung und -weiterleitung an Koordinator und/oder Geschäftsführung

  o Kontrolle durchgeführter Aktivitäten

  o etc.

Für sämtliche designierte Mitglieder des Krisenstabs gilt es, sowohl den jeweiligen Kompetenzbereich als auch mögliche Entscheidungsbefugnisse eindeutig zu spezifizieren. Dies ist ebenso für die designierten Stellvertreter der Krisenstabmitglieder vorzusehen, die bereits im Vorfeld auf ihre mögliche Mitwirkung vorbereitet werden sollten.

Die Geschäftsführung und der interne Krisenstab entscheiden darüber, ob und inwieweit eine erhaltene Information oder Reklamation krisenrelevant ist und welche Szenarien sich möglicherweise ableiten lassen. Die Organisations- und Mitgliederstruktur des Krisenstabs gilt es nach der krisenfallbezogenen Notwendigkeit entsprechend zu definieren. Eine Adressliste der Mitglieder und ihrer Stellvertreter mit aktuellen Kontaktdaten zur Erreichbarkeit im Unternehmen und außerhalb der Geschäftszeiten ist anzufertigen und turnusgemäß zu aktualisieren. Dies ist umso wichtiger, da die langjährige Praxiserfahrung gezeigt hat: **Krisen beginnen oftmals am Donnerstag oder Freitagnachmittag bzw. am Wochenende!**

Für die Koordinierung und Durchführung erforderlicher Sofort- und Folgemaßnahmen sollten u. a. folgende Verantwortlichkeiten und Kompetenzfelder berücksichtigt und mit ausgewählten Aktivitäten hinterlegt werden:

- Leiter des Krisenstabs:

  o Kategorisierung des Krisenfalls anhand vorliegender Informationen

  o Entscheidung zum Rückruf betroffener Artikel

  o Information der Öffentlichkeit sowie von Behörden, Kunden etc. über krisenrelevante Aspekte

  o Bewertung der Notwendigkeit und Effektivität eines möglichen Produktrückrufes

- Qualitätssicherung:

    o   Beschaffung, Annahme und Auswertung von Informationen (Reklamation, Schadensmeldung)

    o   Beurteilung des Sachverhalts und ggf. Information des Krisenstableiters bzw. der Geschäftsführung

    o   Unterstützung bei Ursachenanalyse und Identifizierung betroffener Artikel

    o   Einbindung externer Supportkräfte wie Labore, Gutachter und Krisenberater

    o   Begleitung der Umsetzung von Korrekturmaßnahmen

- Verkauf, Vertrieb und Marketing:

    o   Information der Kunden, ggf. Sperrung der betroffenen Produktcharge

    o   Steuerung der Rückrufaktion, ggf. Vernichtung der Ware

    o   Bemessung des entstandenen Schadens bezüglich Marktposition und Image

    o   Einleitung von Marketingmaßnahmen zur Stärkung der Marktposition bzw. Images

- Einkauf:

    o   Information der Lieferanten über Reklamation bzw. Produktschaden

    o   Identifizierung alternativer Rohstoff-Lieferanten

- Produktion:

    o   Informationen über Ursachen im Produktionsprozess und ggf. Produktionsstopp

    o   Überprüfung möglicher (Kreuz-)Kontaminationen/Produktmängel bei anderen Waren / Produktionslinien

    o   Durchführung von Korrekturmaßnahmen zur Verhinderung weiterer Ausfälle

    o   Überarbeitung von Produktionsplänen zur Weiterführung der Produktion

- Logistik:

  o Identifizierung betroffener Artikel im Distributionsprozess

  o Lieferung von Lagerberichten über unter Quarantäne gestellte Ware

  o Einbindung der Zulieferbetriebe und Kunden in die Rückverfolgbarkeit betroffener Artikel

  o Organisation der Sperrung der Ware und ggf. der Marktentnahme und Vernichtung

2.2 Krisenstab (extern)

Aufgrund der Komplexität möglicher Krisenfälle und des oftmals bestehenden Zeitdrucks im betroffenen Unternehmen ist das Hinzuziehen weiterer, externer Experten angeraten. Bei dieser gezielten Ergänzung bestimmter Kompetenzfelder des Krisen- und Rückrufmanagements kommen zumeist folgende Bereiche in Frage:

- Beratung und Betreuung des Krisenmanagements und Warenrückrufs → Krisenberater

- Rechtsbeistand und Behördenkontakt → Rechtsanwälte

- Versicherung und Haftung → Versicherungsmakler

- Öffentlichkeits- und Pressearbeit → PR-Agentur

- Beratung bei Vorsatz und Wirtschaftskriminalität → Krisenberater für Vorsatz

- Medizinischer Sachverständiger → Gutachter, wissenschaftliche Institute

- Labore und Analytik

- etc.

Da es sich dabei um externe Berater und Support-Partner handelt, sollte die Kontakt- und Adressliste mit Ansprechpartnern und Stellvertretern stets vollständig und aktuell geführt werden, und zwar bereits in „Friedenszeiten", d. h. präventiv zur Ergänzung des internen Krisenmanagementsystems. Hinzugezogene externe Unterstützer können ihren Wirkungsgrad umso effektiver nutzen, je besser sie das zu beratende Unternehmen, die zuständigen Mitarbeiter und vorhandenen Krisenmanagementsysteme kennen!

2.3 Arbeiten im Krisenstab

Im Krisenfall hängt die effiziente Umsetzung von Aktivitäten der Mitglieder des Krisenstabs entscheidend vom Umfang und Inhalt der erfassten Informationen ab. Nur wenn alle relevanten Informationen vorliegen, ist eine eingehende Bewertung der Sachlage und damit sofortige Einleitung von Maßnahmen möglich. Hinzu kommt, dass „erprobte" Krisenstäbe effektiver arbeiten als diejenigen, die bisher noch nicht derartige Vorgehensweisen miteinander geübt bzw. erlebt haben. D. h., bereiten Sie Ihren Krisenstab mit mindestens einer Übung pro Jahr entsprechend vor.

Folgende Aspekte gilt es im Krisenstab grundsätzlich zu klären:

- endgültige Bewertung der Krisenlage zur Beurteilung des Gefahrenpotenzials,

- Maßnahmenplan zur Krisenbewältigung mit Terminierung und Festlegung von Verantwortlichkeiten sowie die Einbindung interner und externer Ressourcen und

- Dokumentation des Maßnahmenplans für interne und externe Zwecke.

Die Klärung dieser zentralen Aspekte ist Voraussetzung für eine sachliche und chronologische Vorgehensweise im Krisenmanagement. Von Nutzen kann dabei auch eine Checkliste relevanter Aktivitäten sein, die im Krisenfall dem Koordinator und Leiter des Krisenstabs als Kontrollinstrument für einen effizienten Ablauf dient. Eine derartige Checkliste, die von der Erfassung und Bewertung der eingehenden Reklamation, parallel zu den nachfolgend aufgeführten Ablaufplänen zum Krisen- und Rückrufmanagement bis hin zur Auswertung der Krise/des Rückrufs sämtliche Prozessschritte, die daran Beteiligten (intern/extern) und mitgeltenden Dokumente protokolliert und die der Unternehmensleitung als Entscheidungsgrundlage dient, sollte folgende Inhalte abdecken:

1. Protokollierung der Zeitabläufe und Entscheidungen inkl. der beteiligten internen bzw. externen Mitarbeiter und Funktionsträger

2. umfassende Informationseinholung gemäß Gesundheitsrisiko, Ursache, Umfang etc.

3. Entscheidung über die Krise

4. Einbindung weiterer interner Mitarbeiter

5. Einbindung externer Krisenstabmitglieder (Berater, Behörden, Versicherungsmakler und Versicherung etc.)

6. Einschaltung von Gutachtern bzw. Laboratorien

7. Einbeziehung des Versicherungsmaklers bzw. der Versicherung

8. Auslösung eines Produktrückrufs

9. Kommunikationsstrategie Zielgruppen, Informationsinhalte:

   o   Behörden und Versicherungen

   o   interne Mitarbeiter

   o   Kunden

   o   Medien

10. Formulierung einer offiziellen Verlautbarung (Behörden-/Pressemitteilung)

11. Untersuchung der finanziellen Auswirkungen

12. Maßnahmen zur Rehabilitierung des Unternehmens

13. Berichterstattung, wirtschaftliche und organisatorische Auswertung der Abläufe

Gleichzeitig muss allerdings beachtet werden, dass alle dokumentierten Abläufe und Unterlagen im Notfall auch „gegen Sie verwendet werden können". Dies gilt es zu berücksichtigen, was aber nicht zu dem Rückschluss führen sollte, z. B. den Behörden „fahrlässig" Informationen vorzuenthalten. Im Krisenfall hat es sich insbesondere bei der Verhandlung mit den zuständigen Vorortbehörden oftmals als sachdienlich erwiesen, möglichst frühzeitig validierte Unterlagen, die die Kompetenz, das sachlich und fachlich fundierte Vorgehen des Krisenmanagements und die gezielte Einbindung Dritter dokumentieren, vorzulegen, um die Entscheidungsfindung hinsichtlich möglicher behördlich angeordneter bzw. unternehmerischer Handlungsweisen konstruktiv abzustimmen.

2.4   Krisenstabsraum

Dem Krisenstab sollte ein Besprechungszimmer zur Verfügung stehen, das mit der für ein effizientes Krisenmanagement erforderlichen Technik ausgestattet ist. Zur Grundausstattung zählen zumindest mehrere Telefonleitungen, Faxgeräte, PC, Internetzugang, TV und Radio. Die nachfolgend aufgelistete technische Ausstattung soll neben der Bewältigung des eigentlichen Krisenfalls eine ungehinderte interne Kommunikation der verantwortlichen Mitarbeiter untereinander wie auch externen Kontakt zu Support-Partnern gewährleisten:

• Möglichkeit 0700-Telefonnummer oder andere immer freie Leitung

• Telefon(e), intern und extern

• Mobiltelefone

• Faxgerät

* Kopierer

* Laptop

* TV und Radio

* Flipchart

* PCs mit Internet-Zugang

* etc.

Zudem ist darauf zu achten, dass dieses Zimmer für Dritte uneinsehbar sowie unzugänglich ist und nach Möglichkeit in der Nähe der Geschäftsführung sowie des zentralen Sekretariats liegt. Im Krisenfall sind kurze Wege und eine schnelle Erreichbarkeit zentraler Einrichtungen elementar. Des Weiteren sollten Möglichkeiten bestehen, den Krisenstab „rund um die Uhr" mit Getränken und Nahrungsmitteln zu versorgen, dies auch an Wochenenden und Feiertagen.

2.5   Krisenplan

Im Krisenfall ist ein effizientes Management erforderlich, um den Verbraucher zu schützen sowie wirtschaftlichen Schaden und Imageverlust vom Unternehmen abzuwenden. Dies bedeutet für den Krisenstab eine zielgerichtete und zweckmäßige Vorgehensweise, die einem definierten Aktivitätenplan folgt.

Nach Eingang der Informationen über eine mögliche Krise werden alle wesentlichen Maßnahmen zur internen wie externen Lenkung und Kontrolle gestartet. Die Umsetzung der Einzelmaßnahmen erfolgt sachlich und chronologisch:

* Erfassung der Information,

* Beurteilung der Sachlage,

* Bewertung des Krisenpotentials,

* Weitergabe der Information an die Geschäftsleitung,

* Einberufung des Krisenstabs,

* Erstellung eines ersten (Sofort-) Maßnahmenplans,

* Auslieferungsstopp durch Sperrung der betroffenen Charge,

* Prüfung von Warenbeständen,

* Bereitstellung von Prüfunterlagen und Gutachten,

* Bereitstellung von Unterlagen zur Informationsweitergabe an Dritte,

Behr's Verlag, Hamburg

- Information Dritter wie Behörden, Kunden, Medien, Versicherung,

- Sperrung von Produkten in Eingangslagern von Kunden, Abnehmern,

- Rückruf von Produkten (still, behördlich, öffentlich),

- Vernichtung von Warenbeständen und

- Prüfung rechtlicher Maßnahmen.

Im Sinne des präventiven Krisenmanagements empfiehlt es sich, derartige Prozess-schritte in entsprechenden Ablaufplänen zu strukturieren und mit den jeweils zuständigen Mitarbeitern und mitgeltenden Dokumenten zu hinterlegen. Auch wenn der in Abbildung 2.5-1 aufgeführte modellhafte Ablaufplan die wichtigsten Prozessschritte beschreibt, so muss berücksichtigt werden, dass derartige Flowcharts unbedingt an das jeweilige Unternehmen angepasst und mittels durchgeführter Übungen überprüft und fortgeschrieben werden. Auch bei der Einführung neuer Produkte, insbesondere bei „sensiblen" Nahrungsmitteln (z. B. Babynahrung, diätetische Nahrungsmittel, Heilmittel etc.) bedarf es der zwingenden Überprüfung bzw. Ergänzung des Krisen-managementsystems.

Nach Beendigung des Krisenfalls muss eine Bewertung der Einzelmaßnahmen des Krisenplans nach Funktionsfähigkeit und Wirksamkeit erfolgen, um Verbesserungen im Hinblick auf das Management künftiger Krisenfälle umsetzen zu können.

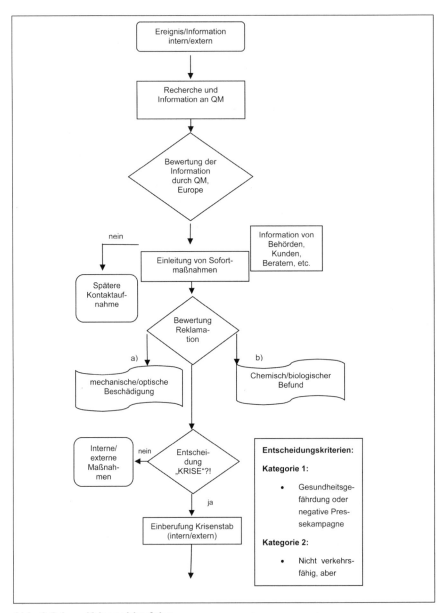

Abb. 2.5-1   Krisenablaufplan

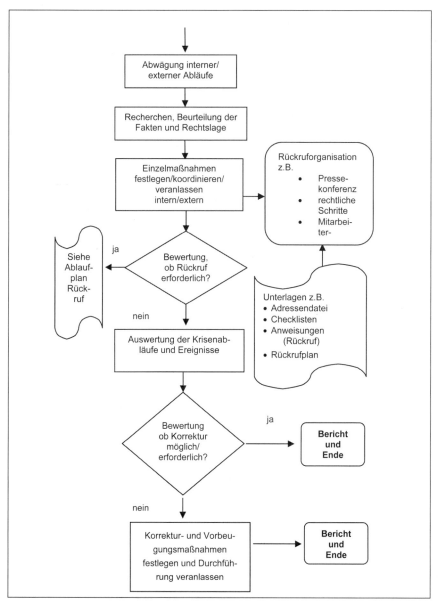

Abb. 2.5-1   Krisenablaufplan (Fortsetzung)

2.6 Unterstützende Prozesse

Für die Durchführung der erforderlichen Einzelmaßnahmen im Krisenmanagement sind bestimmte Prozesse wesentlich, die einen reibungslosen Ablauf ermöglichen und gewährleisten sollen. Hierzu zählt bspw. nach der Erfassung aller relevanten Informationen zum vorliegenden Fall die eindeutige Beurteilung der Sachlage und Bewertung des Krisenpotenzials durch verantwortliche Mitarbeiter und ggf. externe Partner. Diese Analyse der Sachlage erfolgt möglichst mittels der bereits vorweg erwähnten prozessübergreifenden Checkliste, die u. a. folgende Aspekte beinhaltet:

- Welche Informationen liegen zum Krisenfall vor?
- Wer führt die Analyse des Sachverhalts durch?
- Welche gesundheitliche Gefährdung liegt vor?
- Welche produktbezogenen Informationen sind relevant?
- Wie ist die geltende Rechtslage zum jetzigen Zeitpunkt?
- Welche Sofortmaßnahmen müssen durchgeführt werden?

Für die Beantwortung dieser Fragestellungen werden unterstützende Prozesse definiert, Verantwortlichkeiten festgelegt und Formblätter oder Vordrucke zur Dokumentation erstellt. Diese Dokumente dienen nicht nur der Protokollierung der Vorgehensweise sondern auch der Berichterstattung an die verantwortlichen Mitarbeiter und bilden die Grundlage der Auswertung des Krisenmanagements. Dies bedeutet, dass ergänzend zu der angeführten zentralen Checkliste für die mitwirkenden Krisenstabsmitglieder ebenfalls eigenständige Checklisten und Templates erstellt werden, die beispielsweise die Inhalte einer Behörden- und Pressemitteilung ebenso festhalten wie die notwendigen Arbeitsschritte um entsprechend validierte Informationen hierfür zu erhalten.

2.7 Reporting und Auswertung

Die Weitergabe erforderlicher Informationen an verantwortliche Mitarbeiter muss klar und eindeutig erfolgen. Daher bietet sich die Verwendung von Standardvorlagen an, die vom betreffenden Mitarbeiter vollständig ausgefüllt werden. Der dokumentierte Sachverhalt dient als Grundlage jeder weiteren Entscheidung zur Einleitung von Maßnahmen im Krisenmanagement.

Anhand dieser Aufzeichnung können nach Abschluss des Krisenfalls die durchgeführten Aktivitäten, Prozessschritte und Entscheidungswege intern kritisch analysiert und evaluiert werden. Hierbei sind die erstellten Ablaufpläne, die genutzten Checklisten, das Management des Krisenstabs, die Definition der Krise, die Ermittlung der Ursachen für die Krise sowie die Umsetzung der getroffenen Maßnahmen kritisch zu betrachten und anzupassen.

Im Rahmen interner Überprüfungen sollten die Ergebnisse mit Korrekturmaßnahmen und Verbesserungen dokumentiert werden. Die Inhalte dieser Evaluierung lassen sich wie folgt gliedern:

- Analyse der Ursachen, des Fehlers, des Umfangs, des Ausmaßes und Beurteilung der kurzfristigen wie auch langfristigen Folgen (Umsatz, Markenwert, Image etc.)

- Überprüfung der Produktions-, Vertriebs- und Rückholdiagramme anhand derer die Unternehmensstrukturen und jeweils verantwortlichen Positionen beschrieben sind (Flowcharts, Checklisten etc.)

- Prüfung der Kennzeichnung und Chargenrückverfolgung über sämtliche Rohwarenerfassungs-, Produktions-, Distributions- und Vertriebsstufen hinweg

- Kritische Überprüfung der Ablaufprozesse im Krisenstab und innerhalb des Unternehmens, beim Kunden und bei ggf. vor- und nachgelagerten Strukturen

- Analyse der Kooperation mit den zuständigen Behörden und der Einbindung externer Partner zur Unterstützung

- Prüfung möglicher Trainingsinhalte und -maßnahmen zur Qualifizierung von Mitarbeitern im Bereich Krisenbewältigung, -kommunikation und -nachbereitung

Die Auswertung und Nachbereitung von Krisenabläufen sollte anhand eines offiziellen Ergebnis- und Erfahrungsberichts mit folgenden Gliederungspunkten erfolgen:

- Gründe und Ursachen für die Krise erfassen,

- durchgeführte Maßnahmen festhalten,

- positive, negative Ergebnisse und gemachte Erfahrungen evaluieren,

- entstandene, vermiedene Kosten und Aufwendungen ermitteln,

- Stärken- und Schwächen des bestehenden Systems analysieren,

- Empfehlungen zur Anpassung des Systems geben,

- Verantwortlichkeiten definieren, erforderliche Maßnahmen festlegen,

- finanziellen, organisatorischen und personellen Aufwand formulieren,

- Trainingsmaßnahmen und -termine festlegen.

Dieser Evaluierungsbericht sollte nach Abschluss an die Geschäftsleitung weitergeleitet und entsprechende Maßnahmen zur Anpassung umgesetzt werden.

2.8 Krisenbeendigung oder Einleitung Rückruf

Der einberufene Krisenstab trifft gemeinsam die Entscheidung zur Beendigung der Krise. Diese Entscheidung kann getroffen werden, wenn

- alle relevanten Informationen zum Fall vorliegen,

- diese Informationen zur Analyse des Sachverhaltes herangezogen wurden,

- der Sachverhalt nach gesundheitlichen, rechtlichen und produktbezogenen Aspekten bewertet wurde,

- entsprechend der gegebenen Risiken umgehend Sofortmaßnahmen eingeleitet und umgesetzt wurden,

- die Sperrung der betroffenen Ware erfolgte,

- die betroffenen Handelspartner, die zuständige Behörden, ggf. die gefährdeten Verbraucher und, sofern notwendig, die Presse informiert wurde und

- die erforderliche Rückrufaktion eingeleitet und zeitnah umgesetzt wird.

Die Durchführung und Koordination eines eventuell erforderlichen Rückrufs der betroffenen Produkte beim Handelspartner und ggf. beim Verbraucher erfolgt durch das Rückrufteam (siehe Kapitel III Warenrückruf).

2.9 Einbindung professioneller Krisenberater

Die Einholung der Expertise weiterer, externer Dienst- und Serviceanbieter bewährt sich nicht nur bei der Erweiterung des internen zum externen Krisenstab. In vielen Fällen können professionelle Krisenberater die Arbeit der verantwortlichen Mitarbeiter im Krisenmanagement zielgerichtet unterstützen und ergänzen.

Gerade in Ausnahmesituationen muss zumindest der Leiter des Krisenstabs nicht nur einen „kühlen Kopf" bewahren, sondern verantwortungsvoll und zeitnah die relevanten Entscheidungen treffen und erforderliche Maßnahmen einleiten. Ein externer Krisenbrater dient zumindest zu diesem Zeitpunkt als Ansprechpartner und „Kontrollinstanz". Im weiteren Verlauf des Krisenmanagements übernimmt der im Krisenstab beisitzende Krisenexperte eine beratende Funktion zur zielgerichteten Vorgehensweise im Krisenmanagement. Ein wichtiger Aspekt ist hierbei die Prüfung und Einholung weiterer externer Expertise wie:

- Fachanwalt als Rechtsbeistand

- Makler oder Broker für Versicherungsfragen

- Agentur für die Öffentlichkeits- und Pressearbeit

- Berater für Wirtschaftskriminalität

- Arzt als medizinischer Sachverständiger

- Labore zur Analytik und Begutachtung

- etc.

Im Krisenfall kann die Rolle des Krisenberaters vom externen Ratgeber des Krisenstabs bis hin zum Koordinator des Krisenmanagements wechseln. Aber die Funktion eines vollwertigen Mitglieds im Krisenstab oder gar die Aufgabe des Entscheiders im Krisenstab darf der Berater zu keiner Zeit übernehmen.

Auch hier empfiehlt es sich, bereits in „Friedenszeiten" zu überprüfen, welche Beratungsleistungen externe Supportpartner leisten sollten/können, wo derartiges Knowhow verfügbar ist und ob das Beratungsunternehmen und die Berater zum eigenen Unternehmen passen. In einer Krise muss die „Chemie stimmen" damit reibungslos gearbeitet aber auch kontrovers diskutiert werden kann. Ebenso sollte der hinzugezogene Berater aber auch die Chance haben, das Unternehmen ebenfalls in „Friedenszeiten" kennen zu lernen, um Hinweise zur Ergänzung des Krisenmanagementsystems auszusprechen und sich mit den handelnden Personen vertraut zu machen.

3 Krisenkommunikation

FRANK SCHÖNROCK

Die Reputation in Gefahr

Jedes Unternehmen, das bereits eine Krise durchgestanden hat, wird auf die Frage, was denn an der Situation so bedrohlich gewesen sei, antworten: „Unser Ruf stand auf dem Spiel". Eine kurze Antwort mit großer Tragweite. Aber was steht eigentlich dahinter? Was genau ist mit Ruf, mit Reputation gemeint? Nun, übersetzt kann das heißen: die unermüdliche Aufbauarbeit des oder der Gründer. All das, wofür die Mitarbeiter tagtäglich hart gearbeitet haben. Die vielen Produktentwicklungen, die tollen Werbekampagnen und vor allem das Vertrauen, dass sich das Unternehmen bei zufriedenen Kunden und Verbrauchern aufgebaut hat. Auch das Ansehen einzelner Personen steht in einer Krise auf dem Spiel. Nicht vor den kurzfristigen finanziellen, personellen oder absatztechnischen Risiken fürchten sich Unternehmen. Sondern um das, was ich als das Wichtigste eines Unternehmens bezeichne, sorgen sich die Unternehmensvertreter in einer Krise: die Reputation oder das Image einer Firma und das seiner Marken.

Aus diesem Grund ist es mir immer wieder unerklärlich, wie fahrlässig Unternehmen in Krisensituationen mit ihrem wichtigsten „Asset" umgehen. Da treten schlecht ausgebildete oder unvorbereitete Unternehmenssprecher vor die Kameras und Mikrofone, es wird vertuscht, scheibchenweise kommuniziert oder gar gelogen. Wichtige Zielgruppen wie beispielsweise Behörden, Kunden oder gar die eigenen Mitarbeiter lesen von der Krise in der Zeitung und werden nicht direkt vom Unternehmen informiert. Häufig genug stimmt das Timing der Kommunikation nicht. Zu früh, zu spät oder in der falschen Reihenfolge kommunizieren, kann in krisenhaften Situation fatale Folgen haben. Und schließlich werden nicht alle zur Verfügung stehenden Kommunikationskanäle und -instrumente konsequent genutzt.

Woher nun kommt dieses fehlerhafte Verhalten in der Krise? Meine Erfahrung zeigt, dass es vor allem drei Gründe sind:

1. Eine Krisensituation lässt sich mit dem „Tagesgeschäft" in nichts vergleichen; es fehlen häufig die Erfahrungswerte, wie zu agieren ist.

2. Aus Angst, Fehler zu machen und die Krise dadurch mitunter zu verschlimmern, wird eher nicht kommuniziert.

3. Das Wissen, wie und wem gegenüber in Krisensituationen adäquat kommuniziert werden sollte, ist oftmals schwach ausgeprägt.

In den nun folgenden Kapiteln werde ich die wichtigsten Aspekte einer erfolgreichen Krisenkommunikation herausstellen und hoffe, dass diese dazu beitragen können, Unternehmen besser auf krisenhafte Situationen vorzubereiten.

3.1 Wer kommuniziert

Schweigen ist Silber – Sprechen ist Gold

Grundsätzlich muss es das Ziel für Unternehmen sein, selbst die Kommunikationshoheit zu erzielen. Im Krisenfall ist es häufig zu erleben, dass sich alle anderen Parteien bereits zu dem Fall äußern, nur das betroffene Unternehmen schweigt dazu. Im Grunde lautet die Devise: Dasjenige Unternehmen, das selbst kommuniziert, hat die Möglichkeit, seine eigene Sichtweise von den Dingen zu transportieren und Glaubwürdigkeit zu gewinnen. Je früher desto besser. Nun will ich nicht verleugnen, dass es auch Situationen gibt, in denen es besser ist, zu schweigen (ich selbst war in Beratungssituationen, in denen wir gemeinsam mit dem Unternehmen entschieden haben, den Aufsichtsratsvorsitzenden eine zeitlang in den „längeren Urlaub" zu schicken). Aber die aktive Kommunikationsrolle ist in der Regel erfolgreicher, als die passive. Das ist auch verständlich. Stellen Sie sich als „normaler" Konsument das folgende Szenario vor. Zwei Unternehmen stellen jeweils fest, dass eines ihrer Lebensmittelprodukte mit Bakterien kontaminiert ist. Die unternehmenseigenen Labore haben es jeweils als erste entdeckt. Die Gegenproben kommen zu demselben Ergebnis; ein öffentlicher Rückruf ist unvermeidbar. Unternehmen A weigert sich, eine offensive Kommunikationsrolle zu unternehmen. Die Folge: Die Behörde selbst informiert die Öffentlichkeit. Unternehmen B geht in die Offensive und gibt eine eigene Presseerklärung heraus und sucht den Kontakt mit den jeweiligen Zielgruppen. Welches Unternehmen, meinen Sie, gewinnt stärker das Vertrauen der Medien und der Öffentlichkeit?

Hat sich ein Unternehmen nun entschlossen, aktiv zu kommunizieren, stellt sich die Frage, welche Person beziehungsweise welche Position im Unternehmen sollte als „Unternehmenssprecher" agieren? Wohl der Firma, die einen eigenen Pressesprecher in ihren Reihen weiß. Wenden wir uns aber zunächst der Vielzahl an Unternehmen zu, die keine Pressestelle oder auch keine Marketingabteilung besitzen. Wer sollte in diesem Fall mit Medienvertretern sprechen? Grundsätzlich kann jede Mitarbeiterin oder jeder Mitarbeiter mit Medien in Kontakt treten, die entsprechende Trainings absolviert haben. Meiner Erfahrung nach, gibt es keine bestimmte Position innerhalb eines Unternehmens, die sich besser eignet als andere. Vielmehr kommt es auf ein bestimmtes Set an so genannten Hard- und Soft-Skills an. Natürlich sollte die ausgewählte Person gern kommunizieren und recht sprachgewandt sein. Hinzu kommt, dass Sprecher über das Unternehmen gut Bescheid wissen müssen. Die größte Aufgabe allerdings ist es, souverän und möglichst ruhig zu reagieren. Eine Fähigkeit, die bei bohrenden, unverschämten, ja teilweise beleidigenden Fragen stark ausgeprägt sein muss. Die gute Nachricht ist, dass all diese Fähigkeiten durch intensives Training erlernbar sind. Es gibt viele Anbieter von derartigen Medientrainings. Achten Sie bei der Auswahl eines Anbieters unbedingt darauf, dass diese Trainings individuell auf Ihr Unternehmen und Ihre Industrie zugeschnitten sind. Dies gilt umso mehr, als dass das Training auf reale Krisen vorbereiten soll.

Eine Frage, die mir immer wieder gestellt wird, ist die nach Mitgliedern der Geschäftsführung oder des Vorstandes als Sprecher. Auch hier gilt zwar, dass Sprecher, die aus diesem Personenkreis rekrutiert werden können, über die besten Fähigkeiten im ganzen Unternehmen verfügen sollten. Aber: Eine Fremdeinschätzung durch Experten mag helfen, unliebsame Überraschungen im Krisenfall zu verhindern. Schon mancher Manager, der sich als perfekt geeignet sah, lernte in Medieninterviews seine Grenzen kennen. Besser, dies passiert im Rahmen einer Trainingssituation. Ein triftiger Grund hingegen spricht ganz klar gegen Geschäftsführer oder Vorstände als Pressesprecher. Wenn diese Person während einer Krise in der Kommunikation oder vor der Kamera einen groben Fehler macht, ist ein Vertrauensaufbau ungleich schwieriger. Denn ein Unternehmen, dessen oberste Führungskraft derart beschädigt in der Krise bestehen muss, wirkt schnell führungs- und orientierungslos. Ein Zustand, den sich selbstverständlich kein Unternehmen leisten darf. Krisen haben nicht zuletzt dadurch schon so manchem Manager den „Kopf" gekostet. Darum liebe Unternehmenssprecher: Sie sind es, die in die vorderste Reihe gehören. Sollte das dann – wider Erwarten – schief gehen, kommt die oberste Führungskraft, die das schlingernde Schiff wieder auf Kurs bringt.

3.2   Wie wird kommuniziert

Offenheit vor Intransparenz

Die Frage nach der Kommunikationsstrategie im Krisenfall ist mitunter die am schwierigsten zu beantwortende. Das Motto „offen und ehrlich kommuniziert schützt am Meisten" ist zwar grundsätzlich richtig. Aber bei dieser Fragestellung gilt ein weiterer Grundsatz: Jede Krise verläuft anders. Ich selbst habe schon das ein oder andere Mal als Berater eines Krisenstabs dem Unternehmen geraten, nicht alle Fakten zu verbreiten – zumindest nicht sofort. Aber der Reihe nach. Das wichtigste für ein Unternehmen in einer Krise ist es, das zu erlangen, was ich Kommunikationshoheit nenne. Häufig genug ist zu erleben, dass Unternehmen auf „Tauchstation" gehen und somit eine passive Rolle übernehmen. Das ist unklug, wenn man bedenkt, dass andere Parteien auf jeden Fall kommunizieren. Leider geht es in der Medienberichterstattung dann nicht um Fakten, sondern um Spekulationen und Gerüchte. Zumal, wenn ein Unternehmen durch Nicht-Kommunizieren ein Informationsvakuum entstehen lässt. Medien werden höchst erfinderisch, wenn es darum geht, Informationen zu beschaffen. Lassen wir einmal die Fälle außen vor, in denen Journalisten Dinge einfach erfinden oder aber Dritten Geld dafür bezahlen, eine bestimmte Aussage zu machen. Selbst wenn alles mit rechten Dingen zugeht, befragen Medien Ex-Mitarbeiter oder aktuelle Mitarbeiter eines Unternehmens, Experten, die ja immer schon vor „gewissen Dingen gewarnt" haben oder so genannte Hinterbänkler in der Politik, die sich mit populistischen Äußerungen in die erste Reihe katapultieren wollen – vor allem im so genannten Sommerloch. All diese Parteien können das Bild der Öffentlichkeit über einen Krisenfall beeinflussen. Doch eine Sichtweise fehlt mitunter: Die, des beteiligten Unternehmens! Mit der Entscheidung, dieses Spielfeld der Meinungsbildung später zu betreten, kann ein Unternehmen kaum noch punkten.

Nun noch einmal zurück zum Punkt Offenheit und Transparenz. Lassen Sie mich Ihnen eine Frage stellen: Welches Unternehmen würde bei Ihnen in Sachen Glaubwürdigkeit vorn liegen? Dasjenige, das scheibchenweise kommuniziert, Fehler bei anderen sucht, das alles zunächst einmal abstreitet und schließlich am Ende – kleinlaut – zugeben muss, dass die Dinge so waren, wie von den Medien von Anfang an berichtet? Oder vielmehr das Unternehmen, welches Dinge beim Namen nennt, das die Fakten auf den Tisch legt, das sich entschuldigt und Konsequenzen zieht? Die Antwort liegt natürlich auf der Hand. Aber warum fällt es Unternehmen dann so schwer, die zweite Variante zu wählen? Ich komme durch meine Erfahrung als Krisenberater zum dem Schluss, dass es sich um einen Reflex handelt. Eine spontane Reaktion, in dem festen Glauben, dass, sollten nicht alle Aspekte einer Krise ans Tageslicht kommen, der Schutz des Unternehmens am wahrscheinlichsten zu gewährleisten ist. Ich kann davor indes nur warnen. In unserer heutigen Dialoggesellschaft tauschen sich Journalisten, Experten und Verbraucher im Internet über mögliches Fehlverhalten von Unternehmen oder Personen blitzschnell aus. Weder gelten via Internet Landesgrenzen, noch gibt es geschlossene Informationskreise. Das Gegenteil ist der Fall: Informationen werden von allen mit allen geteilt. Das Internet „vergisst" nichts; sämtliche Informationen sind ein „Unternehmensleben" lang abrufbar. Firmen, die den Eindruck erwecken, es würde etwas vertuscht, werden schnell zur Zielscheibe von investigativen Journalisten. Mir sagte ein Chefredakteur eines bekannten deutschen Wirtschaftsmagazins vor kurzem: „Ich habe nicht viel Zeit, Informationen, die ich von einem Unternehmen erhalte, mehrfach zu überprüfen. Habe ich das Gefühl, dass diese Informationen schlüssig und stimmig sind, dass ein Unternehmen sich mir gegenüber offen verhält, gehe ich mit einer positiven Einstellung an das Thema heran. Sollte ich den gegenteiligen Eindruck haben, schlage ich mir auch einmal die Nacht um die Ohren, um die berühmten Leichen im Keller zu finden". Und glauben Sie mir: Journalisten finden sie!

3.3 Was wird kommuniziert

Wie sehr Offenheit und Transparenz zum Erfolgsfaktor in der Krisenkommunikation werden kann, soll das Beispiel eines Lebensmittelherstellers verdeutlichen, dessen Produkt durch einen unglücklichen Umstand mikrobiologisch kontaminiert war. Das Unternehmen wusste, dass bereits Verbraucher, die das Produkt verzehrt hatten, mit Gesundheitsschäden im Krankenhaus behandelt wurden. Ein öffentlicher Produktrückruf war daraufhin unvermeidlich. Nun stellte sich die Frage, ob in der Kommunikation die möglichen schwerwiegenden gesundheitlichen Auswirkungen einer Infektion, ausgelöst durch die in dem Lebensmittel befindlichen Bakterien, ein Rolle spielen sollten oder lieber nicht. Die erste Reaktion des Unternehmers – und auch der Handelsunternehmen – war eindeutig: „Wir kommunizieren nicht!" Das Krisenpotenzial würde verstärkt, der Ruf des Unternehmens als Verursacher stärker leiden und die Berichterstattung in den Medien reißerischer. Eine mögliche Folge: Panik unter den Verbrauchern. So die Sichtweise der Beteiligten. Nach eingehender Beratung entschied sich der Hersteller dennoch für die aktive und transparente Kommunikation. Mit Erfolg. Zwar waren die möglichen Gesundheitsschäden Gegenstand aller Zeitungsartikel und Radiobeiträge nach dem öffentlichen Rückruf. Aber in denselben Berichten wurde das Verantwortungsbewusstsein des Unternehmens positiv herausgestellt. Verbraucher, die die eigens eingerichtete Hotline anriefen, berichteten davon, dass endlich einmal eine Firma aufkläre, und dass sie dadurch die Möglichkeit bekämen, selbst abzuwägen, ob sie das Produkt noch kaufen sollen oder nicht. Hinzu kam, dass nicht externe Experten als „Aufklärer" im Mittelpunkt der Berichterstattung standen, sondern das Unternehmen selbst. Die Strategie gab dem Lebensmittelproduzenten Recht. Die Dauer der Krise und die Erholungszeit nach der Krise waren kürzer, der Verlust von Kunden konnte vermieden und somit der wirtschaftliche Schaden geringer gehalten werden.

Kommunikationsdreisatz: bewusst machen – kümmern – lösen

Unternehmen stecken im Krisenfall in einem Dilemma. Häufig genug liegen – gerade zu Beginn einer Krise – sehr wenige Informationen vor. Selbst wenn Firmen sich für eine aktive Rolle in der Kommunikation entscheiden wollen, zögern sie meist, Informationen herauszugeben, weil sie meinen, keine zu haben. Doch das ist nicht richtig. In etlichen Interviews in Krisensituationen habe ich immer wieder erlebt, dass Journalisten zu Beginn im Grunde genommen immer nur drei Antworten benötigen. Antworten auf die drei Fragen, die die Verbraucher beziehungsweise die Öffentlichkeit am meisten bewegen: Wie konnte das passieren? Seit wann weiß das Unternehmen von dem Problem, und was hat es unternommen, nachdem es von dem Problem Kenntnis erlangt hatte? Wie will das Unternehmen vermeiden, dass dasselbe Problem noch einmal auftritt?

Auf Basis dieser drei Fragen lässt sich die Kommunikation innerhalb einer Krise auch in drei Phasen unterteilen:

1. Bewusstseinsphase

2. Kümmerphase

3. Lösungsphase

In der ersten Phase sollte ein Unternehmen der Öffentlichkeit gegenüber kommunizieren, dass es sich bewusst ist, dass überhaupt ein Problem vorliegt. Leider kommt hierbei erschwerend hinzu, dass vor allem die Wahrnehmung in der Öffentlichkeit entscheidet, ob ein Problem vorherrscht oder nicht. Wenn die öffentliche Wahrnehmung die ist, dass ein Unternehmen in einer Krise steckt, dann steckt es in einer. Zunächst einmal unabhängig von den Fakten. Aus kommunikativer Sicht sollte daher die Historie eines Krisenfalls inhaltlich lückenlos aufbereitet werden. Denn, wie Sie sich vorstellen können, ist es ein Unterschied, ob ein Unternehmen von einem krisenhaften Ereignis überrascht wird oder ob es bereits vor längerer Zeit erste Indikatoren an der Hand hatte, dass ein solcher Fall eintreten könnte. Sie glauben, letzteres käme nicht ans Tageslicht? Ich darf auf das vorherige Kapitel verweisen. Journalisten spüren solche Dinge auf. Oder es findet sich ein Mitarbeiter, der bereitwillig darüber Auskunft gibt, dass das Problem schon länger bekannt sei.

Die zweite Phase ist davon geprägt, dass sich das Unternehmen weiter um die Aufklärung bemüht. In der Regel werden zunächst interne Untersuchungen angestrengt. Deren Ergebnisse müssen dann auch regelmäßig kommuniziert werden. Das geht einher mit der Positionierung von internen Experten zum Beispiel aus der Qualitätssicherung, aus der Personalabteilung oder aus der IT-/Sicherheitsabteilung. Je nach Krisenfall. An dieser Stelle kann es auch ratsam sein, externe Experten zu beauftragen, die eigene Firma zu untersuchen. Ein Hersteller von Käse beispielsweise ließ sich während eines Krisenfalles von externen Laboren untersuchen und beraten, um Kontaminationsherde in der Produktion zu identifizieren, um dann schließlich Abhilfe schaffen zu können. Die Ergebnisse wurden teilweise der Öffentlichkeit gegenüber kommuniziert. Und dies geschah, obwohl die Resultate nicht ausschließlich positiv waren. Aber die Medien honorierten das Engagement, den Fall aufzuklären und so konnte Vertrauen wieder aufgebaut werden.

Beim Abschluss von Krisen gilt der Schwerpunkt der Kommunikation der Suche nach und dem Finden von Lösungen. Je schneller es einem Unternehmen gelingt, Lösungen für ein Problem zu kommunizieren, desto schneller wird die Krise beendet werden können. Zwar sollten Lösungsansätze immer stimmig sein, damit sie von der Öffentlichkeit „akzeptiert" werden. Erfahrungsgemäß können jedoch schon verhältnismäßig kleine Veränderungen, eine große Wirkung erzielen. Als beispielsweise ein Käsehersteller vier Tage nach dem Bekanntwerden einer Produktkontamination bereits die Öffentlichkeit informierte, dass „das Kontrollnetz nun engmaschiger geknüpft" werde, führte dies zu positiven Artikeln in den bundesweiten Tageszeitungen.

3.4 Mit wem wird kommuniziert

Im Krisenfall muss gleich zu Beginn festgelegt werden, an wen sich die Kommunikation richten soll. Dabei geht es nicht allein darum, dass Medien regelmäßig mit Informationen beliefert werden. Es gibt eine Reihe von Personengruppen, die über Medien gar nicht oder nur sehr schlecht zu erreichen sind. Ohnehin kann ein Unternehmen nicht wissen, welche Informationen von den Medien aufgegriffen werden oder wie diese kommentiert werden. Aus diesem Grund müssen wichtige Zielgruppen im Krisenfall direkt in einen Dialog eingebunden werden. Denken Sie an Ihre Mitarbeiter oder Kunden. Auch Dritte sollten nicht nur über die Medien mit Informationen versorgt werden. Viele Unternehmer unterhalten beispielsweise intensive Kontakte zu lokalen Politikern und Institutionen. Diese Gruppen frühzeitig informiert, können sie im Verlauf einer Krise zu wichtigen Unterstützern eines Unternehmens werden. Dasselbe gilt für Verbände. Auch Zielgruppen, die möglicherweise zu Kritikern eines Unternehmens werden können, sollten mit der notwendigen Transparenz direkt informiert werden. Ich denke da an Verbraucherschutzorganisationen oder andere Interessensverbände. Sollten Unternehmen finanzielle Verbindlichkeiten besitzen, schafft eine aktive Informationspolitik zu den „Geldgebern" eine solide Vertrauensbasis.

3.5 Wann wird kommuniziert

Richtiges Timing: Schlüssel zum Erfolg

Nehmen wir einmal folgenden Fall an: Die Behörden geben eine Verbraucherwarnung wegen der Gefahr von Metallsplittern in einer Wurstware heraus. Wie lange dauert es nun durchschnittlich bis die ersten Medien darüber berichten? Ich kenne einen Fall, da dauerte es keine 30 Minuten, bis die Nachrichtenagentur DPA diese Meldung über den „Ticker" jagte. Rund 30 Minuten später erschien der erste Artikel über den Fund von Metallstücken in Wurst in der Onlineausgabe einer nationalen Tageszeitung. Wenige Minuten danach berichteten die ersten Nachrichtensender und rund drei Stunden später konnten mehr als 40 Onlineartikel und mehr als 20 Radiobeiträge in Deutschland gezählt werden. Jeweils mit voller Nennung des Marken- und des Unternehmensnamens. Daran kann man sehen, dass nicht viel Zeit für eine erste Reaktion eines Unternehmens bleibt. Ich empfehle, spätestens 60 Minuten nach

Bekanntwerden eines Krisenfalles eine erste Stellungnahme herauszugeben. Wie oben schon beschrieben, ist der Inhalt einer solchen Meldung begrenzt. Es geht weniger um die konkreten Fakten, sondern vielmehr darum, dass das Unternehmen überhaupt demonstriert, dass es sich des Problems bewusst ist und sich „kümmert". Grundsätzlich spielt der Zeitpunkt der Kommunikation im Krisenfall eine wichtige Rolle. Es kann beispielsweise auch darum gehen, einer geplanten Berichterstattung zuvor zu kommen. Es gab den Fall eines großen Handelshauses, das das Ergebnis einer internen Revision selbst veröffentlicht hatte, weil es starke Gerüchte gab, dass eine Kopie des geheimen Dossiers einem deutschen Magazin zugespielt wurde. Wir vermuteten damals, dass dieses Magazin selbst eine Vorab-Meldung herausgeben würde, um die Auflage zu steigern. Nach Abwägen des Erscheinungstermins des Magazins und der möglichen Vorab-Meldung legten wir selbst die Herausgabe einer Pressemeldung auf den späten Nachmittag zwei Tage vor Erscheinungstermin des Magazins fest. Somit wurde der Verlag zum Getriebenen – nicht mehr das Unternehmen. Noch am selben Nachmittag gaben die Verantwortlichen des Magazin tatsächlich die vorgesehene Vorab-Meldung heraus. Der Lohn des Unternehmens für dieses strategisch ausgefeilte Vorgehen: Sämtliche Artikel zitierten auch die Sichtweise des Unternehmens und das Handelshaus konnte in der Folgekommunikation immer die Rolle des aktiven Kommunikators für sich in Anspruch nehmen.

Wichtig bei der Definition des richtigen Zeitpunktes ist es darüber hinaus, dass gewisse Personengruppen in der richtigen Reihenfolge informiert werden. Mitarbeiter, Behörden und Kunden beispielsweise sollen die Informationen nicht aus der Zeitung erhalten, sondern direkt vom Unternehmen. Auf der anderen Seite dürfen diese Personengruppen nicht selbst die Medien informieren, bevor es das Unternehmen tut. Eine Synchronisation der Kommunikation ist demnach essenziell. Als Faustformel gilt: Erst Behörden (Lebensmittelüberwachung, Staatsanwaltschaft etc.), dann Mitarbeiter und schließlich kurze Zeit danach Kunden und Medien parallel. In der Folge sollten dann möglichst viele weitere Zielgruppen in die Kommunikation eingebunden werden (siehe oben).

Insgesamt sind die ersten 48 Stunden in einer Krise unter Kommunikationsgesichtspunkten entscheidend. Neben der Hektik im Krisenstab bindet dieser Zeitraum alle (!) für die Kommunikation verfügbaren Ressourcen – unter Umständen unter zu Hilfenahme von externen Partnern. Folgende Dinge sollten in dieser Zeit erledigt werden:

Innerhalb von ca. 1 Stunde nach Zusammentreffen im Krisenstab:

- Informationsblatt „Verhalten im Krisenfall" für die Telefonzentrale des Unternehmens entwickeln

- Sprecher des Krisenteams wird bestimmt

- erste Stellungnahme für Medienanfragen entwickeln

- Überblick über die Lage verschaffen; Experten definieren, die dabei behilflich sein können; Erweiterung des Krisenteams um diese Experten
- Stellungnahme für Mitarbeiter entwickeln

Innerhalb von ca. 2 Stunden:

- Kernbotschaften für den speziellen Krisenfall entwickeln
- Detailliertere Pressemitteilung für Medien entwickeln
- Aussand der Pressemitteilung an alle Medien
- Monitoring-Service beauftragen
- Stellungnahme für die Unternehmens-Homepage erstellen
- Klären, welche Zielgruppen noch informiert werden müssen

Innerhalb von ca. 4 - 8 Stunden:

- Externe Krisenberater treffen vor Ort ein
- Weitere Informationen über den Sachverhalt zusammentragen
- Weitere Stellungnahmen bspw. für Vertriebspartner, Kunden, Behörden entwickeln
- Aktualisierte Informationen an die Mitarbeiter
- Erste Medieninterviews führen
- Alternativ: Pressekonferenz konzipieren
- Medien mit weiteren Hintergrundinfos auf Trab halten
- Vorbereitete Krisen Dark-Site freischalten
- Verbraucher-Hotline ist eingerichtet
- Fragen-und-Antworten-Dokumente für Mitarbeiter, Kunden, Vertriebspartner erstellen
- Auswertung der Medienberichterstattung (Online, TV, Radio)

Innerhalb von ca 2 Tagen:

- Weitere Klärung des Sachverhaltes
- Externe Expertenmeinungen einholen, die zur Unterstützung eingesetzt werden können

- Medienanfragen beantworten und mit weiterem Hintergrundmaterial beliefern
- Alternativ: Gezielte Hintergrundgespräche mit Journalisten führen
- Kommunikation erster Lösungsansätze zur Bewältigung des Krisenauslösers
- Alternative Kommunikationsinstrumente entwickeln
- Regelmäßige Updates der Unternehmenswebsite und/oder „Dark Site"

3.6 Kommunikationsinstrumente – Instrumente richtig orchestriert

Zur Kommunikation mit den unterschiedlichen Zielgruppen stehen Unternehmen unterschiedliche Instrumente zur Verfügung. Drei stelle ich hier vor.

Die Pressemitteilung

In Pressemitteilungen informiert ein Unternehmen, das einer krisenhaften Situation ausgesetzt ist, unterschiedliche Medien über das jeweilige Ereignis. Dabei ist zunächst einmal wichtig zu definieren, welche Mediengruppen überhaupt mit der Meldung beliefert werden sollen. Im Falle eines Produktrückrufes ist diese Frage nicht so einfach zu beantworten, denn der Gesetzgeber gibt keinen speziellen Rahmen vor. Es solle angemessen informiert werden, formuliert dieser sinngemäß. Es hat sich im Falle eines Produktrückrufes bewährt, die Nachrichtenagenturen in Deutschland zu informieren. Bei besonders schweren Fällen würden auch Fernsehsender, öffentlich-rechtliche Radiosender sowie die großen deutschen national erscheinenden Tageszeitungen zusätzlich informiert. Ist die Pressemitteilung einmal verschickt, sollten auf Unternehmensseite Experten für Fragen zur Verfügung stehen. Bei einem starken Interesse können täglich bis zu 50 oder mehr Anrufe von Medienvertretern beim Unternehmen eingehen, die weitere Fragen haben. Daher ist es ratsam, in der Pressemitteilung so viele Informationen wie möglich zu geben, um die Anzahl möglicher Rückfragen zu minimieren. Das schließt vor allem ein:

- Was ist passiert?
- Wann ist das Ereignis passiert?
- Wo ist das Ereignis passiert?
- Wer ist betroffen/wie viele Personen sind betroffen?
- Was unternimmt das Unternehmen jetzt?

Abschließend sollten noch allgemeine Informationen zu Qualitätssicherungsmaßnahmen des Unternehmens oder andere „entlastende" Hinweise gegeben werden. Im Übrigen ist das auch der Grund, warum es immer besser ist, wenn das Unternehmen informiert statt die Behörden. Sie können gewiss sein, dass diese Hinweise bei Behördenmeldungen fehlen werden. Weitere Pressemeldungen bieten sich immer dann an, wenn es (positive) Neuigkeiten des Unternehmens zu vermelden gibt. Dies können entlastende Laborergebnisse, erweiterte Qualitätssicherungsmaßnahmen oder andere Meldungen sein. Dabei ist es vorteilhaft, Schlagwörter zu prägen, die von Medien gern aufgegriffen werden. „Proben jetzt aus jeder Wanne", „Wurst aus Thüringen jetzt wieder unbedenklich" oder „Lebensmittelbehörde gibt grünes Licht" könnten Überschriften von Pressemitteilungen sein, die sich eins zu eins in Artikeln wieder finden werden.

Webseite/Dark-Site

Kennen Sie das? Eine Homepage eines Markenartiklers zeigt den Besuchern eine wunderbare Welt voll lachender Kinder und Familien oder glückliche Kühe und eine unberührte Natur. Das neueste Produkt des Hauses wird mit einem Gewinnspiel beworben. Und inmitten dieses „Heile-Welt-Marken-Umfeldes" kommuniziert nun der Hersteller einen Produktrückruf wegen Glassplittern in einem der Hauptprodukte. Ich empfehle Unternehmen eine eigene, neutralere Web-Seite für kritische Situationen vorzubereiten und „vorrätig" zu halten. Diese Internetseiten werden in guten Zeiten vorbereitet und im Krisenfall minutenschnell online geschaltet. Solange sind sie verdeckt – daher werden sie auch „Dark-Sites" genannt. Der Vorteil dieser Dark-Sites liegt auf der Hand: Die Inhalte können vorbereitet werden, ein neutrales, nicht werbliches Umfeld/Design, und keine anderen Produkte des Hauses werden gezeigt, die Inhalte und der Original-Unternehmensauftritt im Internet geht nicht in die Knie, wenn es innerhalb weniger Stunden zu mehreren Millionen Zugriffen kommt. Eine Unternehmenswebsite, die im Krisenfall nicht erreichbar ist, wirft nun wirklich kein Vertrauen erweckendes Bild auf ein Unternehmen.

Verbraucherhotline

Die Erfahrung hat gezeigt: Ein Unternehmen, das sich in einer Krise nicht versteckt, sondern den Dialog anbietet, trifft die Auswirkungen einer Krise nicht so hart, wie diejenigen Unternehmen, die „abtauchen" und nicht kommunizieren. Aus diesem Grund ist das Anbieten einer Hotline für Verbraucheranfragen eine gute Möglichkeit, Vertrauen zu erarbeiten. Darüber hinaus bietet das „Zuhören" über die Hotline dem Unternehmen die Möglichkeit, „Stimmungen" bei den Verbrauchern hautnah mit zu bekommen, die kritischsten Fragen zu identifizieren und somit ein gutes Bild der „öffentlichen" Meinung einzufangen. Klar ist ohnehin: Geredet wird über Ihr Unternehmen und Ihre Produkte in der Krise sowieso. Besser ist es in diesem Fall, zuhören zu dürfen. Sollten Unternehmen keine eigenen Kapazitäten – weder technischer Art noch das entsprechende Personal – besitzen, um Verbraucheranfragen professionell zu beantworten, sollten Firmen diese Leistung extern einkaufen. Aber Vorsicht bei der Auswahl! So genannte Callcenter, die gestern eine Bank unterstützt haben, heute eine politische Partei und morgen Ihren Produktrückruf, scheinen nicht geeignet, Verbraucheranfragen in der Krise kompetent zu beantworten. Besondere Krisenberatungsunternehmen verfügen heutzutage bereits über die technischen Voraussetzungen und das Personal, um im Krisenfall innerhalb weniger Stunden eine Verbraucherhotline zu installieren.

4 Behördenmanagement im Krisenfall

EBERHARD HAUNHORST

4.1 Welche Behörden sind zuständig

Organisation der amtlichen Lebensmittelüberwachung und des öffentlichen Veterinärwesens in Deutschland

In Deutschland liegt die Zuständigkeit für die Veterinär- und Lebensmittelüberwachung einschließlich der amtlichen Futtermittelkontrolle bei den Ländern. Dies bedeutet, sechzehn Bundesländer sind für die Durchführung und Organisation aller Überwachungsmaßnahmen verantwortlich. Auf Bundesebene sind Angelegenheiten des gesundheitlichen Verbraucherschutzes beim Bundesministerium für Ernährung, Landwirtschaft und Verbraucherschutz (BMELV) angesiedelt. Daran angeschlossen sind das Bundesinstitut für Risikobewertung (BfR), das Bundesamt für Verbraucherschutz und Lebensmittelsicherheit (BVL) mit Aufgaben des Risikomanagements sowie einige Bundesforschungsanstalten. Eine Weisungsbefugnis des BMELV den Ländern gegenüber besteht aufgrund des föderativen Prinzips nicht.

In den Flächenbundesländern erfolgt die Organisation aller Aufgaben des gesundheitlichen Verbraucherschutzes im Regelfall nach einem dreistufigen Prinzip:

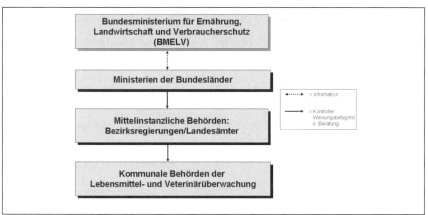

Abb. 4.1-1   Organisation des gesundheitlichen Verbraucherschutzes in der Bundesrepublik Deutschland

Oberste Zuständigkeit für die amtliche Lebensmittelüberwachung und -untersuchung sowie das öffentliche Veterinärwesen liegt bei den entsprechenden Länderministerien. Hierbei sind schon durch die Namensgebung unterschiedliche Schwerpunktsetzungen erkennbar (z. B. Zuständigkeit des Ministeriums für Ernährung, Landwirtschaft, Verbraucherschutz und Landesentwicklung in Niedersachsen; Ministerium für Gesundheit und Soziales in Sachsen-Anhalt, vgl. Abb. 4.1-2).

Bundesland	Zuständige Behörde
1. Baden-Württemberg	Ministerium für Ernährung und Ländlichen Raum
2. Bayern	Staatsministerium für Umwelt, Gesundheit und Verbraucherschutz
3. Berlin	Senatsverwaltung für Gesundheit, Soziales und Verbraucherschutz
4. Brandenburg	Ministerium für Ländliche Entwicklung, Umwelt und Verbraucherschutz
5. Bremen	Senat für Arbeit, Frauen, Gesundheit, Jugend und Soziales
6. Hamburg	Behörde für Wissenschaft und Gesundheit
7. Hessen	Ministerium für Umwelt, Ländlichen Raum und Verbraucherschutz
8. Mecklenburg-Vorp.	Ministerium für Ernährung, Landwirtschaft, Forsten und Fischerei
9. Niedersachen	Ministerium für Ernährung, Landwirtschaft, Verbraucherschutz und Landesentwicklung
10. Nordrhein-Westfalen	Ministerium für Umwelt und Naturschutz, Landwirtschaft und Verbraucherschutz
11. Rheinland-Pfalz	Ministerium für Umwelt und Forsten
12. Saarland	Ministerium für Justiz, Gesundheit und Soziales
13. Sachsen	Staatsministerium für Soziales
14. Sachsen-Anhalt	Ministerium für Gesundheit und Soziales
15. Schleswig-Holstein	Ministerium für Landwirtschaft, Umwelt und Ländliche Räume
16. Thüringen	Ministerium für Soziales, Familie und Gesundheit

Abb. 4.1-2   Oberste Länderbehörden für Lebensmittel- und Veterinärüberwachung

Der/die leitende Minister/Ministerin steht in direkter Verantwortung für die ordnungsgemäße Wahrnehmung der Aufgaben.

Hauptaufgaben der für die Lebensmittel- und Veterinärüberwachung zuständigen obersten Landesbehörden sind:

- die Erstellung und Begleitung von Gesetzesvorhaben,

- die Entwicklung übergeordneter Strategien zur Überwachung,

- der Erlass von Verwaltungsvorschriften zur Umsetzung der rechtlichen Vorgaben,

- die Vertretung des Landes gegenüber dem Bund bzw. der Europäischen Union (EU),

- die fachliche Beratung der Politik und die Beantwortung von parlamentarischen Anfragen,

- die Mitwirkung in Bund-/Ländergremien,

- Fachaufsicht über mittelinstanzliche Behörden und/oder kommunale Veterinärämter.

Die obersten Landesbehörden wirken in der *„Länderarbeitsgemeinschaft gesundheitlicher Verbraucherschutz"* (LAV) zusammen. Unter dem Dach der LAV gibt es seit 2002 insgesamt acht Facharbeitsgruppen, die die Bereiche Lebensmittel, Futtermittel, Tiergesundheit und Tierschutz abdecken. Vorgaben des Gemeinschaftsrechts können so durch länderübergreifende Abstimmungen umgesetzt werden.

Den Länderministerien nachgeordnet sind die sog. mittelinstanzlichen Behörden, meist Bezirksregierungen oder Landesämter, die in den meisten Fällen der Fachaufsicht durch das entsprechende Landesministerium unterstehen. Wesentliche Aufgaben dieser Mittelbehörden sind die

- Durchführung aller amtlichen Untersuchungen sowie die

- Koordinierung der Tätigkeiten der kommunalen Überwachungsbehörden.

Darüber hinaus ist es möglich, durch die Beschäftigung von Spezialisten für bestimmte Aufgabenstellungen fachliche Kompetenz anzubieten (z. B. Veterinäre der *Task-Force Veterinärwesen* im Landesamt für Verbraucherschutz und Lebensmittelsicherheit (LAVES), Niedersachsen, die etwa im Falle eines Tierseuchenausbruchs das Krisenmanagement koordiniert).

Abbildung 4.1-3 zeigt die Organisation eines Landesamtes am Beispiel Niedersachsen.

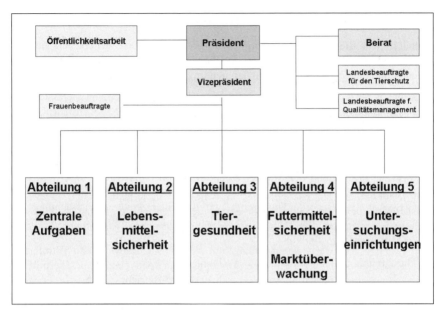

Abb. 4.1-3   Organisation des Niedersächsischen Landesamtes für Verbraucherschutz und Lebensmittelsicherheit (LAVES)

Die unmittelbare Durchführung der Überwachungsaufgaben in den Kommunen obliegt in Deutschland den ca. 400 Veterinär- bzw. Lebensmittelüberwachungsämtern, die fachaufsichtlich in den meisten Fällen den Länderministerien unterstellt sind. Von hier aus werden Betriebsinspektionen und Probenahmen vor Ort durchgeführt und im Falle von Beanstandungen Maßnahmen durchgesetzt.

In einem Amt können zwischen 5 und 250 Personen beschäftigt sein. Die innere Struktur der Ämter hängt wesentlich von der Größe des Landkreises bzw. der kreisfreien Stadt und den Arbeitsschwerpunkten ab. Ein Landkreis mit hoher Viehdichte bzw. vielen Lebensmittelproduktionsbetrieben benötigt beispielsweise mehr Fachpersonal als Veterinärämter in dünnbesiedelten Landkreisen mit wenig Lebensmittelindustrie.

In den Stadtstaaten (Berlin, Bremen, Hamburg) besteht ein zweistufiger Aufbau der Veterinärverwaltung. Die Veterinär- und Lebensmittelüberwachungsämter der Bezirke sind den entsprechenden oberen Senatsbehörden direkt unterstellt.

Instrumente der Lebensmittelüberwachung

Grundsätzliche Elemente allen behördlichen Handelns im Verbraucherschutz sind die Durchführung von Betriebskontrollen, die Entnahme von Proben sowie deren Untersuchung und die Ergreifung von Maßnahmen im Beanstandungsfall.

Im Rahmen der Kontrollen, aber auch unabhängig davon, werden von Tierärzten und Lebensmittelkontrolleuren in Gesamtdeutschland etwa 400.000 Proben jährlich entnommen.

Bei Beanstandungen (sowohl bei Betriebskontrollen als auch im Hinblick auf die Untersuchungsergebnisse) sind die zuständigen Behörden dazu verpflichtet, Maßnahmen zur Beseitigung der Mängel zu ergreifen. Im einfachsten Fall erfolgt eine Belehrung, bei schwerwiegenderen, dauerhaften Verstößen kann die Beseitigung des Mangels von der Behörde angeordnet und bei einer weiteren Missachtung ein Zwangsgeld angedroht und festgesetzt werden. Eindeutige Verstöße gegen lebensmittelrechtliche Bestimmungen werden durch den Erlass von Verwarn- bzw. Bußgeldern geahndet. Schwerwiegende Fälle sind an die Staatsanwaltschaft (Straftaten) abzugeben. Abbildung 4.1-4 gibt einen Überblick über den Ablauf einer Überprüfung eines lebensmittel- (oder futtermittel-) produzierenden Betriebes.

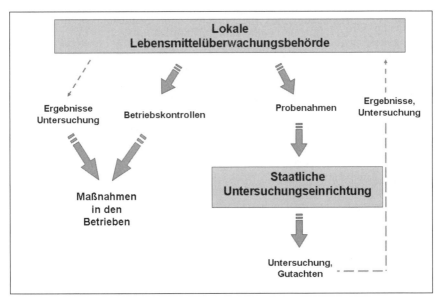

Abb. 4.1-4   Ablauf der Überprüfung eines lebensmittel- (oder futtermittel-) produzierenden Betriebes

4.2 Präventives Behördenmanagement

Das europäische Lebensmittelrecht verpflichtet Behörden des gesundheitlichen Verbraucherschutzes, wirksame Instrumente einzusetzen, um die Überwachung möglichst effizient zu gestalten und dadurch Krisen im Bereich Lebensmittel- und Futtermittel, Tiergesundheit und Tierschutz zu unterbinden bzw. möglichst gering zu halten.

Wesentliche Elemente sind hierbei:

1) Qualitätsmanagement in der Überwachung

2) risikoorientierte Betriebsinspektionen und Probenahmen

3) mehrjährige nationale Kontrollpläne und Jahresberichte

1.) Qualitätsmanagement in Lebensmittelüberwachungs- und Veterinärbehörden

Für die Lebensmittelüberwachungs- und Veterinärbehörden ist die Einführung eines Qualitätsmanagementsystems aufgrund rechtlicher Vorgaben heute Pflicht.

In der niedersächsischen Veterinärverwaltung wurde auf der Grundlage der EU-Verordnung (EG) Nr. 882/2004 vom 28.01.2004 über amtliche Kontrollen zur Überprüfung der Einhaltung des Lebensmittel- und Futtermittelrechts sowie Bestimmungen über Tiergesundheit und Tierschutz, die seit dem 01.01.2006 in Kraft ist und der nationalen Allgemeinen Verwaltungsvorschrift über Grundsätze zur Durchführung der amtlichen Überwachung lebensmittelrechtlicher und weinrechtlicher Vorschriften (AVV RÜb, Änderungsfassung vom 15.03.2007), ein einheitliches Qualitätsmanagementsystem eingeführt. Dieses trägt die Bezeichung EQUINO als Abkürzung für einheitliches **Q**ualitätsmanagement **in** **n**iedersächsischen **O**rganisationen des gesundheitlichen Verbraucherschutzes und gilt für den Bereich Lebensmittel und Futtermittel, Tierschutz und Tiergesundheit.

Ziele dieses Qualitätsmanagementsystems sind:

1. einheitliche amtliche Kontrollen in Niedersachsen nach internationalem Standard

2. dauerhafte Umsetzung des QM-Systems in Übereinstimmung mit Verordnung (EG) Nr. 882/2004 und DIN EN ISO 9001

3. Verpflichtung zur kontinuierlichem Verbesserung und Weiterentwicklung des QM-Systems

Nach der konsequenten Umsetzung des Qualitätsmanagementsystems EQUINO wurde das Niedersächsische Landesamt für Verbraucherschutz und Lebensmittelsicherheit (LAVES) im Dezember 2007 bundesweit als erstes Landesamt seiner Größe nach der internationalen Norm DIN ISO 9001:2000 zertifiziert.

Auch andere Behörden arbeiten mit QM-Systemen oder sind dabei, sie zu implementieren. Dabei gibt es in den Bundesländern unterschiedliche Vorgehensweisen. Es werden Modelle nach ISO 9001 (zertifizierungsfähig) oder ISO 17020 (akkreditierungsfähig) entwickelt. Amtliche Labore benötigen eine Akkreditierung nach ISO 17025.

Die Einführung von Qualitätsmanagementsystemen in der Lebensmittel- und Veterinärüberwachung soll die amtliche Überwachung und Kontrolle von Lebensmitteln und Futtermitteln optimieren und damit zur Prävention von „Lebensmittelskandalen" beitragen. Die amtlichen Kontrollen werden nach genau beschriebenen Verfahren durchgeführt die in QM-Dokumenten festgeschrieben sind und Informationen und Anweisungen für das verantwortliche Personal einschließen.

Beispielsweise wird die Probenahme von Lebensmitteln und Futtermitteln in einer Managementarbeits- bzw. Managementprozessanweisung dokumentiert. Die Zulassungskriterien von Betrieben, die mit Lebensmitteln tierischen Ursprungs umgehen, sind in einem Managementformblatt festgeschrieben und Pflichtschulungen für das Personal in einer Managementtabelle aufgelistet.

2.) Risikoorientierte Betriebsinspektionen und Probenahmen

Die bereits erwähnte Verordnung (EG) Nr. 882/2004 ist die in allen EU-Mitgliedsstaaten rechtsverbindliche Vorschrift für die Durchführung der amtlichen Überwachung.

Nach Art. 3 dieser Verordnung sollen die amtlichen Kontrollen

- regelmäßig,
- auf Risikobasis,
- mit angemessener Häufigkeit,
- ohne Vorankündigung und
- auf jeder Stufe der Lebensmittel-Prozesskette

stattfinden.

Risikobasierte Überwachung bedeutet, dass die Häufigkeit der Betriebskontrollen und Probenahmen vor allem davon abhängt, welche möglichen Risiken von den in bestimmten Branchen hergestellten oder verarbeiteten Lebensmitteln ausgehen können.

Risikoorientierte Betriebsinspektion
Die Häufigkeit amtlicher Kontrollen in lebensmittelproduzierenden Betrieben (Betriebsinspektionen) wird mit Hilfe eines *risikoorientierten Beurteilungssystems* ermittelt. Dabei wird die Kontrollfrequenz anhand eines Punktesystems berechnet (vgl. Abbildung 4.2-1), in das die Überprüfung folgender vier Hauptmerkmale einfließt:

1. Betriebsart/Produkt

2. Verhalten des Lebensmittelunternehmers

3. Verlässlichkeit der Eigenkontrollen

4. Hygienemanagement

Risiko-klassen	Punkte	Risikokategorie des Betriebes						Kontroll-frequenzen
		1	2	3	4	5	6	
1	200 – 181	200–						Täglich
2	180 – 161		180-					Wöchentlich
3	160 – 141			160-				Monatlich
4	140 – 121				140-			Vierteljährlich
5	120 – 101					120-		Halbjährlich
6	100 – 81	100					100-	Jährlich
7	80 – 61		80					1,5- jährlich
8	60 – 41			60				Zweijährlich
9	40 – 0				40	20	0	Dreijährlich

Abb. 4.2-1 **Risikoorientierte Betriebsüberwachung – Ermittlung der Kontrollfrequenz in einem Betrieb mit Hilfe eines Punktesystems, nach vorheriger Einteilung in eine Risikokategorie und -klasse**

Betriebe, in denen „empfindliche" Lebensmittel hergestellt werden (z. B. fleischverarbeitende Betriebe), werden demnach häufiger kontrolliert als beispielsweise Getränkemärkte. Unternehmen mit wenig verlässlichen Eigenkontrollen oder unzureichender Personal- und Basishygiene, können hingegen trotz Produktion wenig empfindlicher Lebensmittel (z. B. Brot) häufiger kontrolliert werden, als z. B. milchverarbeitende Betriebe mit zuverlässiger Umsetzung des HACCP-Systems und mit funktionierendem Hygienemanagement.

Risikoorientierte Probenahme
Bis zum jetzigen Zeitpunkt erfolgt die Auswahl und Anzahl der amtlichen Proben auf der Basis der Einwohnerzahl und eines repräsentativen Warenkorbs, der alle Produktkategorien umfasst. Rechtliche Grundlage ist in Deutschland die bereits erwähnte *„Allgemeine Verwaltungsvorschrift über Grundsätze zur Durchführung der amtlichen Überwachung lebensmittelrechtlicher und weinrechtlicher Vorschriften"*. Sie enthält u. a. Grundsätze für die amtliche Betriebsprüfung sowie für die amtliche Probenahme und -untersuchung (AVV RÜb, §§ 7-12). Danach beträgt die jährliche Zahl amtlicher Proben bei

• **Lebensmitteln** grundsätzlich fünf amtliche Proben/1000 Einwohner und bei

• **Tabakerzeugnissen, kosmetischen Mitteln und Bedarfsgegenständen** grundsätzlich 0,5 amtliche Proben pro 1000 Einwohner.

Dieses Konzept der Probenahme berücksichtigt jedoch nicht die zunehmende Industrialisierung der Lebensmittelproduktion und starke Konzentration der Ernährungswirtschaft auf bestimmte Regionen und entspricht nicht mehr vollständig den Vorgaben eines risikoorientierten Ansatzes nach der Verordnung 882/2004.

So stammt beispielsweise jedes siebte in Deutschland verzehrte Ei aus dem niedersächsischen Landkreis Vechta mit einer hohen Dichte an Legehennenbatterien. Legt man die Einwohnerzahl des Landkreises Vechta für die Entnahme von Eiproben zugrunde, so sind dort lediglich maximal 35 Eier pro Jahr zu beproben. Würde man die Produktionszahlen für die Festlegung der Probenzahlen zugrundelegen, käme man zu erheblich mehr Eiproben. Vergleichbare Beispiele lassen sich vielfältig finden.

Um diesen veränderten Bedingungen Rechnung zu tragen und ein Probenmanagement umzusetzen, das sich nach risikoorientierten Kriterien richtet, sind neue Konzepte für eine Probenplanung entwickelt worden. Hierbei sollen unter Beibehaltung der Gesamtprobenzahl die landkreisspezifischen Produktions- und Gewerbestrukturen berücksichtigt werden (Herstellerorientierung).

In Niedersachsen wurde dazu das Planungsmodell der sog. *Probenbörse* entwickelt, das derzeit in einer Modellregion in Niedersachsen getestet wird. Auch in anderen Bundesländern existieren Konzepte für risikoorientierte Probenahmen, die sich in Erprobung befinden.

Abbildung 4.2-2 zeigt das aktuelle Probenmanagement in Niedersachsen sowie das in Planung befindliche zukünftige Modell der Probenverteilung.

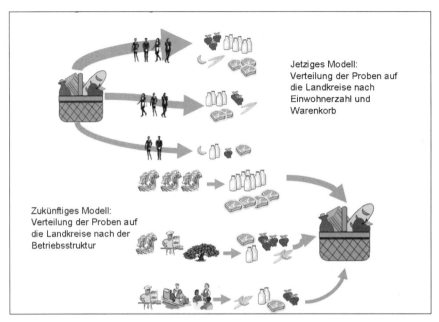

Jetziges Modell:
Verteilung der Proben auf
die Landkreise nach
Einwohnerzahl und
Warenkorb

Zukünftiges Modell:
Verteilung der Proben auf
die Landkreise nach der
Betriebsstruktur

Abb. 4.2-2   Probenmanagement in Niedersachsen

3.) Mehrjährige nationale Kontrollpläne und Jahresberichte

Bis zum 01.01.2007 hatte jeder Mitgliedsstaat gemäß der EU-Verordnung 882/2004, Art. 41, einen mehrjährigen Kontrollplan (5 Jahre) aufzustellen und diesen ab diesem Zeitpunkt umzusetzen. Dieser Kontrollplan beinhaltet Informationen über den Aufbau und die Organisation der amtlichen Kontrollsysteme in den Bereichen Lebensmittel, Futtermittel sowie Tiergesundheit und Tierschutz. Er besteht aus den einzelnen Kontrollplänen der Bundesländer und einem länderübergreifenden Teil.

Im einzelnen beinhaltet er u. a. Informationen über die strategischen Zielsetzungen in der amtlichen Überwachung, die zuständigen Behörden und ihre Aufgaben auf zentraler, regionaler und lokaler Ebene, die allgemeine Organisation und das Management der amtlichen Kontrollen einschließlich der Koordinierung und Vernetzung der zuständigen Stellen, die Ausbildung des verantwortlichen Personals und die Erstellung und Umsetzung von Notfallplänen für durch Tiere oder Lebensmittel ausgelöste Seuchenfälle oder Futtermittel- oder Lebensmittelkontaminationen.

Der von der Bundesrepublik Deutschland erstmalig erstellte integrierte mehrjährige Kontrollplan gilt für die Periode 01.01.2007 bis 31.12.2011. Er fasst bisherige Einzelpläne wie den Nationalen Rückstandskontrollplan und das Lebensmittelmonitoring zusammen.

In Ergänzung zu den mehrjährigen Kontrollplänen ist seit dem 01.01.2008 die Erstellung von Jahresberichten durch die Mitgliedsstaaten obligatorisch (VO 882/2004, Art. 44).

Diese enthalten:

• Ergebnisse der durchgeführten Kontrollen und Überprüfungen gemäß mehrjährigem Kontrollplan

• Informationen über festgestellte Verstöße

• Durchsetzungsmaßnahmen und deren Ergebnisse

Durch die Aufstellung der mehrjährigen Kontrollpläne und Jahresberichte wird eine Verpflichtung geschaffen, einheitliche Konzepte zur Gewährleistung eines hohen Schutzniveaus im Hinblick auf die Lebensmittelsicherheit zu etablieren. Krisen im Lebensmittelbereich und damit verbundene Risiken für die menschliche Gesundheit sollen dadurch minimiert werden.

4.3 Krisenbedingtes Behördenmanagement

Alles präventive behördliche Handeln zielt im Prinzip darauf ab, ein krisenhaftes Geschehen zu verhindern bzw. einzudämmen. Im Sinne des gesundheitlichen Verbraucherschutzes soll transparent gemacht werden, dass durch die betriebseigenen Kontrollen und Maßnahmen, aber auch durch die behördliche Überwachung weitgehend sichergestellt ist, dass nur solche Lebensmittel an den Verbraucher gelangen, die gesundheitlich unbedenklich sind.

Dennoch kam es in der Vergangenheit immer wieder zum Auftreten von **Krisen im Lebensmittel- und Futtermittelbereich**. Beispielhaft sei an die mit belgischem Schweinefleisch verbundene Dioxinkrise Ende der 90er Jahre, an die ersten BSE-Fälle im Jahr 2000 in Deutschland, an das Geschehen um Nitrofenfunde in Getreide im Jahr 2002, Nikotin in Eiern, aber auch jüngst an die Vorkommnisse um die Verarbeitung teilweise verdorbenen Fleisches in mehreren Bundesländern erinnert. Daneben sollen auch die mit der Lebensmittelsicherheit eng verwobenen Fragen der Tiergesundheit und damit verbundener krisenhafter Zustände wie z. B. durch Ausbruch von Maul- und Klauenseuche, Schweine- oder Geflügelpest nicht unerwähnt bleiben.

4.3.1 Notfallpläne

Ausgehend von den verschiedensten „Lebensmittelkrisen" hat der Gesetzgeber die Notwendigkeit erkannt, durch rechtliche Rahmenbedingungen die Mitgliedstaaten dazu zu verpflichten, mit Hilfe so genannter Notfallpläne Maßnahmen für den Fall festzulegen, dass ein Lebensmittel oder Futtermittel ein ernstes Risiko für die Gesundheit von Mensch oder Tier darstellt (gemäß Art. 13 Abs. 1 der Verordnung (EG) Nr. 882/2004).

Mit Hilfe dieser Notfallpläne soll generell gewährleistet werden, dass auch in Krisenfällen ein zielorientiertes und koordiniertes Handeln der zuständigen Behörden sichergestellt ist. Hierbei ist es vor allem wichtig, Kommunikations- und Informationswege festzulegen bzw. zu bündeln. Darüber hinaus soll die Bildung eines so genannten Krisenzentrums sicherstellen, dass im Notfall alle erforderlichen personellen und sächlichen Ressourcen zur Bewältigung eines Vorfalls zur Verfügung stehen.

Aus diesen Gründen existiert neben der kontinuierlichen Arbeit einer Behörde ein Krisenorganigramm, das für einen Problemfall im Lebensmittel- oder Tiergesundheitsbereich die geänderte Ablauforganisation sowie den personellen und sächlichen Bedarf festlegt. Beispielsweise werden für das Niedersächsische Landesamt für Verbraucherschutz und Lebensmittelsicherheit (LAVES) in einem QM-Dokument zwei verschiedene Organigramme für ein Koordinierungszentrum zur Bekämpfung von Lebensmittelkrisen und zur Bekämpfung hochkontagiöser Tierseuchen aufgestellt. So kann der Präsident des LAVES etwa bei einem Ausbruch von Geflügelpest in Niedersachsen, die aus der Geschäftsordnung abgeleitete Organisation und Geschäftsverteilung der Behörde in den betreffenden Teilbereichen durch Einrichtung eines solchen Koordinierungszentrums außer Kraft setzen und einen Teil der Mitarbeiter des LAVES zur Krisenbewältigung heranziehen.

Aufgrund der hohen Nutztierdichte in bestimmten Regionen Europas hat sich die Notwendigkeit ergeben, für den Fall des Auftretens einer Tierseuche optimale behördliche Kommunikations- und Handlungsstränge aufzubauen, um Zeitverluste zu vermeiden. Wird eine Tierseuche festgestellt, ist es erforderlich, innerhalb kürzester Zeit Tierbestände zu sperren, ggf. zu töten und mögliche Kontaktbetriebe auf das Vorhandensein des Erregers zu untersuchen. Kommt es hierbei zu Durchführungsproblemen (z. B. Tierhalter nicht komplett bekannt, Personal und Untersuchungsressourcen nicht in ausreichendem Maß vorhanden) kann dies zu einer weiteren Ausbreitung der Erkrankung bzw. zu enormen wirtschaftlichen Folgeschäden führen. In „Friedenszeiten" finden regelmäßig Übungen zur Tierseuchenbekämpfung mit Zusammenkünften in sog. Tierseuchen-Krisenzentren statt. Abbildung 4.3-1 zeigt die Organisation der Tierseuchen-Krisenzentren in Deutschland.

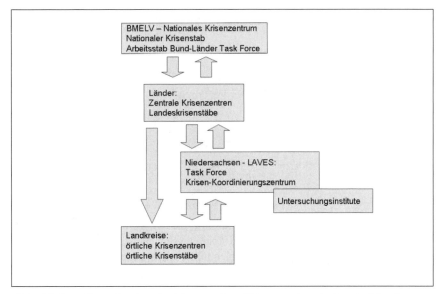

Abb. 4.3-1   Organisation der Tierseuchen-Krisenzentren in Deutschland

Darüber hinaus existiert für Deutschland seit Dezember 2006 ein sog. mobiles Be-
kämpfungszentrum Tierseuchen (MBZ). Es handelt sich um ein „Containerdorf",
bestehend aus 39 Containern, die mit allen notwendigen Voraussetzungen für eine
Einsatzzentrale im Falle eines Tierseuchenausbruches ausgestattet sind (z. B. PC-
Ausstattung, Desinfektionscontainer, Schutzanzüge für Tierärzte, Impfsets etc.).
Angesiedelt ist das MBZ in der Mitte Niedersachsens (Barme/Dörverden), es kann
jedoch binnen kürzester Zeit an jeden beliebigen Ort Deutschlands transportiert werden. Von dort aus können im Falle eines Tierseuchenausbruches Bekämpfungsmaß-
nahmen koordiniert werden.

Auch in Bezug auf die Umsetzung lebensmittelrechtlicher Vorschriften existieren
mittlerweile ähnliche Optionen, da auch z. B. bei nicht zeitnahem und entschlosse-
nem Handeln im Fall einer Gesundheitsgefahr für den Verbraucher extreme Folgeschäden und Verluste drohen.

Beispielhaft kann hierbei die Belastung von Lebensmitteln mit Dioxinen in belgischem Schweinefleisch erwähnt werden (Ende der 90er Jahre). Auch hier war es
notwendig, innerhalb kürzester Zeit betroffene Produktionschargen zu identifizieren
bzw. aus dem Handel zu nehmen. Ohne ein entsprechendes Krisenmanagement wäre
der wirtschaftliche Schaden für die betroffenen Unternehmen vermutlich erheblich
größer ausgefallen. Gerade der sog. „Dioxinskandal" hat dazu beigetragen, auch
entsprechende Managementpläne für den Lebensmittelbereich zu entwickeln.

Es empfiehlt sich z. B. eine spezielle Organisationseinheit sowohl auf unternehmerischer als auch auf behördlicher Seite zu etablieren, die sich nur mit den Fragen der Rückverfolgbarkeit von Produkten bzw. deren Vertriebswegen beschäftigt.

4.3.2 Risikokommunikation

Die Verordnung 178/2002 definiert in Art. 3 Nr. 13 die Risikokommunikation als einen interaktiven Austausch von Informationen und Meinungen über Gefahren und Risiken zwischen allen beteiligten Gruppen (Behörden, Verbraucher, Unternehmer und Wissenschaftler). Mit dem neuen EU-Recht werden die Verbraucherinteressen besonders in den Vordergrund gestellt. So sollen die Tätigkeiten der Überwachungsbehörden transparent sein und die Ergebnisse amtlicher Kontrollen für jedermann einsehbar werden. Besteht ein hinreichender Verdacht, dass ein Produkt ein Risiko für die Gesundheit darstellen könnte, so muss die Öffentlichkeit hierüber aufgeklärt werden (Art. 10 der VO (EG) Nr. 178/2002).

Auf nationaler Ebene wurde jüngst das *„Gesetz zur Neuregelung des Rechts auf Verbraucherinformation"* (kurz Verbraucherinformationsgesetz, VIG) verabschiedet, dessen wesentliche Anteile seit dem 01.05.2008 in Kraft getreten sind. Damit werden die Voraussetzungen erweitert, unter denen die Behörden die Öffentlichkeit über marktrelevante Vorkommnisse informieren können und müssen.

Das Verbraucherinformationsgesetz beinhaltet ein aktives und ein passives Informationsrecht für den Verbraucher.

Aktives Informationsrecht

Die Behörden sollen künftig die Öffentlichkeit aktiv über für sie bedeutsame Sachverhalte unter Nennung des Herstellers und des Produkts informieren (Erweiterung des § 40 des Lebensmittel- und Futtermittelgesetzbuches (LFGB): „Kann"-Vorschrift wird „Soll-Vorschrift"), und zwar bei

* Rechtsverstößen im Anwendungsbereich des LFGB,

* schwerwiegenden Verbrauchertäuschungen,

* Gesundheitsgefahren (auch Bedarfsgegenstände, kosmetische Mittel),

* Inverkehrbringen von Ekel erregenden Lebensmitteln in nicht unerheblicher Menge,

* erheblichen Nachteilen für redliche Wettbewerber durch Nichtinformation (LFGB, § 40 (1)).

Eine Information der Öffentlichkeit soll auch dann noch erfolgen können, wenn die betroffenen Erzeugnisse nicht mehr am Markt oder bei der Verbraucherschaft vorhanden sind. Zudem wird die Veröffentlichung von Maßnahmen der Lebensmittelwirtschaft wie z. B. Rückrufaktionen im Internet erleichtert. Eine Information der Öffentlichkeit ist jedoch nur zulässig, wenn ein besonderes Interesse besteht, das Interesse der Öffentlichkeit die Belange des Unternehmens übersteigt und eine vorherige Anhörung des Unternehmens stattgefunden hat.

Passives Informationsrecht

Darüber hinaus haben Verbraucherinnen und Verbraucher mit dem Verbraucherinformationsgesetz ein Recht auf Zugang zu bei Behörden vorhandenen Informationen zu bestimmten Lebensmitteln und deren Herstellung (Auskunfts- und Akteneinsichtsrecht der Verbraucher). Dies ist auf Antrag möglich und teilweise gebührenpflichtig. Die Bearbeitungsfrist liegt bei einem Monat.

Das passive Informationsrecht der Verbraucher umfasst:

• Verstöße gegen das LFGB, Verordnungen auf Grund des LFGB, unmittelbar geltendes EU-Recht im Anwendungsbereich des LFGB sowie über Maßnahmen und Entscheidungen im Zusammenhang mit den Verstößen

• von einem Erzeugnis ausgehende Gefahren und Risiken

• die Kennzeichnung, Herkunft, Beschaffenheit, Verwendung sowie das Herstellen und Behandeln von Erzeugnissen sowie Abweichungen von Rechtsvorschriften über diese Merkmale und Tätigkeiten

• die Ausgangsstoffe und die bei der Gewinnung der Ausgangsstoffe angewendeten Verfahren

• Überwachungsmaßnahmen oder andere behördliche Tätigkeiten oder Maßnahmen zum Schutz der Verbraucher einschließlich Auswertungen dieser Tätigkeiten und Maßnahmen sowie Statistiken über Verstöße gegen in § 39 Abs. 1 Satz 1 LFGB genannte Vorschriften, soweit die Verstöße sich auf Erzeugnisse beziehen

• bei Gesundheitsgefahren und Rechtsverstößen gibt es jetzt auch während laufender Verwaltungsverfahren ein Recht auf Auskunft

Auch von Seiten der Wirtschaftsbeteiligten kann viel dahingehend unternommen werden, dass im Falle des Auftretens von Problemen in der Produktion oder festgestellten Belastungen eines Produktes die Folgen durch einen zielgerichteten Umgang mit Behördenvertretern begrenzt werden können.

Generell gilt, je besser ein Betrieb auf die amtliche Kontrolle vorbereitet ist, umso weniger Probleme treten auf. Bei bereits vorhandenen Problemfällen gilt es, die zuständigen lokalen Behörden frühzeitig zu informieren (Verpflichtung nach Verordnung (EG) Nr. 178/2002, Art. 19 (1)) und den zuständigen Veterinär oder Lebensmittelkontrolleur vor Ort direkt anzusprechen. Die örtliche Behörde sollte in das betriebliche Krisenmanagement einbezogen werden, um gemeinsam zu Lösungen zu kommen („*mit ins Boot holen*"). Dabei ist die offene Darlegung aller Sachverhalte essentiell.

Bei größeren Problemen ist es sinnvoll, Ministerien und andere obere Landesbehörden mit einzubeziehen – dies sollte in Abstimmung mit der örtlichen Behörde geschehen. Ein gut funktionierendes System der Rückverfolgbarkeit ist in diesem Zusammenhang besonders wichtig (in Bezug auf die eingesetzten Rohwaren, aber auch den Verbleib von Sendungen).

Im Hinblick auf Untersuchungsergebnisse muss darauf geachtet werden, dass Messergebnisse von behördlichen Untersuchungen und im Rahmen der Eigenkontrollen eines Betriebes tatsächlich vergleichbar sind (Nachweismethode, Bestimmungsgrenze, Nachweisgrenze). Die Eigenkontrollergebnisse können nur herangezogen werden, wenn mit gleicher Methode und Genauigkeit untersucht wurde wie bei amtlichen Kontrollen. Wenn eine Ungleichbehandlung festzustellen ist (z. B. Anwendung unterschiedlicher Rechtsvorschriften in verschiedenen Bundesländern), sollte jedoch deutlich darauf hingewiesen werden und der Betrieb gegenüber den Behörden durchaus als gleichberechtigter, selbstbewusster Partner auftreten. Bei unterschiedlichen Positionen von Behörde und Betrieb ist es sinnvoll, die betroffenen Firmenchargen der beanstandeten Produkte durch kompetente, private unabhängige Sachverständige untersuchen zu lassen.

Im Falle einer bestätigten Beanstandung eines Produktes/Lebensmittels sollte man sich auf einen freiwilligen Rückruf einigen, es sei denn, es ist von einer Gesundheitsgefahr für den Verbraucher auszugehen (dann wird ein Rückruf seitens der Behörden notwendig; dies ist jedoch nur in den seltensten Fällen gegeben).

5 Die BLL-Krisenmanager-Datenbank

SUSANNE SIGG

5.1 Zentrales Informationsnetzwerk für die Lebensmittelwirtschaft

Um eine Krise zu bewältigen, ist es sowohl von essenzieller wie auch existenzieller Bedeutung, dass die verantwortlichen Krisenmanager in betroffenen Unternehmen sofort erreichbar sind. So kann direkt gehandelt, gegengesteuert und das Problem schnellstens behoben werden.

Die Krisenmanager-Datenbank des Bund für Lebensmittelrecht und Lebensmittelkunde e.v. (BLL), die zunächst nur von Mitgliedern des BLL genutzt werden konnte, steht seit 2006 allen Unternehmen der Lebensmittelwirtschaft offen. Der BLL kam hiermit dem Wunsch vieler Unternehmen und Handelsunternehmen nach, die dringend eine branchenweite Lösung für Krisenfälle suchten. Mit dieser Online-Datenbank steht nun erstmalig ein zentrales branchenweites Informationsnetzwerk zur Verfügung, mit dem im Krisenfall alle betroffenen Kreise schnell und gezielt informiert werden können.

Die Datenbank enthält die Kontaktdaten der in den Unternehmen verantwortlichen Krisenmanager und eines Vertreters: E-Mail-Adresse, Firmen-Telefonnummer, Faxnummer, Handy-Nummern oder eine Hotline-Nummer für die Erreichbarkeit außerhalb der Bürozeiten.

Neben diesen Kommunikationsdaten werden von den einzelnen Betriebsstätten Informationen über Postleitzahl-Gebiet, Bundesland, Betriebsart und Produktkategorien – 30 Kategorien stehen zur Auswahl – gespeichert. Ein Unternehmen hat dabei die Möglichkeit mehrere Produktionsstätten/Zweigstellen mit jeweils zwei Krisenmanagern einzutragen.

Ebenfalls abrufbar sind Kontaktdaten der Krisenmanager in Handelsunternehmen, Verbänden und Laboren.

Abb. 5.1-1   Firmeneintrag in der BLL-Krisenmanager-Datenbank

Mittels einer komfortablen **Suchfunktion** können im Krisenfall Betriebsstätten ge-
zielt nach Bundesland, Postleitzahlgebiet oder Produktkategorien selektiert werden.
Das direkte Herausfiltern eines gesuchten Unternehmens erfolgt mit einer einfachen
Volltextsuche.

Mitglieder-Service	Krisenmanager Datenbank

Krisenmanager Suche

Krisenmanager
Datenbank

Volltextsuche:

▸ Suche

▸ Behördensuche

▸ Persönliche Liste

⊙ Europaweit

Suche starten

▸ E-Mail an
Krisenmanager

○ Deutschland
PLZ:

▢ bis ▢

▸ Krisenmanager Pflege

Bundesländer:

▸ Hilfe

▸ Kontakt

□ Baden-Württemberg

□ Bayern

Logout

□ Berlin

□ Brandenburg

□ Bremen

□ Hamburg

□ Hessen

□ Mecklenburg-Vorpommern

□ Niedersachsen

□ Nordrhein-Westfalen

□ Rheinland-Pfalz

□ Saarland

□ Sachsen

□ Sachsen-Anhalt

□ Schleswig-Holstein

□ Thüringen

Betriebsarten:

□ Einzelhändler

□ Erzeuger (Urproduktion)

□ Gastronomie, Einrichtungen der Gemeinschaftsverpflegung

□ Hersteller und Abpacker

□ Laboratorien

□ Lebensmittel-Rechtsanwälte

□ Verbände

□ Vertriebsunternehmer und Transporteure (Importeure, Exporteure, Großhändler)

Produktkategorien:

□ Alkoholfreie Getränke, Fruchtsäfte, Gemüsesäfte, Nektare, Sirup, Getränkeansätze, Getränkepulver, Erfrischungsgetränke und vergleichbare Erzeugnisse

□ Alkoholhaltige Getränke: Wein, Schaumwein, Traubenmost, Bier, Spirituosen und vergleichbare Erzeugnisse

□ Bedarfsgegenstände, Verpackungsmaterialien

□ Brot, Kleingebäck, Feine Backwaren, Salzgebäck, Knabbererzeugnisse, Brotteige, Massen und Teige für Backwaren

□ Desserts, Puddinge, Kremspeisen, süße Soßen

□ Diätetische Lebensmittel

□ Eier, Eiprodukte

□ Feinkosterzeugnisse, Mayonnaisen, emulgierte Soßen, kalte Fertigsoßen

□ Fertiggerichte, zubereitete Speisen, Komplettmenüs

□ Fette, Öle, ausgenommen Butter

□ Fische, Fischerzeugnisse, Krusten-, Schalen-, Weichtiere, sonstige Tiere und Erzeugnisse daraus

□ Fleisch, Fleischerzeugnisse, Wurstwaren

□ Futtermittel (Einzelfuttermittel, Mischfuttermittel)

□ Gemüse, Gemüseerzeugnisse, Pilze, Pilzerzeugnisse

□ Getreide, Getreideerzeugnisse, Nährmittel, Backvormischungen, Teigwaren

□ Hülsenfrüchte, Ölsamen und Erzeugnisse daraus

□ Kakao, Kakaoerzeugnisse, Kaffee, Kaffeeersatzstoffe, Tee

Abb. 5.1-2   Suchmaske   für   Unternehmen   in   der   BLL-Krisenmanager-Datenbank

Eine Trefferliste mit den notwendigen Kontaktdaten der Krisenmanager kann ausgedruckt werden. Für eine schnelle Benachrichtigung der betroffenen Krisenmanager besteht auch die Möglichkeit direkt eine E-Mail-Nachricht zu versenden.

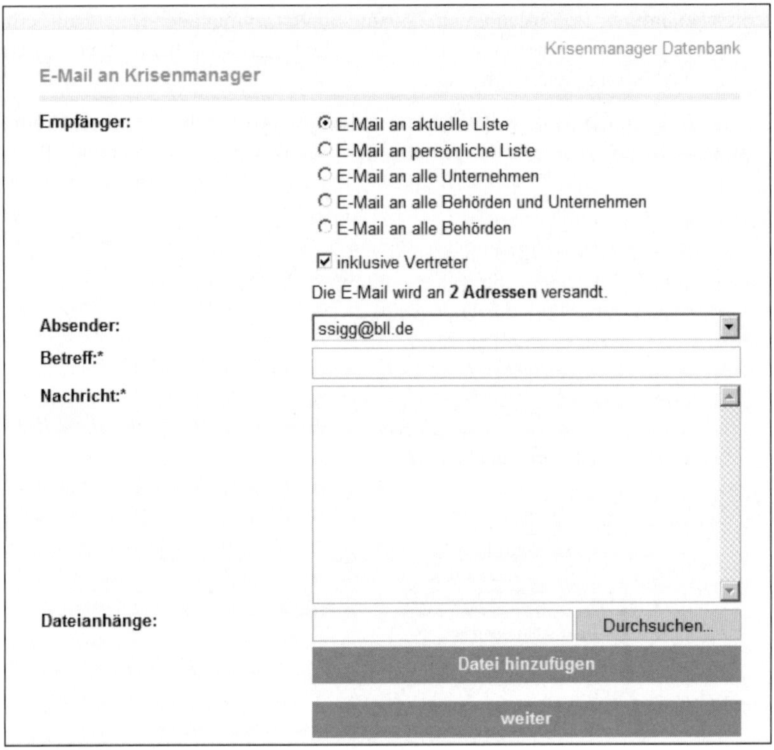

Abb. 5.1-3   E-Mail-Versand an die Krisenmanager

Mehrere Suchergebnisse können in einer „**Persönlichen Liste**" zusammengeführt und abgespeichert werden und stehen über einen längeren Zeitraum immer zur Verfügung. Hinzufügen und Herauslöschen von einzelnen Treffern ist dabei jederzeit möglich.

5.2 Öffnung der Datenbank für die Obersten Landesbehörden

Bei der Konzeption und Einführung der Datenbank war von Anfang an vorgesehen, dass die zuständigen Behörden einen Zugang zur Krisenmanager-Datenbank erhalten und im Gegenzug den Krisenmanagern die jeweiligen Ansprechpartner in den Behörden zur Verfügung gestellt werden.

Seit Mai 2008 können die **Kontaktdaten der obersten Überwachungsbehörden der Bundesländer** von den Krisenmanagern direkt in der Datenbank abgerufen werden.

Je nach Struktur der Länder enthalten die Datensätze der Länder die Kontaktdaten von zwei bis vier Verantwortlichen in der Lebensmittelüberwachung der Obersten Landesbehörden und zudem die Telefonnummern der Krisen- bzw. Lagezentren für die Erreichbarkeit außerhalb der Dienstzeiten.

Abb. 5.2-1   Behördeneintrag in der BLL-Krisenmanager-Datenbank

Mittels einer separaten Suchfunktion wird gezielt nach den einzelnen Behörden gesucht.

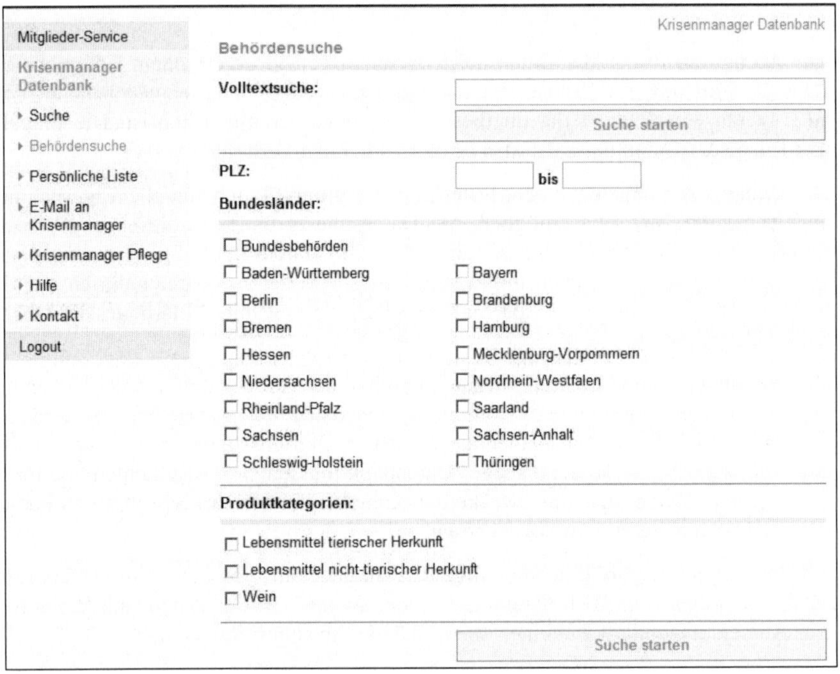

Mitglieder-Service		Krisenmanager Datenbank
Krisenmanager Datenbank	**Behördensuche**	
▸ Suche	**Volltextsuche:**	
▸ Behördensuche		Suche starten
▸ Persönliche Liste	**PLZ:** ___ **bis** ___	
▸ E-Mail an Krisenmanager	**Bundesländer:**	
▸ Krisenmanager Pflege	☐ Bundesbehörden	
▸ Hilfe	☐ Baden-Württemberg	☐ Bayern
▸ Kontakt	☐ Berlin	☐ Brandenburg
Logout	☐ Bremen	☐ Hamburg
	☐ Hessen	☐ Mecklenburg-Vorpommern
	☐ Niedersachsen	☐ Nordrhein-Westfalen
	☐ Rheinland-Pfalz	☐ Saarland
	☐ Sachsen	☐ Sachsen-Anhalt
	☐ Schleswig-Holstein	☐ Thüringen
	Produktkategorien:	
	☐ Lebensmittel tierischer Herkunft	
	☐ Lebensmittel nicht-tierischer Herkunft	
	☐ Wein	
	Suche starten	

Abb. 5.2-2   Suchmaske für Behörden in der BLL-Krisenmanager-Datenbank

Ausgewählte Mitarbeiter der Obersten Landesbehörden (ein bis zwei Personen pro Bundesland) und des Bundesamtes für Verbraucherschutz und Lebensmittelsicherheit (BVL) verfügen über einen Zugang zur BLL-Krisenmanager-Datenbank und können somit die Krisenmanager der Unternehmen/Verbände im Krisenfall direkt und schnell erreichen.

5.3 Datenpflege und Datenschutz

Eintragung und Pflege der Daten der Krisenmanager wird von jedem Unternehmen, Laboratorium oder Verband selbst übernommen. Jedes Unternehmen benennt dem BLL hierzu eine Person, die für diese Datenpflege verantwortlich ist. Die Eingabe und Pflege der Daten der Behörden erfolgt von einem Vertreter des BVL.

Der Zugang zur Krisenmanager-Datenbank ist grundsätzlich für alle Unternehmen der Lebensmittelwirtschaft möglich. Aus Datenschutzgründen ist die Zugangsberechtigung für die Datenbank eingeschränkt. Nur die Datenpfleger und Krisenmanager von Unternehmen der Lebensmittelwirtschaft sowie deren Vertreter dürfen auf die hinterlegten Daten zugreifen, seit Mai 2008 auch ausgewählte Mitarbeiter der Obersten Landesbehörden.

Der BLL legt besonderen Wert auf die Sicherheit der von den Nutzern der Krisenmanager-Datenbank mitgeteilten Kommunikationsdaten der Krisenmanager und der gespeicherten Informationen über die einzelnen Betriebsstätten. Sämtliche Inhaber eines Zugangs zu der Krisenmanager-Datenbank müssen sich verpflichten, die Ihnen zugänglichen Daten nur zum Zwecke der Kontaktaufnahme im Krisenfall zu nutzen und die Daten nicht an Dritte weiterzugeben.

Für die Aufnahme wird eine einmalige Aufnahmegebühr von 300,- Euro (Preis zzgl. MwSt.) erhoben. Für BLL-Mitglieder ist der Zugang zu der Datenbank kostenfrei. Das Anmeldeformular kann unter www.bll.de/kmdb abgerufen werden.

Zusätzliche Informationen sind erhältlich beim Bund für Lebensmittelrecht und Lebensmittelkunde e. V. (E-Mail: krisenmanager@bll.de).

6 Produkterpressung in der Lebensmittelindustrie

CHRISTOPHER SCHRAMM

Terpentin, Kolibakterien, Pflanzenschutzmittel, LSD (Lysergsäurediethylamid), Zyanid, Glassplitter, ... Die Liste der Mittel mit denen Produkte versetzt wurden, um Firmen zu erpressen ist lang und sie ist leicht zu beschaffen. Jede Erpressung hatte jeweils eine Unternehmenskrise zur Folge, wobei manches Produkt gänzlich von Markt genommen werden musste.

Wie kann man sich auf so etwas vorbereiten? Was tun, wenn die Krise kommt?

Produkterpressungen folgen den psychischen und kriminellen Besonderheiten der Täter und haben einen eigenen Ablauf. Die Hintergründe zu verstehen, hilft uns im Ernstfall die Lage richtig einzuschätzen und die notwendigen Maßnahmen zu ergreifen, um unser Unternehmen zu schützen. Der Kern jeder Produkterpressung liegt in der Natur der Täter, in ihrer Psyche, in ihrer kriminellen Energie und in ihrer Entschlossenheit, die Drohung umzusetzen.

Ein Blick auf die Statistik bringt erstaunliche Erkenntnisse: „Die Täter" ist meist „der Täter" nämlich ein klassischer Einzeltäter. Oftmals versucht dieser Einzeltäter eine Gruppe vorzutäuschen, um seine „Gefährlichkeit" zu erhöhen. Es sind fast ausschließlich Männer, die diese Art von Verbrechen begehen, und sie sind oftmals überdurchschnittlich intelligent. Interessant ist auch, dass wir kaum Vorbestrafte oder Gewohnheitsverbrecher im Täterkreis von Produkterpressern finden. Die psychischen Profile dieser Täter gäben gewiss genug Stoff für eine eigene wissenschaftliche Abhandlung. Für die betroffenen Unternehmen ist die Einschätzung der Gefährlichkeit und – daraus abgeleitet – die Wahrscheinlichkeit der Umsetzung der Drohung eine der Kernfragen in der Krisenstabsarbeit. Grundsätzlich sollte sich ein betroffenes Unternehmen immer für das „Worst Case Szenario" vorbereiten. Allerdings kann eine realistische Lageeinschätzung verhindern, dass überreagiert wird. Den Täter einer Produkterpressung verstehen zu lernen, hilft, gewisse Entwicklungen zur antizipieren.

Diese Art von Verbrechen sind typische „Distanz-Verbrechen". Der Täter organisiert und „orchestriert" alles aus sicherem Abstand. Meistens sind diese Art von Täter „komplizierte Menschen" und genauso „kompliziert" wie sie selbst ist auch der Ablauf ihrer Tat.

6.1 Abläufe von Produkterpressungen

Jede Handlung des Krisenstabs, jede Entscheidung, wie auf die Forderungen eingegangen – oder nicht eingegangen – wird, muss die Reaktion der Täter einkalkulieren.

Doch gehen wir einen Schnitt zurück und betrachten den Ablauf einer Produkterpressung. Grob eingeteilt verläuft sie in drei Phasen. Die Phase der Verbindungsaufnahme, die Verhandlungsphase und die Übergabephase des Lösegeldes. Jede Phase hat ihre Besonderheiten, ihre Gefahren, ihre Konsequenzen und ihre Lehren für präventive Maßnahmen. Jede Phase zwingt den Krisenstab zu einer Entscheidung. Hierbei spielt das Land, in dem die Produkterpressung stattfindet, eine besondere Rolle für die Entscheidungsgrundlage des Krisenstabs.

6.1.1 Die Phase der Verbindungsaufnahme

Eine Erpressung wird entweder mit einem Brief, mit einer E-Mail oder persönlich am Telefon beginnen. Wie wir aus den Täterprofilen ableiten können, ist der Telefonanruf bei einer Produkterpressung in Deutschland und darüber hinaus in Mittel- und Nordeuropa eher selten. Ein anonymer Brief aber auch eine E-Mail ist die Regel. Das Erpresserschreiben wird meist folgende Punkte beinhalten:

• die Bekanntgabe der Produktmanipulation (spezifisch od. unspezifisch)

• die Lösegeldforderung

• die Drohung

• die Art und Weise, wie die Verbindung aufgenommen werden soll

• die Forderung, keine Polizei einzuschalten

Hier stellen sich für ein Unternehmen nun die ersten Probleme:

• Wer hat das Schreiben geöffnet?

• Wer hat die E-Mail gelesen?

• Wie reagieren diese Personen?

In den seltensten Fällen wird das Schreiben durch den Vorstand/die Geschäftsleitung persönlich geöffnet und in den seltensten Fällen kommt eine E-Mail genau an die Adresse des Entscheiders. Bevor nun die eigentliche Reaktion auf das Erpresserschreiben beginnt, stellt sich die erste bange Frage nach der Geheimhaltung und der Sicherung späterer Beweismittel. Ist die Poststelle auf so ein Schreiben vorbereitet?

Weiß die Sekretärin, wen sie sofort informiert und wen <u>nicht</u>? Nach dem Motto: „Ruhe ist die erste Bürgerpflicht", lautet die richtige Reaktion beim Schreiben:

a) nicht weiter anfassen,

b) Brief und Umschlag mit Pinzette o. Ä. in jeweils eine Klarsichtfolie stecken,

c) Brief und Umschlag (in der Folie) einmal (nicht mehrmals!) fotokopieren und die für ein derartiges Vorkommnis benannte Person kontaktieren.

Die Geheimhaltung ist in dieser Phase das oberste Gebot. Ein Bekanntwerden der Erpressung kann zu diesem Zeitpunkt verheerende Konsequenzen haben!

Die richtige Reaktion bei der E-Mail:

a) Nicht löschen!

b) Einmal (nicht mehrmals) ausdrucken und die für ein derartiges Vorkommnis bekannte Person kontaktieren.

Für die Entscheidungsebene ist es ratsam, sämtliche Personen, die von dem Schreiben Kenntnis erhalten haben und nicht zum Krisenstab des Unternehmens gehören, gesondert und gegen Unterschrift zur Geheimhaltung zu verpflichten. Warum? Es ist ein menschliches Bedürfnis, gravierende Informationen zu kommunizieren. Es ist daher ratsam, dass eine Person, die von dem Vorfall Kenntnis hat, durch einen Verantwortlichen im Unternehmen auch betreut wird. Wichtig ist, dass kein Mitarbeiter nach der Methode „Unterschreiben Sie hier und vergessen Sie, was Sie gesehen haben!" abkommandiert wird. Er wird sich einen Menschen suchen, um über das Gesehene zu kommunizieren. Gleiches Vorgehen gilt natürlich auch für die Möglichkeit, dass eine kontaminierte Produktprobe mitgesendet wurde.

Gehen wir davon aus, es wurde alles richtig gemacht. Die Geheimhaltung in den ersten Stunden ist gegeben. Die Beweismittel sind gesichert. Der Krisenstab sitzt zusammen. Was nun?

Sollte das Unternehmen nicht von einem Katastrophenszenario eingeholt werden (verletzte/verstorbene Verbraucher, Medienkenntnis etc.), dann hat der Krisenstab in aller Regel Zeit, das Schreiben zu analysieren und die Plausibilität der Drohung zu prüfen. Hierbei empfiehlt es sich, dringend Krisenberater mit nachweisbarer Erfahrung bei der Lösung von Produkterpressungen zu Rate zu ziehen. Sie können dem Unternehmen die notwendigen Hintergründe sowie die Möglichkeiten des eigenen Handelns samt ihrer Vor- und Nachteile aufzeigen.

Die Fragen, die sich nun für das Unternehmen stellen, sind vielfältig und haben bedeutsame Folgen:

- Sind wir bereit Lösegeld zu zahlen?

- Treten wir mit dem Täter in Verbindung?

- Schalten wir die Polizei ein?

- Müssen wir Dritte informieren?

- Wie reagieren wir, wenn dieser Vorfall überraschend an die Öffentlichkeit kommt?

- Wie reagieren wir, wenn der Täter seine Drohung umsetzt?

- Wie kommunizieren wir den Vorfall im Unternehmen?

- usw.

Nach erfolgter Verbindungsaufnahme des Unternehmens mit dem Täter beginnt die sog. Verhandlungsphase.

6.1.2   Die Verhandlungsphase

Wie der Name schon verrät, wird hier die eigentliche Lösegeldsumme „verhandelt". Diese Phase ist die eigentliche Kernphase im Verlauf des Geschehens mit dem Erpresser und folgt wiederum eigenen Gesetzmäßigkeiten.

Wenn vorab die moralische Frage: „Darf man Kriminellen überhaupt Lösegeld zahlen?" mit „Ja" beantwortet wurde, so stellt sich nunmehr die ethische Frage, warum – angesichts derart gravierender Konsequenzen für Leben und Gesundheit von Verbrauchern – überhaupt um die Summe verhandelt werden soll? Meist bewegen sich die geforderten Summen für ein Unternehmen durchaus im Bereich des Bezahlbaren. Rechtfertigen 500.000 Euro mehr oder weniger Schaden am Menschen? Natürlich nicht! Die Antwort auf diese Frage liegt im Schutz für das Unternehmen und im Schutz gegen weitere Versuche des Täters, eine für ihn relativ einfache Tat zu wiederholen. Der Grund, warum überhaupt verhandelt werden soll, ist die Notwendigkeit, es dem Täter so schwer wie möglich zu machen. Eine sofortige Zahlung löst nämlich das Problem in keiner Weise. Eine rasche oder sofortige Zahlung führt fast immer zu einer Erhöhung der Forderung.

Aus der Kriminalistik stammt der Spruch: „Erfolgreiche Täter sind treue Kunden." Mit einem schnellen Nachgeben bei einer Erpressung kann man bildlich „die Uhr danach stellen", wann das nächste Erpresserschreiben folgt. Die Grundlage für eine erfolgreiche Verhandlungsführung liegt in der „Berechnung" eines richtigen

„Eröffnungsangebots" – im Gegensatz zur eigentlichen Forderung des Erpressers. Die Summe sollte glaubhaft sein, nicht zu hoch und nicht zu niedrig.

Ziel der Verhandlung des Unternehmens in Bezug auf das Lösegeld ist die eigene, selbst bestimmte Höchstsumme, die „Projected Ransom Figure (PRF)". Theoretisch wird auf diese Summe hin – in immer kleiner werdenden Schritten – verhandelt. Praktisch wird diese Taktik aus dem „Lehrbuch" nicht immer anzuwenden sein. Der Grundsatz aber bleibt: Erst wenn der Täter das Gefühl bekommt, dass nicht mehr Geld aus der Sache "herauszuholen" ist, wird es zu einer Einigung kommen.

Blicken wir noch einmal auf die Statistik der Erpressungen im deutschsprachigen Raum:

* 65 % der Fälle enden innerhalb einer Woche,

* 20 % dauern bis zu einem Monat,

* 10 % dauern länger als ein Monat und

* 5 % dauern länger als drei Monate (Quelle: Clayton Consultants Inc.).

6.1.3 Die Übergabephase

Endet mit der Einigung um das Lösegeld die Verhandlung, so beginnt die insbesondere für den Täter gefährlichste Phase, nämlich die eigentliche Übergabe des Geldes.

Sollte ein Unternehmen entgegen der Statistik doch mehreren Tätern oder einer organisierten Täterbande gegenüberstehen, so wird dies für das Unternehmen bisweilen einfacher – für die ggf. eingeschalteten Polizeibehörden meist schwieriger. Der von seiner Persönlichkeit her sowieso schon „schwierige" oder „komplizierte" Täter wird einen dementsprechend schwierigen oder komplizierten Übergabeplan aushecken, da er ja nicht erkannt und gefasst werden will.

Trotz aller Forderungen und Drohungen gegen das Unternehmen, keine Polizei einzuschalten, geht kaum ein Täter ernsthaft davon aus, dass die Polizei außen vor bleibt. Die Statistik liefert uns zahllose Beispiele von „Schnitzeljagden" während dieser Endphase der Produkterpressung. Einsame, leicht zu überwachende Orte, das Abwerfen aus Fahrzeugen oder auch der Einsatz von Brieftauben – der Phantasie der Täter sind hier keine Grenzen gesetzt. Statistisch werden allerdings 99 % aller Täter in Deutschland in der Phase der Lösegeldübergabe gefasst. Trotz teils überdurchschnittlicher Intelligenz bedeutet diese Statistik den Tätern keine Abschreckung. In Ländern außerhalb Mitteleuropas sieht die Statistik allerdings anders aus. Im Fall einer Lösegeldübergabe im Ausland steht der Krisenstab des Unternehmens, wie auch die eingeschaltete Polizeibehörde, vor großen Problemen. Ob Blitzüberweisung auf ein Konto in der Südsee oder eine Übergabe von Geld in Osteuropa – der Krisenstab in

Deutschland (oder in Österreich oder in der Schweiz) muss alles organisieren: das Geld, die Überbringer, die Transportmittel etc. Je organisierter der Täter und je sorgfältiger seine Planung, desto detaillierter werden seine Handlungsanweisungen sein. Umgekehrt kommt es bisweilen vor, dass die Täter als „kriminelle Laien" kaum in der Lage sind, eine für sie derart heikle Phase zu organisieren was zu immer neuen Übergabeversuchen führt.

Ein Blick auf die Statistik hilft den Ausgang einer Produkterpressung richtig einzuschätzen: 50 bis 60 % aller Täter brechen nach der ersten Kontaktaufnahme die Tat ab. Ein Übergabeversuch findet nur in 15 % aller Fälle statt. Als „Faustregel" kann man festhalten: Je öfter der Kontakt mit dem Täter, desto größer seine Entschlossenheit!

Im Übrigen gilt auch: Je genauer die Beschreibung über die Vergiftung/Manipulation des Produkts, desto wahrscheinlicher die Möglichkeit, dass die Manipulation durch den Täter möglich ist. Psychologisch gesehen bedeutet allerdings die Drohung tatsächlich umzusetzen einen großen Schritt.

6.2 Beteiligte Parteien

Da wir nun gesehen haben, wie eine Produkterpressung per se „funktioniert", ist es notwendig auf die beteiligten „Parteien", also auf die eigentlich „mitbeteiligten Menschen", zu sprechen zu kommen, die bei einer Produkterpressung gegen ein Unternehmen involviert sind.

6.2.1 Das Unternehmen (Der Krisenstab)

Im Laufe der Jahre haben wir als Krisenberater verschiedenste Krisenstäbe in Unternehmen kennen gelernt, unterschiedlichste Unternehmenskulturen, Entscheidungswege und Charaktere. Von „hemdsärmligen" Entscheidern bis zum „gelähmten" Stab, die ohne gewohnte Sachkenntnis sehr schwer zu einer Entscheidung zu bewegen waren.

Eine der zentralen Fragen in der Vorbereitung für jeden Entschluss in einer Krisensituation wird lauten „Was kommt danach?" und „Wie ist diese Entscheidung zur rechtfertigen?" Genau diese Fragen führen oftmals zu großer Unsicherheit bei den Mitgliedern des Krisenstabs. Wir haben bereits Fälle erlebt, wo Mitglieder des Krisenstabs nicht mehr aktiv mitarbeiten wollten, weil sie Angst hatten, bei negativem Ausgang persönlich zur Verantwortung gezogen zu werden. Hier kann präventiv eine Menge getan werden, so z. B., dass die rechtliche Stellung der Mitglieder des Krisenstabs von vornherein eindeutig festgelegt wird.

Die eigentliche Arbeit im Krisenstab besteht im

- Identifizieren der Zwänge und Möglichkeiten des eigenen Handelns,

- Abwägen der Möglichkeiten (was spricht dafür, was spricht dagegen),

- Festlegen der Entscheidung (Abhängig von den Befugnissen),

- in der Auftragserteilung (Delegation) und im

- Kontrollieren der getroffenen Entscheidungen und Ergebnisse.

Die Situationen bei einer Produkterpressung – wie bei Notsituationen überhaupt – sind unbegrenzt vielfältig. Sie wechseln oft und plötzlich und sind selten von vornherein zu überschauen. Unberechenbare Größen haben oft maßgeblichen Einfluss. An den Verstand und die Persönlichkeit der Mitglieder des Krisenstabs werden die höchsten Anforderungen gestellt. So ist die Auswahl der Mitglieder des Krisenstabs präventiv, deren Schulung und Training für den Notfall für die spätere Handlungsfähigkeit unter enormer Belastung ausschlaggebend. Die Zusammensetzung des Krisenstabs gliedert sich zweckmäßigerweise in Anlehnung an die Organisationsstruktur des Unternehmens. Der Grundsatz „So klein wie möglich, so ausbaufähig wie nötig!" gilt für diese Art von Entscheidungsstab in besonderem Maße.

Ein typischer Krisenstab setzt sich zusammen aus

- einem Leiter,

- einem Verantwortlichen aus der Abteilung Personal (HR),

- einem Verantwortlichen aus der Abteilung QM,

- einem Verantwortlichen aus der Abteilung Recht,

- einem Verantwortlichen aus der Abteilung Finanzen,

- einem Verantwortlichen für die Pressearbeit sowie

- fachspezifischen Experten.

6.2.2   Die Medien

Für das Arbeiten im Krisenstab gilt der Grundsatz: „Neben dem Täter sind die Medien die zweite Front."

Warum? Die Medien können den Vorfall erst zur Krise wachsen lassen! Die Medien binden eigene Kräfte, der Umgang mit den Medien bedarf – ähnlich wie der Umgang mit dem Täter – einer eigenen Krisenkommunikationsstrategie. Jedes Bild, jedes Wort, jeder Zeitpunkt im Umgang mit den Medien will wohlüberlegt sein. Der Pressestrategie liegt eine genauso sorgfältige Analyse über z. B. die Printmedien oder das Fernsehen zu Grunde wie über den Täter, seine Motive und seine Drohungen. Die Medien können durch falsches Informieren der Öffentlichkeit nicht nur die Strategie des Unternehmens im Umgang mit dem Täter gefährden. Falsches Auftreten in den Medien wird dazu führen, dass die Öffentlichkeit das eigene Unternehmen als „verantwortungslos" und nicht „Herr der Lage" sieht. Der Verlust des Vertrauens der Verbraucher ist die Konsequenz daraus. Im Gegensatz dazu kann man mit der richtigen Kommunikation nach außen die Öffentlichkeit entsprechend richtig informieren und die eigene Botschaft transportieren: „Die Sicherheit der Verbraucher steht an erster Stelle!" Jede Entscheidung, jede Überlegung, jeder Vorgang im Krisenstab wird von diesem Grundgedanken geleitet. Ziel des Umgangs mit den Medien wird es sein, dieses „Postulat" zu dokumentieren.

Ist der Vorfall noch nicht an die Öffentlichkeit gelangt, so lautet die Frage: „Was haben wir (unabhängig von allen anderen Vorgängen) zu tun, falls die Medien hier und jetzt von den Ereignissen Kenntnis erlangen?" Hieraus entwickelt sich ein regelrechter „Rechtfertigungskatalog" auf alle Fragen, warum z. B. die Öffentlichkeit nicht informiert wurde und warum z. B. kein Warenrückruf (auch noch so abstrakt) erfolgte.

Die Krisenkommunikationsstrategie begleitet die Arbeit im Krisenstab parallel zu allen anderen Dingen. Sie ist eine der tragenden Säulen im Umgang und bei der Lösung der Krise. Bei einer Produkterpressung empfiehlt sich zunächst ein äußerst restriktiver Umgang mit den Medien. Ein zu frühes Einschalten der Öffentlichkeit sollte zwingend verhindert werden. Dies ist auch ein Grund für die besonderen Maßnahmen zur Geheimhaltung in der ersten Phase.

6.2.3   Die Behörden

Liegt der Erpressung nur eine Drohung ohne manipulierte Produktprobe zu Grunde, so gilt es sorgfältig abzuwägen, wann die Behörden eingeschaltet werden. Die Betonung liegt in Mitteleuropa auf „wann" und definitiv nicht auf „ob". Bei „Gefahr im Verzug" für den Konsumenten oder bei bereits verletzten Verbrauchern erübrigt sich ein Abwägen. Hier sind sämtliche staatlichen Stellen sofort zu informieren.

Eine besondere Bedeutung für den Krisenstab bei einer Produkterpressung hat die Rolle der Polizei. Damit verbunden ist allerdings auch die Gefahr des versehentlichen Einschaltens der Öffentlichkeit. Es stellt sich auch die Frage:

- Welche Polizei?

- An wen wende ich mich bei dieser Art von Verbrechen?

- An das örtliche Polizeirevier?

- An das Landeskriminalamt?
- Das Bundeskriminalamt?

In den meisten Ländern sind die Landeskriminalämter oder vergleichbare Ebenen für diese Art von Verbrechensbekämpfung zuständig. In Deutschland, Österreich und der Schweiz verfügt die Polizei über sehr gut ausgebildete, spezialisierte Beamte und kann dem Unternehmen im weiteren Verlauf der Erpressung sehr gut helfen.

Eines kann die Polizei allerdings nicht. Sie kann das Unternehmen nicht aus seiner Verantwortung entlassen. Sie kommt auch nicht und nimmt die Krise weg. Im Gegenteil: In manchen Ländern kommt die Polizei und nimmt bildlich die „Zügel in die Hand" – die Krise aber bleibt.

Wichtig für den Umgang mit der Polizei ist es zu wissen, dass sie einen Strafverfolgungsauftrag hat. Die Polizei hat nicht notwendigerweise dasselbe Ziel wie das betroffene Unternehmen. Die Polizei will letzten Endes den Täter fassen – ein Ziel, das dem Unternehmen sehr recht wäre, das aber nicht die Priorität im Krisenstab haben wird. Der Krisenstab wird, wie gesagt, abzuwägen haben, wann die Polizei eingeschaltet wird. Wenn der Zeitpunkt gekommen ist, gilt es eine gute, positive und kooperative Zusammenarbeit zu etablieren, ohne die Interessen des Unternehmens hinten anzustellen. Wenn es der Polizei gelingt, intern die Sache so geheim zu halten, dass die Öffentlichkeit nicht versehentlich informiert wird, dann hat sowohl der Krisenstab des Unternehmens wie auch der Krisenstab der Polizei einen ersten Erfolg.

Das Einschalten der Polizei hat sehr viele Vorteile, unter anderem haben wir nun die Behörden „mit im Boot". Über die Polizei erfahren wir, ob die Erpressung nur gegen das eigene Unternehmen läuft und viele Dinge mehr. Ein kooperatives Verhältnis zwischen Unternehmen und Polizeibehörden ist für die erfolgreiche Bewältigung einer Produkterpressung bedeutsam.

6.2.4 Weitere Parteien

An erster Stelle stehen die Familien eventuell betroffener Kunden, sollte tatsächlich eine Vergiftung/Manipulation mit Schaden am Verbraucher erfolgt sein. Ein verantwortungsvolles Unternehmen wird diesen Beteiligten eine sehr hohe Priorität einräumen und durch geeignete Maßnahmen diese Verantwortung auch nach außen dokumentieren. Weiterhin gilt es die eigenen Mitarbeiter zu informieren, zu betreuen und ggf. rechtlich zu schützen. Der Umgang mit (und die Planung für) Verbraucher, den Handel, den Versicherungen, den Gesellschaftern, den Aktionären zusammen mit den verschiedenen Behörden, den Medien und – in der Fülle der Beteiligten ganz nebenbei – dem Täter, lassen erkennen, wie komplex und schwierig die Arbeit im Krisenstab bei einer Produkterpressung werden kann.

Die Frage stellt sich:

• Wie kann man sich auf so eine Situation vorbereiten?

• Wie kann man sein Unternehmen schützen?

6.2.5   Der Prozess der Prävention

Sicherheit funktioniert immer nur ganzheitlich! Produkterpressungen sind kein isoliertes Phänomen. Jedwede Art von Prävention beginnt mit der Identifizierung der Risiken. Sorgfältiges Risikomanagement bedeutet unter anderem jene Risiken mit hohem Schadenspotential und hoher Eintrittswahrscheinlichkeit zu verringern oder ggf. zu transferieren. Das Risikomanagement und darauf aufbauend das Sicherheits- und Krisenmanagement bezeichnet bildlich gesprochen die Sicherheitsarchitektur eines Unternehmens. Nur sichere Geschäftsprozesse sind auch dauerhaft erfolgreiche Geschäftsprozesse.

Ziele des Risikomanagements sind:

• die Identifikation der Kernprozesse und deren kritischer Aspekte für die Existenz des Gesamtunternehmens.

• das Erkennen der notwendigen Ressourcen zur Wiederherstellung oder Aufrechterhaltung der Geschäftsprozesse.

• die Identifikation der Risiken, welche auf diese Prozesse einwirken.

• die Erarbeitung von Risiko minimierenden Maßnahmen und einer Wiederanlaufstrategie.

• die Schaffung einer Krisenorganisation sowie einer effektiven Risikokultur.

Hierzu gehört die Etablierung einer Sicherheitsstruktur mit der Festlegung von Aufgaben, Verantwortlichkeiten und Meldewegen unter der Prämisse der geringstmöglichen Beeinträchtigung der Betriebsabläufe.

Krisenmanagement umfasst sämtliche schadensbegrenzenden Maßnahmen vor und während Ereignissen, die das Unternehmen in Teilen oder im Ganzen gefährden können. Entscheidend sind insbesondere vorher definierte Verantwortlichkeiten und Kommunikationswege, die es dem Unternehmen ermöglichen, unverzüglich, in unsicherer Lage und bei unzureichender Informationsfülle Entscheidungen zu treffen, um das Krisenereignis einzudämmen. Die Faustformel für die Gefährdungsbeurteilung in Punkto Produkterpressung lautet: „Je größer und bekannter das Unternehmen – und je geringer die Produktsicherheit – desto anfälliger ist es für Produkterpressungen".

Täter meiden sichere Produkte!

In einer systematischen Matrix der präventiven Maßnahmen ergeben sich die nachfolgend beschriebenen Schritte.

6.2.6   Auditierung/Sicherheitsanalyse

1. Beurteilung der eigenen Lage – z. B.

   o   Was produzieren wir?

   o   Wie bekannt sind wir?

   o   Wie finanzkräftig sind wir in den Augen der Öffentlichkeit?

2. Beurteilung der infrastrukturellen/organisatorischen Maßnahmen – z. B.

   o   Wie hoch ist unsere Produktionssicherheit?

   o   Wie gut sind unsere Qualitätskontrollen?

   o   Wie gut ist unsere Distribuentensicherheit?

   o   Wie handeln wir bei Verdachtsmomenten?

   o   Gibt es einen Notfallplan?

   o   Gibt es einen Rückrufplan?

   o   Gibt es einen Krisenstab?

3. Beurteilung der Produktsicherheit – z. B.

   o   Wie sicher sind unsere Verpackungen?

   o   Wie können Produktmanipulationen erkennbar werden?

   o   etc.

6.2.7   Aufbau eines Sicherheitsmanagements

Unter Sicherheitsmanagement wird das strategische und operative Handling aller sicherheitsrelevanten Angelegenheiten eines Unternehmens und seiner Gesellschaften unter Einbeziehung der baulichen, personellen und organisatorischen Gegebenheiten verstanden.

6.2.8 Notfall/Krisenmanagement

Mit der Erstellung eines Krisenplanes werden sämtliche Verantwortlichkeiten, Kommunikationswege und Rahmenbedingungen für das Unternehmen geregelt. Grundlage jedes Krisenplans sind die Ergebnisse der Auditierung. Der Krisen- oder Notfallplan regelt das Verhalten der Mitarbeiter des Unternehmens bei allen Bedrohungen mit Krisenpotenzial. Hierzu gehört unter anderem die Produkterpressung, also der kriminelle Angriff gegen das Unternehmen oder gegen Mitarbeiter.

Darüber hinaus enthält der Krisenplan eine Fülle von Hinweisen, die zur Vermeidung einer Krise oder zur Deeskalation beitragen können. Da sich Krisen dynamisch entwickeln, kann nicht alles vollständig vorgeplant werden. Somit soll der Krisenplan nicht allein als Reglementierungsinstrument verstanden werden, sondern als nützliche Hilfestellung im Umgang mit kritischen oder krisenhaften Vorkommnissen. Er dient dazu, die Handlungsweisen im Umgang mit bedrohlichen Situationen zu vereinheitlichen und gibt zugleich den Verantwortlichen Handlungssicherheit im Management der Krise.

6.2.9 Training des Krisenstabs

Nachdem ein entsprechender Notfallplan entwickelt, implementiert und dokumentiert wurde, gilt es die Mitarbeiter über die Zielsetzung der Krisen-policy zu informieren und den Krisenstab zu trainieren. Nur ein trainierter Stab wird im Notfall angemessen und schnell reagieren.

Für ein Training des Krisenstabs bei einer Produkterpressung werden anhand einer Simulation eines Erpressungs-Szenarios Probleme und Entscheidungzwänge des Unternehmens dargestellt. Das Training erfolgt in Form einer Planübung und soll den Krisenstab darin schulen, Informationen richtig auszuwerten und notwendige Entscheidungen zu treffen. Ein Übungsszenario beschreibt eine Produkterpressung gegen ein Unternehmen. Der Krisenstab ist aufgefordert, die Auswirkungen der Drohung zu bewerten und entsprechende Maßnahmen zu veranlassen. Weiterhin soll der Krisenstab darüber hinaus zu erwartende Probleme in Bezug auf das Szenario antizipieren und entsprechende Maßnahmen einleiten. Weiterführend übt der Krisenstab die Kooperation mit und Abgrenzung zu den Behörden. Die Aufgaben der Berater bestehen darin, die Übung zu moderieren und zu steuern, also die Frequenz und Reihenfolge der Einspielungen während der Übung anzustoßen.

Für die präventive Krisenarbeit gilt der Grundsatz:

Verantwortlich sind wir nicht nur für das was wir tun, sondern auch für das was wir nicht tun!

III Warenrückruf

1 Warenrückruf

ANSELM ELLES

Seit Registrierung der Warenrückrufe im Rahmen des auf Artikel 19 der Basis-Verordnung zur Lebensmittelsicherheit VO (EG) Nr. 178/2002 beruhenden **Rapid Alert System for Food and Feed** (RASFF) hat die Anzahl derartiger Meldungen aus Lebensmittelindustrie und -handel stark zugenommen hat. Gehen von bestimmten Lebens- oder Futtermitteln Gefahren für die menschliche Gesundheit aus, werden diese zwecks der schnellen Weitergabe von Informationen durch die zuständigen Behörden innerhalb der Europäischen Union in dieses EU-weite Schnellwarnsystem eingestellt.

Hierbei handelt es sich in der Regel um versehentliche Kontaminationen oder Produktschäden, die zu einem Rückruf betroffener Ware führen.

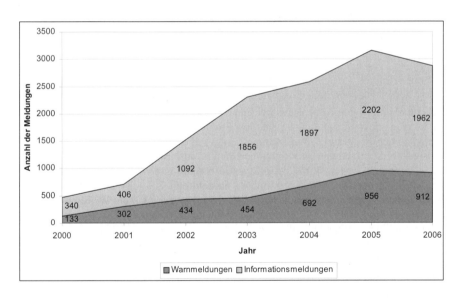

Abb. 1-1   Anzahl von Warn- und Informationsmeldungen im RASFF (2000-2006) (Quelle: RASFF – Annual Report 2006)

Im Jahr 2006 gab es erstmals einen leichten Rückgang bei der Anzahl der Warn- und der Informationsmeldungen. Die **Informationsmeldungen (Information notifications)** beziehen sich auf Lebens- oder Futtermittel, von denen ein Risiko für die menschliche Gesundheit ausgeht, die sich jedoch noch nicht im Verkehr befinden. Bei diesen Produkten kommt es in der Regel zu einer „stillen" Marktentnahme aus der Distributionskette.

Geht von einem Lebens- oder Futtermittel ein Risiko für die menschliche Gesundheit aus und befindet sich dieses in einem der am RASFF-Netz beteiligten Staaten im Verkehr, erfolgt eine **Warnmeldung (Alert Notifications).** Diese führt in der Regel zu einem „öffentlichen" Produktrückruf.

Die Unterscheidung zwischen der Informationsmeldung und der Warnmeldung ist von großer Bedeutung für die Festlegung, ob fehlerhafte Endprodukte aufgrund mangelnder Verkehrsfähigkeit oder Gesundheitsgefährdung des Verbrauchers aus dem Markt entnommen werden müssen. Im Rahmen der Basis-Verordnung 178/2002 werden folgende Regelungen für Hersteller/Inverkehrbringer und Behörden geregelt:

- Für Unternehmer als Hersteller von Lebensmitteln gilt laut Gesetzgebung nach Artikel 19 „Verantwortung der Lebensmittelunternehmen" der EU VO (EG) Nr. 178/2002:

  „Erkennt ein Lebensmittelunternehmer oder hat er Grund zu der Annahme, dass ein von ihm eingeführtes, erzeugtes, verarbeitetes, hergestelltes oder vertriebenes Lebensmittel den Anforderungen an die Lebensmittelsicherheit nicht entspricht, so leitet er unverzüglich Verfahren ein, um das betreffende Lebensmittel vom Markt zu nehmen (...)."

- Den zuständigen Behördenvertretern wird in Artikel 10 „Information der Öffentlichkeit" der EU VO (EG) Folgendes auferlegt:

  „Besteht ein hinreichender Verdacht, dass ein Lebensmittel oder Futtermittel ein Risiko für die Gesundheit von Mensch oder Tier mit sich bringen kann, so unternehmen die Behörden (...) je nach Art, Schwere und Ausmaß des Risikos geeignete Schritte, um die Öffentlichkeit über die Art des Gesundheitsrisikos aufzuklären(...)."

Generell kann angemerkt werden, dass Warenrückrufe sektorübergreifend durchgeführt werden und, wie aus Abbildung 1-2 zu ersehen ist, unterschiedlichste Warengruppen und Unternehmen der Lebensmittelwirtschaft betreffen.

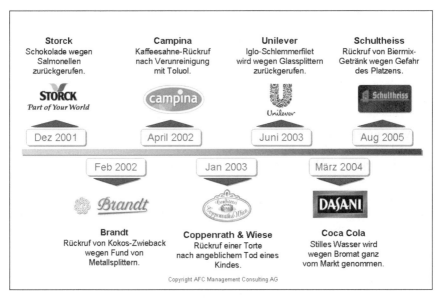

Abb. 1-2 Beispielsfälle öffentlicher Warenrückrufe in der Lebensmittel-wirtschaft

Wie sich aus Abbildung 1-3 ersehen lässt, wirken auf das betriebliche Rückrufmanagement diverse Einflussfaktoren ein, die es gebührend zu berücksichtigen gilt und denen mit entsprechenden Maßnahmen begegnet werden muss (siehe nachfolgende Kapitel).

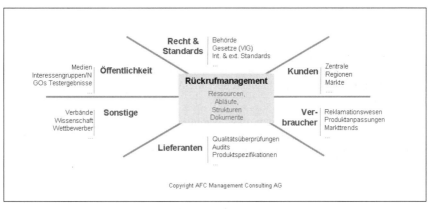

Abb. 1-3 Einflussfaktoren auf das innerbetriebliche Rückrufmanagement

1.1 Rückrufarten

Jedweder Warenrückruf dient der Marktentnahme eines fehlerhaften oder gesundheitsgefährdenden Produktes. Dabei kann es sich sowohl um Roh-, Teilfertig- oder Fertigwaren handeln. Je nach Begründung des Warenrückrufs können die entnommenen Produkte sowohl der Vernichtung als auch der Mangelbeseitigung zugeführt werden.

Die Vernichtung von Produkten ist dort angeraten, wo das Produkt infolge von z. B. mikrobiologischer, chemischer oder physikalischer Kontamination betroffen ist und von ihm eine akute gesundheitliche Gefährdung für den Verbraucher ausgeht. Dies kann sowohl auf eigenes Bestreben des Herstellers/Inverkehrbringers als auch aufgrund von z. B. behördlicher Anordnung geschehen.

In den Fällen, in denen ein Produkt beispielsweise falsch etikettiert oder mit ungenügenden Kennzeichnungen (z. B. fehlendes Mindesthaltbarkeitsdatum, fremdsprachliche Kennzeichnung) in Verkehr gebracht worden ist, kann die Marktentnahme dem Zweck dienen, das Produkt nach erfolgter Umetikettierung erneut in den Abverkauf zu bringen.

In der betrieblichen Rückrufpraxis haben sich verschiedene Rückrufarten herausgebildet, bei denen nach

- dem Veranlasser,

- der Öffentlichkeit und

- der Art und Weise

eines Rückrufs unterschieden wird.

Je nachdem, wer den Rückruf veranlasst, wird zwischen zwei Rückrufarten unterschieden:

- Eigenrückruf
  hier erfolgt die Marktentnahme aus Eigeninitiative des Herstellers/ Inverkehrbringers

- Fremdrückruf
  hier erfolgt die Marktentnahme in Abstimmung oder ggf. sogar ohne Abstimmung mit dem Hersteller/Inverkehrbringer durch Dritte, wie z. B. Handelspartner, Behörden etc.

Je nach schwere des Produktmangels und Verbreitungsgrad des Produktes wird der Warenrückruf unterschiedlich in der Öffentlichkeit publik gemacht, so dass zwischen öffentlichem und stillem Rückruf unterschieden wird.

- Öffentlicher Rückruf
  hier befindet sich das schadhafte Produkt i.d.R. bereits im Vertrieb bzw. ist bereits abverkauft und es bedarf einer Verbraucherwarnung in öffentlichen Medien oder z. B. durch Aushang in den Verkaufstellen des Handels (siehe Abbildung 1.1-1)

Abb. 1.1-1   Beispiel eines Aushangs zum Warenrückruf am Point of Sale

- Stiller Rückruf
  hier befindet sich das schadhafte Produkt i.d.r. noch auf dem Distributionsweg (Zwischenhandel, Zentrallager etc.) oder in Verkaufstellen, ohne dass allerdings jedweder Abverkauf an den Verbraucher oder anderweitige Verwerter (z. B. Gastronomie, Großverbraucher etc.) erfolgt ist. Der Warenrückruf wird demnach mit eigenen Ressourcen (Vertrieb, eingeschalteter Dienstleister etc.) oder unter Einbindung von Distributions- oder Vertriebspartnern bewerkstelligt. Wichtig anzumerken ist, dass je nach gesundheitlicher Gefährdung des Verbrauchers auch der stille Rückruf die Einbindung und Abstimmung mit den zuständigen Behörden bedingt.

Entsprechend der Art und Weise eines Warenrückrufs wird unterschieden zwischen:

- Freiwilligem Rückruf
  hierbei handelt es sich um Warenrückrufe, bei denen z. B. die gesundheitliche Gefährdung des Verbrauchers noch nicht eindeutig erwiesen ist, der Hersteller/ Inverkehrbringer allerdings das betroffene Produkt präventiv vom Markt nimmt, oder beispielsweise die Marktentnahme aufgrund von Qualitätsabweichungen erfolgt, um das Marken-/Unternehmensimage nicht negativ zu beeinflussen

- Behördlichem Rückruf
  in diesem Fall wird der Warenrückruf behördlich angeordnet und die Marktentnahme i.d.R. mit behördlichen Auflagen versehen. Dem Unternehmen ist hierbei die strikte Einhaltung der gewährten Auflagen anempfohlen.

Die Verschiedenartigkeit der Rückrufarten verdeutlicht

- die enorme Gewichtung des Reklamationswesens, anhand dessen bereits zu einem frühen Zeitpunkt die benötigten Informationen beschafft, bewertet und hinsichtlich ihrer Krisentauglichkeit evaluiert werden,

- die Notwendigkeit der Existenz eines funktionsfähigen Krisenmanagements, innerhalb dessen die Abläufe derartig gestaltet sein sollten, dass u. a. die Gefährdungspotentiale, verschiedene Gefahrengruppen (z. B. Babys, Kleinkinder, immungeschwächte Kranke, Schwangere, ältere Verbraucher etc.) und der daraus resultierende Impakt auf den Verbraucher, die Distributions- und Vertriebslinien, das erzeugte Produkt, das Unternehmensimage und die zuständigen Behörden erfasst und mit Maßnahmen hinterlegt wird,

- die Erwartungshaltung an ein Rückrufmanagementsystem, welches die Unterscheidung und vor allem unternehmerische Verantwortung hinsichtlich der zu wählenden Rückrufart, nach Abwägung sämtlicher Pros und Contras, ermöglicht.

Behr's Verlag, Hamburg

Dies bedeutet, je frühzeitiger die vorliegenden Informationen hinsichtlich ihrer Rückrufrelevanz evaluiert werden können, je mehr Zusatzinformationen im Unternehmen oder aus der Lieferkette beschafft werden können, desto eher lässt sich die Abwägung zwischen den verschiedenen Rückrufarten durchführen.

In der Praxis hat es sich als notwendig und sinnvoll erwiesen, frühzeitig mit den Handelspartnern – insbesondere bei Eigenmarken des Handels – als auch mit den Vorortbehörden in Kontakt zu treten. Dies sollte allerdings entsprechend vorbereitet erfolgen, so dass bei Ansprache der Behörde oder des Handels z. B. folgende Informationen bereits verfügbar sind:

• Reklamationsspezifikation und -grund sowie mögliche/bereits eingeleitete Aktivitäten zur Vermeidung weiterer Produktmängel in der laufenden Produktion

• Laborbefunde von Rückstellmustern

• Ergebnisse einer Rückverfolgbarkeitsanalyse (Trecking & Tracing) zur möglichst eindeutigen Definition der Produktions- und Chargengröße, Lagerbestände, Abverkaufszahlen etc.

• Entwurf einer Behörden-/Verbraucherinformation

• etc.

Basierend auf derartigen Informationen ist es oftmals gelungen mit den betroffenen Handelspartnern und Behörden, ohne Vernachlässigung des Verbraucherschutzes, eine fallgerechte Auswahl der notwendigen und zweckmäßigen Rückrufart zu treffen. Dabei erscheint es verständlich, dass eine Behörde, die erstmals anlässlich der Entscheidung über die Notwendigkeit eines Warenrückrufs mit dem betroffenen Unternehmen in Kontakt tritt, gänzlich anders entscheiden wird, als wenn bereits zu „Friedenszeiten" Kontakt und Informationsaustausch bestanden hat. Generell wird angeraten, mit den zuständigen Behörden offensiv zu kooperieren, ihnen z. B. bereits vorentworfene Behörden-/Verbraucherinformationen zur Verfügung zu stellen. Anlässlich eines Warenrückrufes ist es somit gelungen, in einer Unternehmensinformation „im Sinne des vorsorglichen Verbraucherschutzes und in Abstimmung mit der zuständigen Lebensmittelüberwachungsbehörde XYZ" eine Ware zurückzurufen. Die unvorteilhaftere Variante – infolge von Fehlinformation oder mangelnder Kooperation mit der Behörde – wäre eine behördliche Anordnung mit entsprechend restriktiven Auflagen, die von der Behörde veröffentlicht wird.

Oftmals erscheint es auch in der finalen Entscheidungsphase schwierig abzuwägen, ob zunächst das betroffene Handelsunternehmen oder die zuständige Behörde angesprochen wird. Auch hier hat sich gezeigt, dass infolge zusätzlichen Informationsaustauschs und möglicher präventiver Warensperrung am Point of Sale die Benachrichtigung des Handels und die zeitnahe Behördeninformation entsprechend gestaltet werden sollten.

Die meisten Handelsunternehmen haben spezialisierte Abteilungen im Bereich der Qualitätssicherung oder des Riskmanagements, die ebenfalls über entsprechende Rückrufsysteme verfügen und mit denen ebenfalls möglichst transparent und zeitnah kommuniziert werden sollte.

1.2 Rückrufkosten

Generell sind die tatsächlichen Kosten von Warenrückrufen nur selten publiziert worden. Berechnungen der Universität Oxford, Großbritannien, ergaben eine Spannbreite in Höhe von 10.000 Euro bis zu 7.000.000 Euro, ohne „softe" Kosten. Die Durchschnittswerte registrierter Rückrufkosten im Vereinigten Königreich (UK) wurden hierbei mit ca. 550.000 Euro beziffert. Unter Berücksichtigung der Tatsache, dass ein Großteil derartiger Kosten innerhalb der ersten zwei Wochen anfällt und gleichzeitig ein Rückgang des Cash-flows infolge von Lieferverzögerungen und Störungen des Abverkaufs zu erwarten ist, kann eine derartige Summe bei mittelständischen Unternehmen bereits als kritisch betrachtet werden.

Die in Abbildung 1.2-1 aufgeführte Erhebung von Steerling Reed, UK, veranschaulicht nicht nur das Niveau der einzelnen Kostenarten, sondern beschreibt die unterschiedliche Einschätzung befragter Unternehmen im Vergleich zu erhobenen Kostenbeträgen.

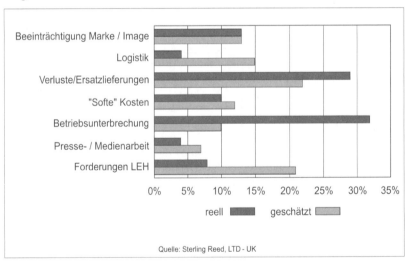

Abb. 1.2-1   Einschätzung von Rückrufkosten in der Lebensmittelindustrie (reelle Kosten versus Kostenschätzung befragter Unternehmer)

Behr's Verlag, Hamburg

Kosten im Zusammenhang mit der Beeinträchtigung der Marke sowie des Marken- und Unternehmensimages lassen sich oftmals erst nach längerer Zeit definitiv erheben. Am Beispiel eines Warenrückrufs des Pharmaunternehmens Tylenol – außerordentlich professionelles Rückrufmanagement mit entsprechender Behörden- und Verbraucherkommunikation und kurzfristiger Verpackungsanpassung (Schutzsiegel zur Abdeckung der Verpackungsöffnung zur Prävention gegen vorsätzliche Produktkontamination und daraus abgeleitete Erpressung des Unternehmens) – und dem Mineralwasserbrunnen Perrier – nicht adäquates Krisen- und Rückrufmanagement, fehlende Verbraucherinformation, langwierige Marktentnahme – wurden die Börsenkurse der betroffen Unternehmen analysiert. Wie sich aus Abbildung 1.2-2 ersehen lässt, ergeben sich je nach unterschiedlicher Einschätzung und Wahrnehmung des Krisen- und Rückrufmanagements des betroffenen Unternehmens erhebliche Unterschiede in ihrer Börsennotierung.

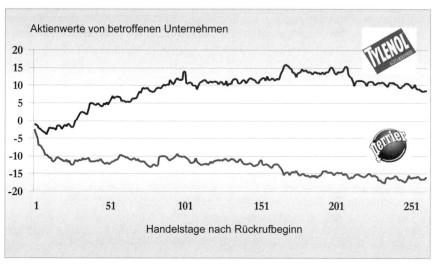

Abb. 1.2-2   Auswirkungen der Performance des Krisen- und Rückrufmanagements auf den börsennotierten Aktienwert betroffener Beispielsunternehmen

Sollten infolge eines Warenrückrufs beispielsweise Maßnahmen zur Produkt-, Herstellungs-, Beschaffungs- und Vertriebsanpassung oder gar eines Markenrelaunch von Nöten sein, so kann es sich hierbei kurzfristig um beachtliche Investitionsvolumina handeln, die direkte Konsequenzen für die Unternehmensleistung (Aufschub von geplanten Investitionen, Einbußen des Unternehmenswertes, Neuverhandlung des Avalrahmens mit der Hausbank etc.) bedingen.

Auch wenn Logistikkosten aufgrund eines harten Wettbewerbs auf dem Speditions-markt normalerweise nicht von nachhaltig prägendem Einfluss auf die Produktions- und Distributionskosten sind, so muss im Rahmen eines Warenrückrufs, der ggf. infolge von behördlichen Auflagen mit Spezialdienstleistern unter erheblichen Zeit-druck und unökonomischen Routenplanungen durchgeführt wird, mit erheblichen Kostenbelastungen gerechnet werden. Insbesondere bei temperaturgeführter Ware oder der Auflage zur termischen Entsorgung mit entsprechender Nachweisführung, entstehen für die Erfassung, den Transport, die Lagerung und insbesondere die Ent-sorgung kurzfristig beachtliche Kosten.

Es ist interessant festzustellen, wie unterschiedlich die Aufwendungen für Ersatzlie-ferungen und die infolge des Warenrückrufs entstandenen Verluste eingeschätzt wer-den. Hierzu zählen Vertragsstrafen ebenso wie die Gestehungskosten von Ersatzlie-ferungen bzw. die Verluste infolge möglicher Lieferausfälle. Dass direkte Mitbewerber derartige Situationen ausnutzen, um bei den betroffenen Handelspartnern ihr Liefer-volumen zu erhöhen oder gar als Lieferant neu gelistet zu werden, ist keine Selten-heit. Auch hier hängt es im erheblichen Maße davon ab, wie das unternehmensinterne betriebliche Kontinuitätsmanagement (siehe Kapitel I) funktioniert und wie schnell Ersatzlieferungen getätigt werden können. Inwieweit beispielsweise neue Lieferanten identifiziert und kontraktiert werden können oder Investitionen von Anpassungsmaß-nahmen in der Produktion zeitnah erfolgen können, hat einen direkten Einfluss auf die Verlustentwicklung.

Die so genannten „soften" Kosten haben verschiedene Ursachen, wie z. B. Bera-tungsaufwendungen für Rechtsanwälte und Berater, interne und externe Manage-ment- und Dienstleistungskosten. Diese fallen umso höher aus, wenn nicht bereits in „Friedenszeiten" vorsorglich bestimmte Absprachen mit z. B. Rechtsanwälten und Krisenberatern getroffen wurden. Die durchschnittlichen Prozesssummen infolge von Warenrückrufen in der Lebensmittelwirtschaft beliefen sich in UK im Jahre 2006 auf 270.000 Euro. Den Aufwendungen für die Betriebsunterbrechung, die, wie in Abbil-dung 1.2-2 ersichtlich, stets unterschätzt werden, kommt im Rückruffall eine ganz erhebliche Bedeutung zu. Unternehmen, die gegen derartige Aufwendungen nicht versichert sind, kann infolge teilweise mehrtägiger bis wöchentlicher Ausfallzeiten ein erheblicher Schaden entstehen.

Die Presse und Medienarbeit wird klassisch hinsichtlich ihrer Aufwendungen unter-schätzt. Da Warenrückrufe, negative Testergebnisse oder die bewusst betriebene Skandalisierung von Branchen, Unternehmen oder Mitbewerbern zunehmend in die Öffentlichkeit gelangen, ist zukünftig mit erheblich höheren Aufwendungen und vor allem zeitlichen Bindungen für Öffentlichkeitsarbeit seitens des Unternehmens zu rechnen. Hier spielt auch die Nachberichterstattung eine Rolle, da es durchaus sinn-voll ist, nach erfolgten (öffentlichen) Rückrufen entsprechende Artikel in Fach- oder Verbrauchermedien zu platzieren, um somit das Produkt oder das Unternehmen wie-der „positiv" zu positionieren. Empfehlenswert ist es, bereits im Vorfeld zu sondieren, welche PR-Agentur ggf. für Krisenfälle verfügbar ist, ob sie zu der Unternehmens-philosophie passt und welche Erfahrung sie im aktiven Krisen- und Rückrufmana-gement hat.

Die Forderungen des Lebensmittelhandels werden immer wieder bei Weitem über-schätz. Sicherlich wird es bei zunehmender Produktion von Eigenmarken zu engeren geschäftlichen Verflechtungen zwischen Handelsunternehmen und Lieferanten kom-men, die im Falle eines Warenrückrufs strapaziert werden könnten. Allerdings ist auch der Handel, durch seine Markenpolitik, in gesteigertem Maße „sensibilisiert", was durchaus einen (positiven) Einfluss auf die Forderungen gegenüber den Liefe-ranten hat.

1.3   Warensicherung

Sowohl bei dem öffentlichen als auch bei einem stillen Rückruf kommt der Art und Weise der Warensicherung eine wichtige Bedeutung zu, damit u. a.

- die Ware nachhaltig gesichert ist,

- kein weiterer Abverkauf ohne erneute Freigabe erfolgen kann,

- gegenüber dem Handel und den Behörden ein Plausibilitätsabgleich erfolgen kann,

- die Ware geordnet der Entsorgung zu geführt werden kann.

Durch eine gezielte Warensperrung in den unternehmenseigenen Lagern sowie auf denjenigen der Logistik- und Handelspartner muss umgehend vermieden werden, dass weitere Ware in die Outlets oder gar an den Verbraucher gelangt. Dabei ist auch darauf zu achten, dass z. B. im Rahmen der Streckenbelieferung bereits kommissio-nierte Ware auf Mischpaletten angetroffen werden kann, die ggf. von Aushilfskräften im Einzelhandelsgeschäft erneut in die Regale eingeräumt wird.

Unternehmen, die über einen Außendienst verfügen, sollten diesen in den Warenrück-ruf mit einbeziehen, damit die Ware entnommen wird und gleichzeitig in den Ver-triebsbezirken die Kundengeschäfte dahingehend überprüft werden, dass keine weite-re Ware der betroffen Produktcharge mehr verfügbar ist. Nach Absprache mit den Handelskunden und den zuständigen Behörden kann so ggf. direkt wieder neue Ware disponiert werden. Dem Vertrieb gilt es zu verdeutlichen, dass er die „Visitenkar-te" des Unternehmens ist und entsprechend sensibel vorgehen soll. Es sollte überprüft werden, inwieweit derartige Vorgehensweisen anlässlich jährlicher Vertriebsseminare vorgestellt und besprochen werden.

Anhand der standardisierten Rückmeldung gesicherter Ware mittels des Warenwirt-schafts- oder analoger Controllingsysteme, wird gegenüber den betroffenen Handelshäusern und Behörden ein Plausibilitätsabgleich durchgeführt, der die produzierte, ausgelieferte, abverkaufte und gesicherte Ware dokumentiert. Je nach Abdeckung wird die Behörde ihr Einverständnis zum Abschluss der Rückrufaktivitäten erteilen. Dies ist insbesondere bei öffentlichen Rückrufen von belang, da es einer Gefährdungsanalyse bedarf, um einzuschätzen, bei welcher prozentualen Abdeckung der ausgelieferten Ware kein weiterer Fortschritt durch weitere öffentliche Bekanntmachungen mehr zu erwarten ist.

1.4 Warenentsorgung

Sowohl in Fällen mikrobieller oder chemischer Kontamination als auch bei Fremdkörperbefund wie Glas- oder Metallsplitter bedarf es im Rückrufmanagementsystem eines nachhaltigen Warenentsorgungskonzepts. Bei einem Salmonellen- oder Listerienbefund sollte mit der Behörde und anschließend mit den Handelspartnern abgestimmt werden, wie und wo die Ware beispielsweise thermisch entsorgt wird. Mit dem beauftragten Entsorger, der teilweise entsprechend lizenziert sein muss, sollte eindeutig die Entsorgungsart, mögliche weitere Verwendungen (z. B. im Tierfutter etc.) und vor allem die Nachweisführung besprochen werden.

Es muss berücksichtigt werden, dass in Zeiten der Just-in-time-Logistik bei den meisten Outlets nur noch marginale Lagerflächen verfügbar sind, insbesondere bei temperaturgeführter Ware. Daher sollte die Marktentnahme und Spedition der betroffenen Ware entsprechend abgestimmt werden. Die Entsorgung von z. B. nicht verkehrsfähigen Getränken, infolge von Bierschädlingen wie Keimen, sollte mit den zuständigen Behörden dahingehend verhandelt werden, inwieweit eine stark verdünnte Beimischung im Abwasser möglich ist, ohne gegen das Umweltschadengesetz zu verstoßen.

Bei Warenrückruf infolge von Verpackungs- oder Etikettierungsproblemen sollte besonders berücksichtigt werden, inwieweit die Ware als Rework genutzt werden kann, ohne dass es zu neuerlichen Produktmängeln aufgrund von Fehldeklarationen (Mindesthaltbarkeit etc.) oder möglichen Kreuzkontaminationen kommen kann.

Auch wenn die Entsorgungsgebühren zwischenzeitlich erheblich erhöht wurden, so sollte die Entsorgung schadhafter Ware nicht nur unter Kostengesichtspunkten, sondern im Sinne des Verbraucher-, Umwelt- und somit des aktiven Image- und Unternehmensschutz erfolgen.

2 Instrumente zum Rückrufmanagement

MICHAEL LENDLE

Oftmals sind die Übergänge vom aktiven Krisenmanagement zum direkten Rückrufmanagement bedauerlicherweise sehr zeitnah gestaltet. Daher sollte der Krisenstab unter der Leitung der Geschäftsführung ebenfalls für sämtliche Rückrufaktivitäten zuständig sein, auch wenn die Durchführung und Koordination des Rückrufs von einem eigens hierfür eingerichteten Team erfolgt.

Sollte der Krisenstab

• anhand der vorliegenden Unterlagen und Informationen,

• aufgrund einer behördlichen Anordnung oder

• auf Wunsch eines Kunden

beschließen, die betroffene Ware vom Markt zurückzurufen, so sind die Mitglieder des Rückrufteams von dieser Entscheidung in Kenntnis zu setzen und entsprechende Maßnahmen einzuleiten.

Die Entscheidung zur Einberufung des Rückrufteams und die Umsetzung relevanter Maßnahmen sind von Beginn an zu protokollieren. Der eingesetzte Rückrufkoordinator prüft die übermittelten Informationen auf Vollständigkeit und veranlasst die Einbindung entsprechender Stellen und die Information der Ansprechpartner.

2.1 Rückrufteam (intern)

Wie im Krisenstab so müssen auch im Rückrufteam bestimmte Funktionen definiert sein, damit zentrale Aufgaben im Zuge der Rückrufaktion übernommen werden können. In Ergänzung zum Aufgabenfeld des Krisenstabs sind im Rückrufteam mindestens folgende Kompetenzen elementar:

• Geschäftsführung

    o   Einberufung des Rückrufteams und Benachrichtigung der Gesellschafter

    o   Ansprechpartner gegenüber Dritten (Banken, Versicherung, Behörden etc.)

    o   Ansprechpartner gegenüber Vertragspartnern (Kunden, Spedition etc.)

- Verkauf, Vertrieb und Marketing:

  o Information der Kunden zur Rückholaktion

  o Einbindung und Beauftragung der Spedition

  o Steuerung der Rückrufaktion bis zur Vernichtung der Ware

  o Prüfung der Bestände und des Verbleibs betroffener Ware

- Logistik:

  o Identifizierung betroffener Artikel und Ansprache der Kunde

  o Organisation der Marktentnahme und Vernichtung betroffener Produkte

  o Bericht über die Marktentnahme und Vernichtung

Um einen ungehinderten Ablauf bei der Marktentnahme zu gewährleisten, sollten alle verantwortlichen Mitarbeiter nicht nur erreichbar, sondern ebenfalls die Stellvertretung eindeutig geregelt sein. Auch auf Seiten der Kunden sollten ein Ansprechpartner und die Stellvertretung klar definiert sein, denn im Falle eines Rückrufs ist sowohl Schnelligkeit wie auch Vertraulichkeit unbedingt einzuhalten. Auch hier gilt es, ebenfalls außerhalb der normalen Geschäftszeiten sowie an Wochenenden und Feiertagen operativ zu bleiben.

2.2 Rückrufteam (extern)

Sollte sich der Rückruffall aufgrund von Unregelmäßigkeiten oder Unvorhersehbarem komplexer oder komplizierter gestalten, ist es ratsam, weitere Experten zur Unterstützung hinzuzuziehen. Von Nutzen können dabei Experten aus folgenden Bereichen sein:

- Beratung und Betreuung im Rückruffall

- Rechtsbeistand und Behördenkontakt

- Versicherung und Haftung

- Öffentlichkeits- und Pressearbeit

- etc.

Auch bei diesen Kompetenzen handelt es sich häufig um Experten, die nicht zum Mitarbeiterstab des Unternehmens zählen. Daher sind für diese externen Partner detaillierte Listen mit Ansprechpartnern und Stellvertretern vollständig und aktuell zu führen.

2.3 Arbeiten im Rückrufteam

Hat sich das Unternehmen zum Rückruf betroffener Produkte entschieden, muss die gesamte Aktion schnell und erfolgreich verlaufen. Nur so lässt sich der drohende Schaden durch den weiteren Verbleib der Ware am Markt eingrenzen. Dieses effiziente Vorgehen verlangt allerdings einen klar strukturierten Ablauf im Rückrufmanagement. Und das bedeutet, von Anfang an folgende Parameter zu definieren:

• Art des Rückrufs (offen, still, behördlich angeordnet)

• Rückruf-Umfang

• Rückverfolgung der Ware in Richtung Abnehmer (Kunde, Verbraucher)

• Rückrufkommunikation

• Warensicherung, Rücktransport und ggf. Vernichtung

• Rückruf-Überwachung und Kontrolle

• Beendigung des Rückrufs und

• Auswertung des Rückrufs

Die Berücksichtigung und Einhaltung dieser Aktionsparameter ist durch zuvor festgelegte Prozessschritte möglich. Die erforderlichen Prozessschritte lassen sich anhand eines standardisierten Rückrufplans nachvollziehen und protokollieren.

Die entsprechenden sachspezifischen und chronologischen Aktivitäten des Rückrufteams gestalten sich im Falle einer Marktentnahme betroffener Produkte im Einzelnen wie folgt:

1. Festlegung des Rückruf-Umfangs: Welches Produkt in welcher Menge?

2. Festlegung der Art des Rückrufs:

   o stiller Rückruf über die entsprechenden Vertriebswege

   o öffentlicher Rückruf über die Medien: Tages-Presse, Radio, Fernsehen, Internet-Homepage

   o behördlich angeordneter Rückruf

3. Ermittlung der Rückruf-Ware

   o Ermittlung der Auslieferungen und Auslieferwege der Rückruf-Ware (Produkt, Hersteller, Lieferant, Auslieferdatum, Ausliefermenge, Lieferadresse inkl. Telefon)

   o Ermittlung der betroffenen Kunden (Namen, Telefon- und Fax-Nummer)

4. Aktiver, schneller Rücktransport durch geeigneten Logistiker (schnellstmögliche Kontaktaufnahme) sowie Überprüfung der Notwendigkeit eventueller Vernichtung der Ware

5. Festlegung der Rückrufkommunikation

   o Zielgruppen

   o Umfang/Inhalt der Rückruf-Mitteilung

6. Start des Rückrufs

   o Information der Logistikkette/Kunden per Fax mit vorbereitetem Antwortfax (inklusive Mengenabfrage)

   o Anschließend telefonisch nachfassen zwecks Klärung des Fax-Eingangs und eventueller Rückfragen. Telefonate stets protokollieren!

7. Überwachung der Rückruf-Effizienz

8. Prüfung weiterer Maßnahmen, z. B. Mitteilung im Rundfunk/Fernsehen, Zeitungsannoncen

9. Klärung der Verwendung/Vernichtung der Rückrufware, ggf. sofortige Vernichtung mit Vernichtungsnachweis

10. Erarbeitung einer FAQ-Liste (häufig gestellte Fragen) mit vorbereiteten Antworten für die am häufigsten gestellten Fragen

11. Beendigung des Rückrufs

Behr's Verlag, Hamburg

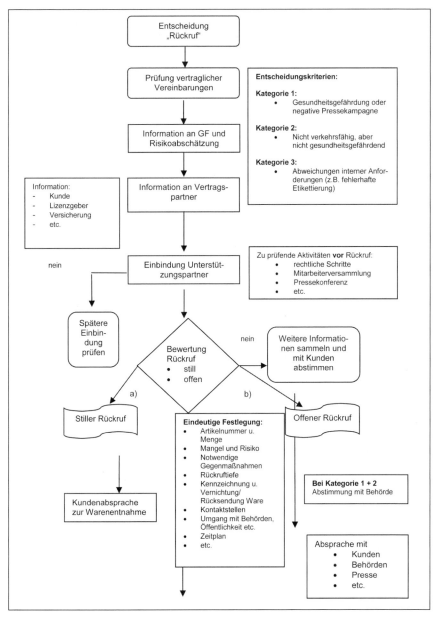

Abb. 2.3-1   Rückrufablaufplan

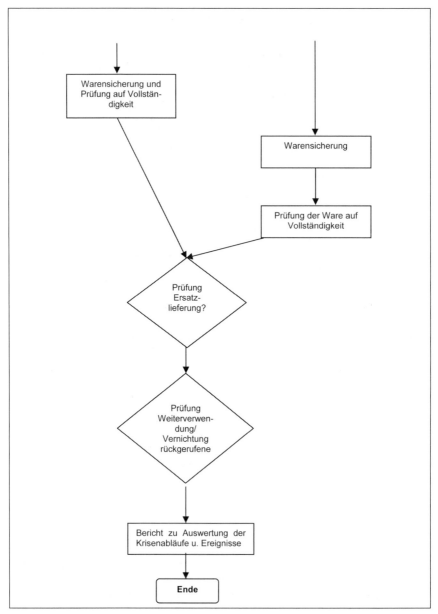

Abb. 2.3-1   Rückrufablaufplan (Fortsetzung)

2.4   Unterstützende Prozesse

Für die Abwicklung der Rückrufaktion sind weitere Prozesse von großer Bedeutung. Nur wenn der Ablauf dieser unterstützenden Prozesse reibungslos funktioniert, können die Aktionsparameter und die einzelnen Aktivitäten erfolgreich koordiniert und durchgeführt werden. Am Beispiel „Rückverfolgbarkeit" und „Rückrufaktion" wird dies deutlich.

Für die Rückverfolgung der Ware ist eine eindeutige Identifikation der betroffenen Produkte entscheidend. Daher ist die Kennzeichnung der Rohwaren bis in das jeweilige Endprodukt nach Verlassen des Unternehmens über den Kunden bis zum Endverbraucher unerlässlich.

Die exakte und genaue Kennzeichnung soll die Identifikation der Materialien auf allen Stufen des Prozesses gewährleisten und es möglich machen, gesammelte Prozessdaten und deren Auswertungen mit den bestimmten Materialien zu verbinden. Das bedeutet auch eine konsequente Kennzeichnung der Halbfertigwaren und Endprodukte innerhalb des gesamten Produktionsprozesses von der Warenannahme bis über die Auslieferung hinaus.

Dies setzt voraus, dass Waren bei der Annahme – soweit sie nicht durch die Lieferanten ausreichend gekennzeichnet sind – mit einer eigenen internen Chargennummer erfasst und gekennzeichnet werden. Im Bereich der Herstellung werden die Rohwaren entsprechend der codierten Fertigungsaufträge dokumentiert und die Endprodukte an den einzelnen Einheiten, den Verpackungskartons und den Paletten gekennzeichnet. Die Auslieferung der Waren an Abnehmer bzw. Kunden erfolgt unter Dokumentation der Chargen auf den Lieferscheinen, um die Rückverfolgbarkeit zu gewährleisten.

Durch Auswertung vorhandener Produktions-, Be- und Auslieferungs- sowie von Lagerdaten werden die Auslieferungen und Bestände des betroffenen Artikels ermittelt. Die Bestandsdaten werden mit den vor Ort aufgenommenen Beständen im Bereich des Lagers zur Sicherheit verglichen. So sind folgende Daten umgehend festzustellen:

- Menge der produzierten Ware,

- Bestand im Lager und

- ausgelieferte Artikelmenge mit Adressat.

In Absprache mit dem Abnehmer oder Kunden sollte die Ware als gesperrt gekennzeichnet und separat von Bestands- und Lagerware abgestellt werden. Sollte die Geschäftsführung überdies auf der Basis der vorliegenden Informationen zu der Entscheidung kommen, eine Rückrufaktion durchzuführen, so geschieht dies in Abstimmung mit den zuständigen Behörden. Die Rückrufebene wird entsprechend der

Risikoabschätzung und in Abhängigkeit von den Beanstandungen und Reklamationen festgelegt. Folgende Szenarien sind denkbar:

- Rückruf bis zum Endverbraucher mit Informationen an Presse und Behörden: dieser Fall tritt bei fehlerhaften Produkten auf, die für den Verbraucher gesundheitsgefährdend sind.

- Rückruf bis zum Handel.

- Rückruf bis zum externen Lager und Zwischenlager.

- Sperren der internen Lager, Rücknahme nur bei Reklamationen (dieser Fall ist kein eigentlicher Rückruf).

Eine entsprechende schriftliche Anweisung sollte mit folgenden Elementen erstellt werden:

- Rückgerufenes Produkt (Identifikation und betroffene Märkte),

- Rückrufebene (Lager, Handel, Konsumenten),

- Informationstiefe (Vertriebsnetz, Presse, Behörden),

- Kontaktstellen (Personen, Informationsgehalt und Medien) und

- Entsorgung bzw. Weiterverwertung des Produkts (wo, wie, wer).

Der betroffene Kunde wird über den Krisenfall informiert, wobei anlässlich dieser Kontaktaufnahme die Frage geklärt werden sollte, inwieweit Produkte der betroffenen Charge sich noch innerhalb des Verfügungsbereichs des Kunden befinden, wie sich der Bestand in den Verkaufsstellen verhält und im welchem Umfang bereits Abverkauf an den Endverbraucher erfolgt ist.

2.5 Rückrufkommunikation - Information der Behörden und Öffentlichkeit

Neben der Information der Abnehmer oder Kunden über den entschiedenen Rückruf sind ggf. weitere Zielgruppen in Kenntnis zu setzen:

- Behörden: Lebensmittelüberwachung, Polizei, Gewerbeaufsicht etc.

- interne Mitarbeiter

- ggf. Medien (für öffentliche Infos)

- externe Berater

Die zuständigen Behörden müssen unter strikter Wahrung der gesetzlichen Vorgaben von der Geschäftsführung oder einem eindeutig benannten und autorisierten Mitglied des Krisenstabs informiert werden. Folgende Daten zum Sachverhalt sind hierbei für einen Informationsaustausch mindestens notwendig:

- Art der Kontamination der betroffenen Produkte

- Informationen zu Rohmaterialien: Herkunft (Lieferant), Kennzeichnung, Analyseprotokolle etc.

- Informationen zur Herstellung: Produkte, Quantität, Analyseprotokolle, Lagerbestand etc.

- Kontaminationsursachen im Unternehmen (intern, extern)

- mögliche Kreuzkontamination mit anderen Produktlinien etc.

- Informationen zur Distribution: Datum, Zeit, Koordinaten der Kunden, regionale, nationale oder internationale Distribution, Rechnungen, Lieferscheine etc.

Weitere Informationen, die oftmals von Behörden eingefordert werden, betreffen die bisherige und künftige Vorgehensweise im Krisen- und Rückrufmanagement:

- Details zum betroffenen und zurückzurufenden Produkt

- Details über mögliche Gesundheitsgefahren, Symptome, Maßnahmen zum Gesundheitsschutz

- bisher im Unternehmen durchgeführte Maßnahmen

- Hinweise zur Isolierung, Kennzeichnung oder Vernichtung der betroffenen Produkte

- Regelung des Rücktransports sowie Rückmeldungen an die Firma

- Timing für weitere Anweisungen

- ggf. Info über Rückruf-Mitteilung an andere Zielgruppen

Sollte die Krise über die Medien an das Unternehmen gelangt sein oder ist aufgrund der Krisenlage ein öffentlicher Ruckruf auf Druck des Kunden oder nach Vorgabe der Behörden unumgänglich, muss die Öffentlichkeit informiert werden. Dies muss durch ein qualifiziertes und trainiertes Mitglied der Geschäftsführung oder des Krisenstabs erfolgen. Wichtig ist es, im Vorfeld mit Behörden und Kunden den genauen Inhalt und die Art der Information schriftlich festzulegen. In vorbereiteten Standardbenachrichtigungen sollten zumindest die folgenden Fragen eindeutig beantwortet sein:

- Was   ist passiert, worum geht es überhaupt?

               wurde vom Unternehmen im Sinne des vorbeugenden Verbrau-
               cherschutzes bzw. zur Schadensbegrenzung bereits veranlasst?

- Wer   ist davon betroffen, welche Personen sind wichtig?

- Wann   ist etwas passiert, über welchen Zeitpunkt sprechen wir?

- Wo   ist etwas geschehen, bzw. passiert?

- Warum   ist etwas passiert?

- Wie   ist etwas passiert?

Informationen, die durch die Medien an die Öffentlichkeit weitergegeben werden, müssen durch eine beauftragte Stelle gesammelt und an den Krisenstab übermittelt werden, um bei Fehlinformation durch die Medien rechtzeitig einschreiten zu können. Dies kann einen unnötigen Imageverlust verhindern. Beim Umgang mit Medien ist vor allem zu beachten:

- vorab Inhalte mit Kunden und Behörden abstimmen,

- stets bei der Wahrheit bleiben,

- nur ein Ansprechpartner wendet sich an die Medien,

- klare Inhalte, Termine und Ort vereinbaren,

- Pressekonferenzen und Interviews immer an neutralen Standorten, d. h. außerhalb des Unternehmens führen.

Um auf Fragen von Medienvertretern, Endverbrauchern und Kunden schnell und präzise im Fall der Krise antworten zu können, sollte eine Hotline eingerichtet werden. Durch den Krisenstab im Vorfeld formulierte Antworten müssen hierzu bereitgestellt werden. Wichtig ist eine einheitliche und exakte Informationsweitergabe durch ggf. speziell trainiertes und qualifiziertes Personal.

Im Bereich des Internetauftritts des Unternehmens sollten ebenfalls die Informationen zu der Krise hinterlegt werden. In diesem Falle ist die Unterstützung durch eine Agentur angeraten.

2.6 Reporting und Auswertung

Die Protokollierung der Rückrufaktion ermöglicht, nach Abschluss der Marktentnahme die durchgeführten Aktivitäten, Prozessschritte und Entscheidungswege kritisch zu analysieren und zu evaluieren. Diese Bewertung der Effizienz einer Rückrufaktion sollte anhand bestimmter Kriterien erfolgen:

• Liste der Fax-Ausgänge an betroffene Kunden

• Liste der Rückmeldung betroffener Kunden (Telefon, Fax)

• Liste der gesperrten, vernichteten, zurückgelieferten Ware

• Feststellung des physischen Lagerbestandes

• Differenz zur Gesamtmenge

Im Rahmen einer weitergehenden internen Überprüfung sollten die Ergebnisse mit Korrekturmaßnahmen und Verbesserungen dokumentiert werden. Die Inhalte dieser Evaluierung lassen sich wie folgt gliedern:

• Überprüfung der Rückholdiagramme anhand derer die Unternehmensstrukturen und jeweils verantwortlichen Positionen beschrieben sind (Flowcharts, Checklisten etc.)

• Prüfung der Identifikation betroffener Produkte wie auch Kennzeichnung und Chargenrückverfolgung über sämtliche Rohwarenerfassungs-, Produktions-, Distributions- und Vertriebsstufen hinweg

• kritische Überprüfung der Ablaufprozesse im Rückrufteam, Kontaktaufnahme und Information der betroffenen Kunden und ggf. vor- und nachgelagerten Strukturen

• Analyse der Kooperation mit den zuständigen Behörden und der Einbindung externer Partner zur Unterstützung

• Prüfung möglicher Trainingsinhalte und -maßnahmen zur Qualifizierung von Mitarbeitern im Bereich Rückrufmanagement, -kommunikation und -nachbereitung.

Ein entsprechender Abschlussbericht sollte der Geschäftsführung und weiteren verantwortlichen Mitarbeitern vorgelegt werden.

2.7 Rückrufbeendigung

Die Überprüfung der Rückrufeffizienz dient auch der rechtzeitigen Beendigung einer Rückrufaktion. Für gemeinhin gilt dann eine erforderliche Rücknahme betroffener Produkte als beendet, wenn folgende Aspekte zur Zufriedenheit aller Beteiligten erfüllt wurden:

- Überprüfung der Vollständigkeit der zurückgerufenen Ware (Inventur, Plausibilitätsabgleich)

- Feststellung des Verbleibens fehlender Mengen

- Information Personen, Institutionen, die an der Rückrufaktion beteiligt waren

- Information der Öffentlichkeit

- Sperrung, Sicherung und Entsorgung der zurückgerufenen Ware

- Dokumentation und Auswertung der Ergebnisse, Erfahrungen

Sollte einer dieser Punkte nicht oder nur teilweise erledigt sein, muss ein detaillierter Auftrag zum weiteren Vorgehen wie Prüfung der Ware, Klärung des Verbleibs der Ware, Entsorgung betroffener Produkte etc. erfolgen.

2.8 Einbindung professioneller Rückrufberater

Wie im Ablauf des gesamten Krisenmanagements so kann auch im Rückrufmanagement die Einbindung externer Berater für ein regelgerechtes und effizientes Vorgehen von Nutzen sein. Oftmals helfen professionelle Rückrufberater alleine durch ihre ständige Unterstützung und Überprüfung bei der Entscheidungsfindung und der Durchführung erforderlicher Maßnahmen.

Im Falle einer Rückrufaktion wird die Unterstützung durch einen Berater oftmals zu folgenden zentralen Managementfeldern angefragt:

- Art des Rückrufs

- Rückruf-Umfang

- Rückrufkommunikation

- Rückruf-Überwachung und Kontrolle

- etc.

Die Funktion des Rückrufberaters liegt allein in der Unterstützung des Rückrufteams. Eine Leitung des Teams oder Übernahme von Entscheidungen hinsichtlich der Rückrufaktion fällt verständlicherweise nicht in den Aufgabenbereich eines Rückrufberaters.

2.9 Rückrufübung

Damit die Funktionsträger, die eingesetzten Instrumente und mitgeltenden Dokumente unterjährig angepasst werden können, sollte mindestens einmal jährlich eine Krisen- und Rückrufübung durchgeführt werden. Dies wird durch den Krisenkoordinator oder einen externen Berater vorbereitet und moderiert.

Dabei kann entweder eine reine Chargenrückverfolgung mit zusätzlicher Überprüfung des Behördenmanagements erfolgen oder im Rahmen einer Simulation ebenfalls die Kommunikation mit den Handelskunden, den Verbrauchern, Medienvertretern und z. B. dem ermittelnden Staatsanwalt erprobt werden.

Die Ergebnisse werden in einem Bericht validiert, innerhalb dessen u. a. notwendige Anpassungen des Systems, identifizierter Trainingsbedarf sowie die notwendige Einbindung zusätzlicher interner und externer Ressourcen beschrieben wird.

3 Rückverfolgbarkeit – Tracking & Tracing

ANGELA SCHILLINGS-SCHMITZ

3.1 Rückverfolgbarkeit gestalten – „from farm to fork"

Rückverfolgbarkeit und Warenrückruf sind für die Lebensmittelbranche inzwischen zum festen Bestandteil des Tagesgeschäftes geworden. In regelmäßig wiederkehrenden Abständen erreichen uns Warnmeldungen einzelner Unternehmen über die Medien, bestimmte Produkte/Artikel nicht weiter zu verwenden und zum Händler zurück zu bringen. Anlässe für offene Warenrückrufe oder verdeckte Warenrücknahmen sind neben technischen Sicherheitsmängeln die Nicht-Erfüllung der Produktqualität oder der vorzeitige Verderb von Lebensmitteln mit potenziellen Gesundheitsrisiken.

Lebensmittelkrisen waren in den letzten Jahren häufig aber nicht auf einzelne Produkte und Unternehmen beschränkt, sondern betrafen grenzüberschreitend die gesamte Branche und breiteten sich wie im Fall der BSE-Krise teilweise sogar über mehrere Kontinente aus. Unzureichende und falsche Produktdeklaration sowie lückenhafte Dokumentation in der Lieferkette haben immer wieder dazu geführt, dass die von der Krise betroffenen Unternehmen sowie der Ursprung der für die Krise verantwortlichen Rohstoffe nur schwer ermittelt werden konnten. Eindeutige Aussagen über das Ausmaß der Betroffenheit eines Unternehmens von der Krise waren hier in vielen Fällen nicht möglich oder erforderten einen immensen Aufwand an Recherchen. Darüber hinaus trägt die zunehmende Globalisierung zu einer Vervielfachung der Warentransporte und einer fortschreitenden Vernetzung der Datenströme bei.

Die Entscheidung für oder gegen einen Warenrückruf ist stets von wirtschaftlichen Entscheidungen maßgeblich beeinflusst. Entscheidet sich ein Unternehmen vorzeitig für einen Rückruf oder zögert es bei einem gerechtfertigten Rückruf, sind sowohl deutliche Imageschäden und Vertrauensverlust durch den Kunden, als auch hohe Umsatzverluste bis hin zum Konkurs die Folge. Ein effizientes Rückverfolgbarkeitssystem stellt im gesamten Lebensmittelbereich heute somit eine unverzichtbare Voraussetzung zur Schadensminimierung im Ereignisfall dar. Für eine wirksame Funktion des Systems sind der ganzheitliche Prozessansatz der Wertschöpfungskette und die kollektive Verantwortung des Einzelnen in dieser von grundlegender Bedeutung. Nach der Neuausrichtung der Lebensmittelgesetzgebung (EU-Verordnung (EG) Nr. 178/2002) ergibt sich eine verstärkte Betrachtung der Produktionsketten von Lebensmitteln mit folgenden Konsequenzen: Stärkung der juristischen Unternehmer-verantwortung (Produkthaftung), Abwendung von der traditionellen Endproduktkon-trolle hin zur Prozesskontrolle, Bedeutungszuwachs für Eigenkontrollsysteme auf allen Stufen der Lebensmittelkette, Forderung der Rückverfolgbarkeit "one step up – one step down" auf allen Produktionsstufen. Erstmals wurde damit eine sowohl hori-zontal, als auch vertikal geltende Verordnung geschaffen, mit der europaweit die Verpflichtung zur Rückverfolgbarkeit für die gesamte food chain einheitlich geregelt wird. Nach der Verordnung (EG) Nr. 853/2004 mit spezifischen Hygienevorschriften für Lebensmittel tierischen Ursprungs besteht seit dem 1. Januar 2008 die Informati-onspflicht zur Lebensmittelkette. Demnach müssen für jede einzelne Schlachtpartie bereits 24 Std. vor der Schlachtung Begleitinformationen zu Aspekten wie Tierge-sundheit, Arzneimitteleinsatz usw. im Schlachthof vorliegen.

Unter „Rückverfolgbarkeit" im Sinne der Verordnung (EG) Nr. 178/2002 versteht man die Möglichkeit, ein Lebensmittel oder Futtermittel, ein der Lebensmittelgewin-nung dienendes Tier oder einen Stoff, der dazu bestimmt ist oder von dem erwartet werden kann, dass er in einem Lebensmittel oder Futtermittel verarbeitet wird, durch alle Produktions-, Verarbeitungs- und Vertriebsstufen zu verfolgen. In der Praxis wird mit dem englischen Begriff der „Traceability" allgemein die Rückverfolgung von Einheiten in der Lieferkette verstanden. Die Rückverfolgbarkeit von Lebensmitteln, Futtermitteln, Tieren zur Lebensmittelgewinnung und Stoffen, die möglicherweise der Herstellung von Lebensmitteln und Futtermitteln dienen, muss in der gesamten Lebensmittelkette gewährleistet sein.

TRACING: Dem Gesetz nach sind alle Lebensmittel- und Futtermittelunternehmer dazu verpflichtet, rückverfolgen zu können, von welchen Lieferanten sie ein Le-bensmittel, Futtermittel oder ein Tier bzw. sonstigen Stoff zur Lebensmittel- oder Futtermittelgewinnung erhalten haben. Jedes Unternehmen muss hierzu über ein betriebseigenes Rückverfolgbarkeitssystem verfügen.

TRACKING: Über dieses System muss nachvollzogen werden können, welchem Kunden Sie ein Lebensmittel, Futtermittel oder ein Tier bzw. sonstigen Stoff zur Lebensmittel- oder Futtermittelgewinnung geliefert haben.

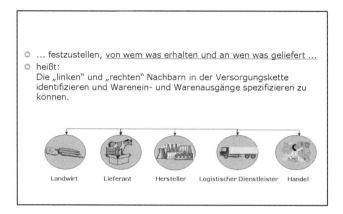

○ ... festzustellen, <u>von wem was erhalten und an wen was geliefert</u> ...
○ heißt:
Die „linken" und „rechten" Nachbarn in der Versorgungskette identifizieren und Warenein- und Warenausgänge spezifizieren zu können.

Landwirt   Lieferant   Hersteller   Logistischer Dienstleister   Handel

Abb. 3.1-1   Gesetzliche   Anforderungen   an   die   Rückverfolgbarkeit (Quelle: GS1 Germany)

Konkrete Anforderungen an die Ausgestaltung und Güte des Rückverfolgbarkeitssystem bestehen derzeit nicht. Insbesondere schreibt die Verordnung auch die Rückverfolgbarkeit einzelner Fertigproduktchargen bis auf die darin verwendeten Zutaten oder Rezepturbestandteile nicht vor. Diese hätten einerseits spürbare Einschränkungen für die Unternehmen zur Folge und können in Einzelfällen zu Umsetzungsschwierigkeiten führen. Konkrete und detaillierte Vorgaben bezüglich der Qualität des Rückverfolgbarkeitssystems wie z. B. Anforderung an die Genauigkeit der Rückverfolgbarkeit oder Art und Umfang der zur Sicherstellung der Rückverfolgbarkeit geforderten Daten würden andererseits jedoch neben der leichteren Erstellung eines solchen Systems eine gewisse Einheitlichkeit der Rückverfolgbarkeitssysteme bewirken und wären somit einer objektiveren Beurteilung durch die Überwachungsbehörden zuträglich. So erhält also jedes Unternehmen die Möglichkeit, das geforderte Rückverfolgbarkeitssystem den betrieblichen Gegebenheiten, Erfordernissen und Vorstellungen angemessen auszurichten. Dieses kommt insbesondere kleinen und mittelständischen Betrieben mit Personalschwerpunkt in der Produktion, der Gastronomie und Gemeinschaftsverpflegung, dem Handel sowie dem landwirtschaftlichen Bereich entgegen.

Die Einflussfaktoren auf die Ausgestaltung des Rückverfolgbarkeitssystems sind vielfältig; hierzu zählen insbesondere die Produktkategorie und der Tätigkeitsbereich des Unternehmens, die Unternehmensgröße, die Anzahl und Art der Produkte mit Rückverfolgbarkeitspflicht, die Unternehmensphilosophie bzw. unternehmensinterne Anforderung an die Genauigkeit der Rückverfolgbarkeit, die technische Ausstattung des Betriebes und der Anteil handwerklicher Tätigkeit, zusätzliche Kundenanforderungen (z. B. Zertifizierung nach dem QS-Prüfzeichen, IFS oder der ISO 9001:2000 bzw. DIN EN ISO 22000), sowie der EDV-Einsatz bzw. die Nutzung moderner Identifikations- und Kommunikationsstandards.

Die Eigeninitiative einzelner Branchen in der Lebensmittelindustrie und die Verschärfung der Gesetzgebung im Fleischbereich, hat bereits eine Vielzahl praktikabler Rückverfolgbarkeitssysteme entstehen lassen. Betreibt ein Unternehmen ein System, bei dem die Warenrückverfolgbarkeit beispielsweise bis hin zu einem MHD mit bestimmter Charge möglich ist, so entstehen im Produktionsprozess selbst weitaus höhere Kosten, als wenn die Rückverfolgbarkeit nur bis zu einer Verpackungseinheit erfolgt. Im letzteren Falle ist der Warenwert der zurückgerufenen Ware jedoch wesentlich höher. Je genauer ein Rückverfolgbarkeitssystem ist, desto geringer sind die Suchkosten. Es liegt daher im Eigeninteresse der Wirtschaft, durch intelligente Rückverfolgbarkeitssysteme zu gewährleisten, dass im Ereignisfall, mit geringst möglichem Aufwand sämtliche Chargen eines betroffenen Produktes, darin verarbeitete Rohware und weitere Erzeugnisse mit Rohware selben Ursprungs fehlerfrei und vollständig über die gesamte Lieferkette identifiziert und in kürzester Zeit aus dem Verkehr gezogen werden können. So wird es möglich, im Interesse der Wirtschaft und der Behörden gleichermaßen, eine emotionale Reaktion der breiten Öffentlichkeit zu vermeiden.

In einer Vielzahl von Unternehmen hat in den letzten Jahren bereits ein Wechsel vom Funktionsdenken hin zum Prozessdenken stattgefunden. Ende 2004 wurde eine Empfehlung an die Konsumgüterwirtschaft und ihre Vorlieferanten zur Rückverfolgbarkeit von Produkten und effizienten Warenrückruf formuliert, welche Teil des Supply Chain Management Handbuches von GS1 ist. Im Vordergrund dieser unternehmensübergreifend vereinbarten, freiwilligen Best-Practice-Empfehlung steht die gezielte Rückverfolgung von Produkten sowie Prozessvereinbarungen für einen optimalen Warenrückruf. Basis für diese Lösungen bilden die Verwendung der EAN•UCC Identifikations- und Kommunikationsstandards, welche sicherstellen, dass alle Beteiligten in der food-chain eine gemeinsame, eindeutige „Sprache" sprechen. Grundlage für diese Empfehlung bildet die Überzeugung, dass nur eine enge Zusammenarbeit aller Beteiligten in der Wertschöpfungskette effiziente Systeme zur Rückverfolgbarkeit von Produkten und ein höchstmögliches Niveau für den Verbraucherschutz bieten kann. Dadurch soll sichergestellt werden, dass Produkte und deren Inhaltsstoffe jederzeit gezielt verfolgt bzw. rückverfolgt werden können und im Fall eines Warenrückrufes – soweit technisch machbar und wirtschaftlich sinnvoll – zur Begrenzung des Schadens nur das tatsächlich betroffene Produkt aus der Lebensmittelkette entfernt und somit die Auswirkungen einer Krise minimiert wird.

Alle nachfolgenden Ausführungen zu den GS1 Standards sowie weitere Hinweise sind aus dem Kapitel 8 „Rückverfolgbarkeit von Produkten und effizienter Rückruf" des ECR Supply Chain Management Handbuches, dem EAN 128-Handbuch oder weiteren Broschüren oder Publikationen von GS1 Germany entnommen.

3.2 Konsequente Produktführung (z. B. Rework)

Für eine konsequente Produktführung und Durchgängigkeit der Rückverfolgbarkeit ist eine sorgfältige Definition der entsprechenden Schnittstellen von entscheidender Bedeutung. Hierzu ist es erforderlich, dass sämtliche Fertigwarenchargen mit den Rohwahrenchargen (einschließlich verwendeter Hilfsstoffe) verknüpft sind.

Der Behandlung von Rework kommt innerhalb des betrieblichen Rückverfolgbarkeitssystems eine besondere Bedeutung zu. Der Aufwand zur Sicherung der Rückverfolgbarkeit bei nachgearbeiteten Produkten oder Rework ist ungleich höher. Dies gilt gleichermaßen für im Betrieb nachgearbeitete Produkte (z. B. durch Umpacken, manuelle Nachsortierung o. Ä.) oder dem Produktionsprozess wieder zugeführte Fertigerzeugnisse (Retouren), wie es beispielsweise bei der Brotherstellung üblich ist. Hier wird ein bestimmter Anteil an Altbrot der Teigherstellung nochmals zugeführt. Für eine klare Zuordnung ist es daher besonders wichtig, dass auch Rework-Material analog zu anderen Rohwaren behandelt wird und nach Möglichkeit eine konsequente Verknüpfung der Ursprungschargen mit den neuen Produktionschargen erfolgt.

Da die konsequente Produktführung und die Möglichkeit zur lückenlosen Rückverfolgbarkeit aller Fertigerzeugnis-Chargen auf die verwendete Rohware sowie die Verfolgung der weiteren Produktionsströme, in denen die entsprechende Rohware zum Einsatz gekommen ist, für die Lebensmittelsicherheit eine zentrale Rolle spielt, wurden u.a. im IFS (Internationale Food Standard) konkrete Anforderung an die Rückverfolgbarkeit unter Einbezug von Rework formuliert:

- die Vorlage von Spezifikationen für Rework als Rohware,

- die Validierung, Überwachung und Dokumentation von Rework,

- die Sicherstellung der Rückverfolgbarkeit bei Nacharbeit und Verarbeitung von Rework,

- die Festlegung konkreter Produktions- und Arbeitsabläufe von der Warenbeschaffung bis zur Auslieferung (konsequente Produktführung).

Für die Realisierung einer konsequenten Produktführung und zum Aufbau eines effizienten betrieblichen Rückverfolgbarkeitssystems ist jedem Unternehmen zu empfehlen, ein EDV-basiertes Warenwirtschaftssystem zu betreiben, welches alle Warenbewegungen auf Chargenebene von der Warenannahme bis zur Auslieferung in Echtzeit abbildet!

3.3 Rückverfolgbarkeit per Knopfdruck

Auch wenn seitens des Gesetzgebers die Ausgestaltung des Rückverfolgbarkeitssystems nicht im Detail festgeschrieben ist, erfolgt deren Bewertung durch die zuständigen Behörden nach dem Grundsatz der Effizienz. So liegt es im Eigeninteresse der Wirtschaft selbst, durch intelligente Rückverfolgbarkeitssysteme zu gewährleisten, dass im Ereignisfall, mit geringst möglichem Aufwand, sämtliche Chargen eines betroffenen Produktes, darin verarbeitete Rohware und weitere Erzeugnisse mit Rohware selben Ursprungs fehlerfrei und vollständig über die gesamte Lieferkette identifiziert und in kürzester Zeit aus dem Verkehr gezogen werden können. Voraussetzung für ein funktionsfähiges Rückverfolgbarkeitssystems ist, dass alle rückverfolgbarkeitsrelevanten Daten in einem EDV-basierten Warenwirtschaftssystem in Echtzeit zur Verfügung stehen. Soll das Rückverfolgbarkeitssystem zudem stufenübergreifend sein, müssen die Rückverfolgbarkeitsrelevanten Daten aller Prozessstufen an den Schnittstellen ausgetauscht werden. Alle Beteiligten einer Prozesskette sollten sich mit ihren Kunden und Lieferanten über die Verfahren der Rückverfolgbarkeit im Vorfeld austauschen. Wichtige Informationen sind hierbei:

- die eindeutige Identifikation und Kennzeichnung von Produkten und Produktionsstandorten,

- die Erfassung und Archivierung rückverfolgbarkeitsrelevanter Informationen wie die Dokumentation der Wareneingänge,

- interne Warenverfolgung,

- die Dokumentation der Warenausgänge,

- die Verknüpfung rückverfolgbarkeitsrelevanter Daten,

- die durchgängige Kommunikation der Daten sowie deren zugriffsichere Aufbewahrung.

Die Rückverfolgbarkeit per Knopfdruck in offenen Prozessketten ist ungleich schwerer als in geschlossenen Prozessketten. Zur Realisierung der Rückverfolgbarkeit per Knopfdruck ist es eine unabdingbare Voraussetzung, dass alle rückverfolgbarkeitsrelevanten Daten in einer dezentralen oder zentralen Datenbank gespeichert und bei Bedarf in Echtzeit abgerufen werden können. Für einen effizienten Austausch der Rückverfolgbarkeitsdaten mit der Datenbank und eine hohe Datenqualität ist es wichtig, dass bestehende Medienbrüche im Vorfeld beseitigt und die manuelle Datenverarbeitung und damit verbundene potenzielle Fehlerquellen ausgeschaltet werden. Hierzu bietet sich der Einsatz eindeutiger, international geltender Identifikations- und Kommunikationsstandards in einem strukturierten Format, zu denen auch die weltweit anerkannten GS1 Standards zählen, an.

Das Bundesamt für Verbraucherschutz und Lebensmittelsicherheit (BVL) hat sich zum Ziel gesetzt, vorhandene Informationen intelligent und zuverlässig für eine schnellere Rückverfolgbarkeit einzusetzen. Dazu stellt es sich mittelfristig die Einrichtung eines unabhängigen Trust-Centers mit definierten Zugriffsberechtigungen vor. Hier können die Informationen aus unterschiedlichsten Wertschöpfungsketten zusammenlaufen und somit auch kettenübergreifend und global rückverfolgt werden.

3.4 Möglichkeiten und Risiken der technischen Unterstützung

Der stetig wachsende Warenverkehr in allen Wirtschaftbereichen stellt in der gesamten Lebensmittelkette zunehmend komplexere Anforderung an die Logistik und Kommunikation zwischen Zulieferern, Produzenten, Handel, Distributionszentren und anderen Dienstleistern. Zunehmend betroffen in der Branche sind auch kleine und mittlere Betriebe (KMU) mit handwerklicher Ausrichtung, insbesondere wenn diese Handelsketten beliefern. Entscheidend für die schnelle Funktion dieses komplexen Systems ist die eindeutige Identifikation der Ware, möglichst in Verbindung mit dem Einsatz moderner Kommunikationssysteme von der Datenerfassung über die Datenverarbeitung bis hin zur Datenweiterleitung. Alle Informationen müssen eindeutig und überschneidungsfrei sein und zur störungsfreien Informationsübertragung an den Schnittstellen in formatierter, also standardisierter Form vorliegen. Im Unterschied zu vielen anderen Auto-ID-Lösungen und Datenaustauschformaten bieten GS1 Standards durch ihren hohen Verbreitungsgrad und die internationale Abstimmung zwischen den GS1 Organisationen in über 100 Ländern global einsetzbare Identifikations- und Kommunikationsstandards. Die Vorteile bestehen insbesondere in einer höheren Datenqualität, wodurch Fehler bei der Datenerfassung, Datenverarbeitung und Datenübertragung minimiert werden. Ebenso wird der Aufwand für Dateneingaben minimiert und die Zugriffszeit auf die Informationen verringert; Waren- und Materialbestände können reduziert werden. Damit trägt die Anwendung der Standards nach der Amortisationsphase zu einer insgesamt verbesserten Leistungsqualität und somit neben der Verbesserung der Transparenz und der Effizienz auch zur Kostenersparnis im Unternehmen bei. Voraussetzung hierfür ist jedoch eine entsprechende Kosten- und Investitionsbereitschaft der Unternehmen.

Vorsicht ist beim Einsatz von Auto-ID-Lösungen dort geboten, wo diese nicht auf Standards basieren. Aufgrund ihrer fehlenden Kompatibilitäten an den Schnittstellen zu Kunden und Lieferanten stellen sie daher eine reine Inhouse-Lösung dar. Aber auch bei den Standards steckt der Teufel im Detail. Eine unzureichende Strichcodequalität kann beispielsweise dazu führen, dass die im Strichcode verschlüsselten Daten nicht gescannt werden können und eine manuelle Dateneingabe erforderlich machen.

Die größte Herausforderung bei der Einführung der Standards besteht häufig in der Skepsis der Anwender, die Angst vor der neuen Technologie und dem mit dieser verbundenen Aufwand. Unterstützung beim Aufbau von eBusiness-Kompetenz erhalten kleine und mittelständische Unternehmen durch die PROZEUS-Initiative (**PRO**-**Ze**sse **U**nd **S**tandards im Mittelstand). Unter der Projektleitung von GS1 Germany und dem Institut der deutschen Wirtschaft, gefördert durch das Bundesministerium für Wirtschaft und Technologie, werden KMU in den unterschiedlichsten Pilotprojekten bei der Einführung von Geschäftsprozessen unterstützt, die über digitale Technologien abgewickelt werden. Als Vorreiter in der Branche erzielen die beteiligten Pilotunternehmen einen Wettbewerbsvorteil. Das so gewonnene Wissen und die Erfahrungen hinsichtlich möglicher Stolpersteine bei der Einführung der Technologie und die obligatorische Wirtschaftlichkeitsbetrachtung stellen eine Transferleistung für andere interessierte Unternehmen dar und sind frei zugänglich. Die Anwendung von RFID/EPC stößt im Lebensmittelbereich heute häufig dort an ihre Grenzen, wo es um den Einsatz von Massenware geht und eignet sich daher nur für hochpreisige Produkte, für die Bestelleinheit auf Palettenebene und überall dort, wo eine Pulkerfassung möglich ist. Hier wird die weitere Verbreitung des Standards in den nächsten Jahren mit sinkenden Preisen für beispielsweise RFID-Transponder einhergehen.

3.5 Auto-ID Lösungen und Kommunikation

Auto-ID steht für Techniken zur automatischen Datenerfassung und Datenübertragung. Darunter fallen Technologien wie Barcodes, EDI und RFID. Einen bereits seit Jahren etablierten Standard bietet hier das EAN-Nummernsystem. Die deutsche EAN-Organisation dieses weltweit genutzten Standards, GS1 Germany GmbH (vormals Centrale für Coorganisation/CCG) mit Sitz in Köln, verfügt über eine kartellrechtliche Anerkennung als Rationalisierungsverband. Dieser Status ermöglicht es GS1 Germany, Empfehlungen für Industrie und Handel zu Identifikations- und Kommunikationslösungen in der internationalen Zusammenarbeit mit allen GS1 Länderorganisationen zu entwickeln und zu veröffentlichen. Basis im EAN-Nummernsystem bilden die ILN, die EAN und die NVE.

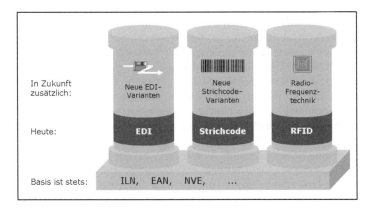

Abb. 3.5-1   Säulen warenwirtschaftlicher Kommunikation (Quelle: GS1 Germany)

Die **ILN** (englisch GLN) ist eine weltweit gültige Nummernstruktur zur eindeutigen Identifizierung von physischen, funktionalen oder rechtlichen Einheiten von Unternehmen und/oder Unternehmensteilen, wie beispielsweise Lager, Lieferpunkte wie Wareneingangsrampen. Die ILN Typ II ist darüber hinaus die Basis für die Bildung der EAN auf Betriebsebene.

Die **EAN** (englisch GTIN) ist eine international abgestimmte, einheitliche und weltweit überschneidungsfreie Artikelnummer für Produkte und Dienstleistungen. Sie bildet die Grundlage für den Einsatz der Scannertechnologie und erleichtert wesentlich die elektronische Kommunikation. Je nach Anwendungsumgebung hat sie ein 8-, 13- oder 14-stelliges Format.

Die **NVE** (englisch SSCC) ist eine international abgestimmte, einheitliche und weltweit überschneidungsfreie 18-stellige Nummer für Versandeinheiten. Sie dient als Kurzident zur elektronischen Kommunikation (EDI) und Identifikation beispielsweise mittels Scanning.

Grundsatz im GS1 System ist, dass jeder Artikel mit signifikant unterschiedlichen Eigenschaften und damit auch jede Artikelvariante durch eine eigene EAN, welche vom Produzenten selbst bestimmt wird, unterscheidbar ist; und das durchgängig von der Handelseinheit über die Bestell- bis hin zur Liefereinheit. Werden Waren vom Lieferanten zum Handel oder entsprechend Upstream mit anderen Artikeln zur Transporteinheit gebündelt oder sollen der Warenfluss logistischer Gebinde verfolgt werden, lassen sich die einzelnen Warenzusammenstellungen durch eine NVE eindeutig identifizieren. Der EAN 128-Standard bietet im Rahmen von Tracking &

Tracing-Konzepten eine in der EAN-Welt geschützte Strichcode-Symbologie, die den Unternehmen Lösungsansätze für den Aufbau und die Umsetzung eines Rückverfolgbarkeitssystems nach der EU-Basisverordnung Nr. 178/2002 unter Berücksichtigung moderner Informationstechnologien und Standards ermöglicht. Neben der klarschriftlichen Angabe von Informationen ermöglich eine Darstellung im Strichcodeformat zudem die automatische Erfassung der Daten mittels Scanning. Voraussetzung für die Nutzung des EAN 128-Standard oder eines anderen Standards der EAN-Gemeinschaft ist eine Mitgliedschaft des Unternehmens bei GS1 Germany. Nur so kann die weltweite Überschneidungsfreiheit und Eindeutigkeit des EAN-Nummernsystems gewährleistet werden.

3.5.1 Der EAN-128-Standard und seine Kernelemente

Der EAN 128-Standard ist überall dort einsetzbar, wo die Kommunikation von Daten zwischen Sender und Empfänger in eineindeutiger, standardisierter Form – z. B. zum Zwecke der Rückverfolgbarkeit – erforderlich ist. Entwickelt wurde er speziell für die besonderen Anforderungen zur Kennzeichnung, Verfolgung und Steuerung logistischer Einheiten. So können heute in der Lebensmittelbranche durch schnelles Scannen alle im EAN 128 verschlüsselten Produktinformationen in der Produktionskette an den Schnittstellen in der innerbetrieblichen Prozesskette schnell und sicher erfasst und dokumentiert werden. Anders als andere Strichcodeformate wie beispielsweise der Code 39 oder Code 128 ermöglicht der EAN 128 mit seiner geschützten Strichcode-Symbologie und dem Datenbezeichnerkonzept eine einheitliche Datenstruktur mit fehlerfreier Dateninterpretation. Die geschützte Strichcode-Symbologie basiert auf folgenden Kernelementen:

- exakte Definition der Dateninhalte

- Festlegung von Formaten

- Zuweisung qualifizierender Datenbezeichner

Eine besondere Bedeutung kommt im EAN 128 dem sogenannten Datenbezeichner zu. Bei dem Datenbezeichner (DB) handelt es sich jeweils um die ersten zwei bis vier Zeichen des Datenelements, welche bei der klarschriftlichen Darstellung immer in Klammern gesetzt werden. Er gibt an, wie die nachfolgende Information zu interpretieren ist (Dateninhalt). Datenbezeichner, Inhalt und Format sind international festgelegt und daher weltweit einheitlich unmissverständlich. Auf diese Weise können Fehler bei der Dateninterpretation vermieden werden.

Der DB 01 steht beispielsweise für die Information, dass es sich um eine EAN-Nummer handelt, DB 00 kündigt die Nummer einer Versandeinheit (NVE) an. Wichtige Datenbezeichner im Lebensmittelbereich sind darüber hinaus die Chargennummer (DB 10), das MHD (DB 15), die Quellenreferenz (DB 251) bzw. das Land/die Länder von Geburt (DB 422), Mast (DB 423), Schlachtung (DB 424) und Zerlegung (DB 425), das Produktionsdatum (DB 11) und das Nettogewicht (DB 310). Es existieren über 50 verschiedene Datenbezeichner, die je nach Anwendungsfall kombiniert, d. h. in einer Strichcodezeile verkettet werden können. Durch diese Verkettung können im EAN 128 im Gegensatz zu anderen Strichcodes mehrere Informationen miteinander verkettet und die Länge des Strichcodes dadurch teilweise deutlich verringert werden.

Abb. 3.5-2 **Codelängen im Vergleich – EAN 128 und andere Strichcodes (Quelle: GS1 Germany)**

Zusätzlich zur Verwendung auf dem EAN-128-Transportetikett findet der EAN 128-Standard heute zunehmend auch auf der Produktebene Einsatz mit dem Ziel, Produktinformationen zu übermitteln. Gemäß GS1 Empfehlung sollten die Informationen jedoch ausschließlich der Identifikation dienen und Stammdaten der Produkte nach Möglichkeit per EDI übertragen werden.

3.5.2   Transportetikett mit NVE

Jede IVE wird pro Transportetikett einmalig vergeben und somit von allen beteiligten in der Prozesskette lückenlos über die gesamte Prozesskette verwendet. Mit diesem Prinzip stellt das EAN-128-Transportetikett mit der NVE die ideale Lösung dar, Sendungen gemäß EU-Basisverordnung und DIN EN ISO 22000 zu verfolgen und Rückrufaktionen effizient zu gestalten. Neben der NVE selbst zählen die Datenelemente EAN-Nummer, Charge, MHD und das Produktionsdatum auf dem Transportetikett zu den Kernelementen. Die NVE hat insbesondere folgende Funktionen:

- Grundlage für automatische Lagerverwaltungssysteme (Wareneingangs- und Umlagerungsprozesse)

- Schlüssel zu Lieferinformationen

- Kontrollinstrument für den fehlerfreien Warenein- und -ausgang

- lückenloses Tracking & Tracing in der gesamten Prozesskette und Erfüllung der Anforderungen an die Rückverfolgbarkeit Vereinfachung von Kontroll- und Abrechnungsprozessen

- kein erneutes Etikettieren von Waren im Verteilprozess

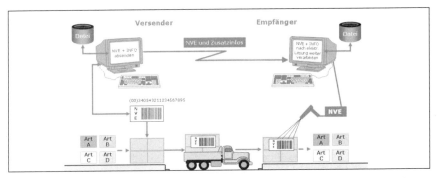

Abb. 3.5-3   Strichcodes erschließen die EDI-Daten (Quelle: GS1 Germany)

3.5.3   GS1 Databar

Eine neue Familie linearer, kompakter Strichcodes stellt der GS1 DataBar dar (vormals RSS). Der wesentliche Vorteil des GS1 DataBar Expanded besteht darin, dass auch Zusatzinformationen verschlüsselt werden können. „Sunrise Date" für die Lesbarkeit der omnidirektional lesbaren Strichcodevariante (wichtig für die Scannerkassen) im LEH ist der 01.01.2010. Durch die neue Möglichkeit zur Verschlüsselung von Zusatzinformationen im GS1 DataBar bietet dieser ein besonderes Potenzial für Frischeprodukte und Lebensmittel allgemein. Anders als im EAN 13 oder der SAN 13 (Codierung gewichtsvariabler Ware) können dadurch zukünftig auch artikelgenau Zusatzinformationen am POS gelesen werden, wie beispielsweise MHDs, Chargennummern oder Gewicht, und Mengeneinheiten. Die hohe Verschlüsselungsdichte ermöglicht darüber hinaus kleine Strichcodes mit nur geringem Platzbedarf auf den Produktetiketten.

3.5.4 EDI

Der elektronische Austausch von Informationen hat heute bereits in weiten Bereichen des unternehmensübergreifenden Datenaustausches Einzug erhalten, wie beispielsweise per Fax, über Datenträger, den Bestellversand per Fax oder Email in den Formaten TXT, Word oder Excel. Gemeinsam ist diesen Varianten jedoch, dass ihnen ein strukturiertes Format fehlt. Eine Lösung bietet hier der Standard EANCOM® als Subset von EDIFACT, welcher fast 50 Nachrichtentypen beschreibt. Zu beachten ist hierbei das Schichtmodell der Kommunikation, welches nach Anwendungsebene, Übertragungsverfahren, Übertragungsformat und Übertragungsnetz unterscheidet. Zu den am weitesten verbreiteten EANCOM®-Nachrichten zählen die ORDERS (Bestellung), die DESADV (Lieferavis, Versandbereitschaftsmeldung), die RECADV (Wareneingangsbestätigung) und die INVOIC (Rechnung).

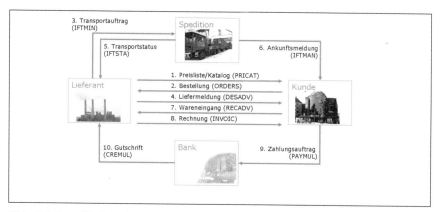

Abb. 3.5-4   Kreislauf der elektronischen Geschäftsprozesse (Quelle: GS1 Germany)

Strukturierte Daten mit präziser Beschreibung von Syntax (Ordnung und Zeichen) und Semantik (Bedeutung der Zeichen) ermöglichen der sendenden und empfangenden elektronischen Einheit, alle Informationen fehlerfrei zu identifizieren und zu interpretieren. Auf diese Weise lassen sich neben Stammdaten auch Transaktionsdaten und Logistikdaten austauschen.

3.5.5   RFID und der EPC

Die Radiofrequenzidentifikation (RFID) ist eine Technologie, welche uns bereits seit mehr als einem Jahrzehnt teilweise unbemerkt begleitet; angefangen von der Zeitmessung bei Sportereignissen bis hin zur elektronischen Warensicherung an den Türen des Einzelhandels. Das Anwendungsspektrum reicht von der Warenverfolgung per Knopfdruck bis zum Produktschutz mit EPC/RFID.

Aufgabe von EPC Global ist es, Grundlagen für eine branchenübergreifende und einheitliche Form des globalen Waren- und Datenaustausches zu schaffen. Definiert und vorangetrieben werden die Standards dabei von den Anwendern der unterschiedlichen Industriezweige selbst. Auf diese Weise orientieren sich die erarbeiteten Lösungen nah am Markt und sind praxisorientiert. Dabei steht EPC als Abkürzung für Electronic Product Code. Der elektronische Produktcode bietet zahlreiche Potenziale, von einer Verbesserung der Effizienz und Transparenz in der gesamten Supply Chain bis hin zu einem gezielten Tracking & Tracing von Paletten über Tansporteinheiten bis hin zu einzelnen Konsumenteneinheiten. Weltweit gibt es derzeit mehr als 1300 Unternehmen im EPC Netzwerk, davon in Deutschland über 230; Tendenz steigend. Mit dem EPC wurde die Möglichkeit geschaffen, einzelne Identnummern auf Transpondern zu speichern und mit Radiofrequenztechnik auszulesen. Diese Technologie stellt somit das Bindeglied zwischen dem Strichcode und der RFID-Technologie dar.

Radiofrequenztechnik für Identifikationszwecke (RFID) ist eine Methode, um Daten auf einem Transponder berührungslos und ohne Sichtkontakt lesen und speichern zu können. Dieser Transponder kann an Objekten angebracht werden, welche dann anhand der darauf gespeicherten Daten automatisch und schnell identifiziert werden können.

Der **Elektronische Produkt-Code** ist eine weltweit eindeutige Nummer zur Identifikation beliebiger Objekte. Der EPC besteht aus einem Datenkopf mit Steuerungsdaten, einem EPC-Manager, der den Inverkehrbringer des EPC identifiziert, einer Artikelreferenz zur Identifizierung von Objektgruppen und einem serialisierten Nummernteil zur Identifizierung einzelner Objekte.

In der Fast Moving Consumer Goods (FMCG) Branche wird der Einsatz der RIFD-Technologie und des EPC maßgeblich von den beiden großen Handelsketten METRO und REWE und deren Roll-out-Aktivitäten betrieben. So sind insbesondere in den vergangenen beiden Jahren neue EPC-Mitglieder im Lebensmittelbereich hinzugekommen.

Abb. 3.5-5   **Integrative Lösungen des GS1/EPCglobal Standards (Quelle: GS1 Germany)**

Entscheidend für den Erfolg der GS1/EPCglobal-Standards ist ihre Kompatibilität. Durch ihre integrative Lösung ist eine Verknüpfung der Identifikations- und Kommunikationsstandards von GS1 in den RFID/EPC-Standard problemlos möglich.

Auch für die Lebensmittelbranche bietet der Einsatz von EPC/RFID zahlreiche Vorteile. Zusätzlich zur berührungslosen und damit effizienteren Erfassung aller Wareneingänge kann mit dieser Technologie die Rückverfolgbarkeit intelligent gestaltet werden. Über den elektronischen Produkt-Code, einer weltweit eindeutigen Nummer und seine Verknüpfung mit einer zentralen Datenbank können beispielsweise hochpreisige Produkte oder Produkte mit geschützter geografischer Herkunft sicher vor Fälschungen geschützt werden. Mit Hilfe des Object Name Service (ONS) können darüber hinaus Produktinformationen zu jedem EPC abgerufen werden. Die Herausforderung besteht derzeit darin, durch eine optimale Platzierung der Transponder beispielsweise auch stark wasserhaltige Lebensmittel störungsfrei zu erfassen. Als Weiterentwicklung des EPC/RFID-Standards wird derzeit an einem neuen Standard gearbeitet, welcher die RFID und Sensorik (Temperaturerfassung) miteinander verknüpft.

> „RFID wird am Ende des Tages der Standard werden, aber auf dem Weg dorthin ist der Barcode nach wie vor wichtig" (Wolfgang Orgeldinger, COO Ifco Systems N.V. (LZ 2005)

3.6   Beispiele aus der Praxis

Die Anwendung der Identifikations- und Kommunikationsstandards hat in der Lebensmittelindustrie in den vergangenen Jahren große Verbreitung gefunden und damit sowohl zur Verbesserung der innerbetrieblichen Prozessteuerung als auch zum unternehmensübergreifenden Datenaustausch beigetragen. Maßgeblich getrieben wurde diese Entwicklung durch die Lebensmittelkrisen und Skandale, die damit einhergehende Verschärfung der Lebensmittelgesetzgebung und die Notwendigkeit, die Rückverfolgbarkeit und Sicherheit unserer Lebensmittel zu verbessern. Gefördert wurde diese Entwicklung aber auch durch die Einführung von Scannerkassen am POS, die Anforderungen des Handels an seine Vorlieferanten nach der Angabe des EAN 128 auf der Bestelleinheit, der Einführung des EAN-128-Transportetiketts mit NVE auf Palettenebene, den Austausch elektronischer Daten im EANCOM®-Format sowie die RFID-Roll-outs. Nicht zuletzt haben auch die Lebensmittelstandards (z. B. QS und IFS) und ihre Anforderungen an die Rückverfolgbarkeit dazu beigetragen, die Verbreitung der Auto-ID-Standards in den betrieblichen Prozessen zu etablieren. Großes Potenzial besteht jedoch auch weiterhin bei kleinen Produzenten, im Handwerk sowie auf der landwirtschaftlichen Stufe.

Die nachfolgend vorgestellten Projekte zeigen beispielhaft die Anwendungsmöglichkeiten für Auto-ID-Standards in der Lebensmittelbranche und sind Best-Practice-Beispiele für den Einsatz von Identifikations- und Transkationsstandards in KMU im Rahmen der PROZEUS-Initiative.

EAN 128 – Mehr Transparenz in der Lieferkette von Obst & Gemüse
Vitfrisch Gemüse-Vertrieb eG

Auf Kundenwünsche schnell und ohne großen Aufwand reagieren zu können, ist ein heute entscheidender Wettbewerbsvorteil. Ziel des Vorhabens war, durch eine elektronische Prozesssteuerung zu jeder Zeit auf alle benötigten Informationen zurück zu greifen. Darüber hinaus erhöht die Automatisierung manueller Prozesse die Effizienz sämtlicher Arbeitsschritte, verkürzte Bearbeitungszeiten, trägt zur Fehlervermeidung bei und steigert zudem auch die Qualität der Arbeit. Zur Realisierung dieses Ziels wurde bei der Firma Vitfrisch im ersten Schritt das bestehende Warenwirtschaftssystem angepasst. Im neuen System können die Warenflüsse vom Erzeuger über den Wareneingang, die Kommissionierung bis hin zum Warenausgang nun Losnummern genau gesteuert und verfolgt werden. Sämtliche Handelseinheiten, wie beispielsweise eine Obststiege, werden heute mit einem Kistenetikett ausgezeichnet, welches einen EAN-128-Strichcode trägt. In diesem Strichcode wird neben der Artikelnummer auch die Losnummer verschlüsselt. Jede einzelne Warenbewegung kann durch das Scannen des Strichcodes zeitsparend erfasst und im Warenwirtschaftssystem abgebildet werden. Für mehr Mobilität wurden auf dem Betriebsgelände insgesamt sieben WLAN Access Points installiert. Zur Anbindung der angeschlossenen Erzeuger wurden alle Landwirte mit Etikettendruckern ausgestattet die es ihnen ermöglichen, die Ware bereits bei der Ernte entsprechend zu kennzeichnen. So wurde das bis dahin sehr zeitaufwendige manuelle Belegwesen mit hohem Papieraufkommen in eine effiziente Prozesssteuerung überführt.

EPC/RFID in der Mehrweg-Frischelogistik
Krause Meat International Food Production GmbH

Die Optimierung der Logistik in der Supply Chain für SB-Frischfleisch unter Einsatz von RFID-Technologie vom Lieferanten über das Großhandelslager bis zum Einzelhändler, so lautete das formulierte Projektziel. In der Transportkette für Frischfleisch kommen insbesondere Mehrweg-Transportbehälter, E2-Kästen, zum Einsatz. Über 15.000 Fleischkisten wurden für die Prozesskette mit RFID-Transpondern ausgezeichnet – im Boden integriert oder als Smart-Label aufgeklebt. Die besondere Herausforderung bestand darin, dass der hohe Wasseranteil im Fleisch die Leistungsfähigkeit des RFID-Transponders und damit die Zuverlässigkeit und die Lesequote beeinflusst. Durch die Installation entsprechender RFID-Gates im Zentrallager des Handelskonzerns und bei den Einzelhändlern bzw. den Einsatz mobiler RFID-Lesegeräte konnten die Wareneingänge und Warenausgänge automatisiert werden. Und auch auf Produzentenseite, bei der Firma Krause Meat, wurden am Warenausgang stationäre Lesetore installiert. Zur Identifikation der einzelnen Kisten beim Warenein- und -ausgang erhielt jede Kiste einen EPC, ein weltweit eindeutiger, elektronischer Produkt-Code, in welchem eine Identifikationsnummer für Mehrwegtransportbehälter (GRAI/Global Returnable Asset Identifyer) codiert ist, die bereits in strichcodierter Form eingesetzt wird. Auf diese Weise wurde eine automatische Identifikation der einzelnen E2-Kästen auf den einzelnen Stufen der Lieferkette realisiert. Anstatt eines zeitaufwändigen Abgleichs der Lieferpapiere bei der Anlieferung konnte durch die elektronische Bereitstellung der Lieferdaten im EANCOM®-Standnachrichtenformat DESADV inklusive der NVE und der GRAI nun nach der Identifikation der Kisten per Knopfdruck der automatische Abgleich von Bestellung und Liefermeldung erfolgen. Als wesentliche Vorteile sind die Reduktion des Papieraufwandes (Lieferscheine und Etiketten), eine schnellere Warenvereinnahmung durch die berührungslose Identifikation und der automatische Abgleich von Lieferung und Bestellung sowie eine vereinfachte Rückverfolgbarkeit der Ware zu verzeichnen. Hinzu kommt, dass dadurch auch das Bestandsmanagement für die E2-Kästen optimiert werden konnte.

Vom Landwirt bis zum Einzelhandel – Transparenz in der Fleischwirtschaft

ZNVG Vermarktungsgemeinschaft für Zucht- und Nutzvieh eG

Ziel des gemeinsam vom Bundesamt für Verbraucherschutz und Lebensmittelsicherheit (BVL) und GS1 Germany initiierten Projekts war, in Zusammenarbeit mit der Vermarktungsgemeinschaft für Zucht- und Nutzvieh eG (ZNVG), der R. Thomsen EU-Großschlachterei und dem Fleischwerk der EDEKA Nord (NORDFrische Center) ein stufenübergreifendes Rückverfolgbarkeitssystem mit offenen und standardisierten Schnittstellen aufzubauen. Die Umsetzung des Projektes basiert auf einer zentralen Datenbank, welche im Auftrag der EDEKA Nord von der Mitteldeutschen Agentur für Informationsservice (mais) entwickelt wurde und betrieben wird. Auf Basis dieser zentralen Datenbank wurde ein Rückverfolgbarkeitsmodell entwickelt, welches sich nicht nur leicht auf andere Lieferanten, sondern ebenso auf andere Lieferketten und sogar andere Warenbereiche in globalisierten Märkten übertragen lässt. Zunächst wurden alle Projektteilnehmer (soweit dies noch erforderlich war) – einschließlich der ZNVG angeschlossenen und am Pilotbetrieb beteiligten Ferkelerzeuger und Mastbetriebe – mit einer eigenen Internationalen Lokationsnummer (ILN) versehen, um alle landwirtschaftlichen Betriebe bis hin zu den einzelnen Ställen weltweit eindeutig identifizierbar zu machen. Die Übermittlung dieser Daten wurde im Rahmen des Projektes von einem bis dahin durch bilaterale Vereinbarungen entstandenen Format in eine elektronische Liefermeldung (DESADV) auf Basis des international geltenden Standards EANCOM® überführt. Die speziell für die Prozesskette lebende Schweine/Schweinehälften erstellte EDI Dokumentation für die Liefermeldung (DESADV) ermöglicht es, auch bilateral vereinbarte Liefer- und Empfangsdaten und auch Qualitätsdaten zu Schweinefleisch in strukturierter Form auszutauschen. Dazu erhält jede Schweinelieferung eine NVE, welche in der DESADV u. a. um die ILN der Landwirte, die Anzahl der zu erwartenden Schweine je Landwirt sowie Informationen zum QS-Salmonellenstatus etc. im Standardformat ergänzt und an den Schlachthof übermittelt wird. Nach dem gleichen Prinzip wurde die Rückübermittlung der entsprechenden Schlachtdaten vom Schlachthof an die Vermarktungsgemeinschaft für die Abrechnung mit den Landwirten sowie deren Übermittlung an die zentrale Datenbank realisiert. Die Verwendung einer DESADV mit NVE macht es dem Fleischwerk möglich, über die Eingabe der NVE die vorab elektronisch erhaltenen Lieferdaten nun per Knopfdruck auf den Bildschirm zu rufen. Der Mitarbeiter der Warenannahme braucht nur noch die Übereinstimmung der Daten mit der gelieferten Ware zu bestätigen. Parallel werden alle Lieferdaten, wie beispielsweise Artikelnummer, NVE oder Chargennummer, als DESADV auch in die zentrale Datenbank gemeldet. Elektronischer Datenaustausch im EANCOM 2002 Format ist insofern besonders gut geeignet, um die Projektziele zu erfüllen, als dass bestehende Medienbrüche beseitigt und eine manuelle Weiterverarbeitung und damit verbundene potenzielle Fehlerquellen vermieden werden. Die elektronische Liefermeldung hat zudem den Charme, dass Vermarktungsgemeinschaft und Fleischwerk gleichermaßen nachprüfen können, ob das im Fleischwerk angelieferte Markenfleisch, welches in den EDEKA-Filialen als Gutfleisch über die Ladentheke geht, auch tatsächlich von den Schweinen stammt, die beim Landwirt verladen wurden. Damit können Logistikprozesse effizient gesteuert und eine zusätzliche Sicherheit für die Rückverfolgbarkeit im Markenfleischprogramm geschaffen werden. Für eine zukünftige Einbindung weiterer Prozessstufen in der Lieferkette, wurden bereits auch entsprechende Standardschnittstellen für Futtermittellieferanten und Speditionen vorbereitet. Zur weiteren Effizienzsteigerung ist das Aufbringen von Barcodes auf den Lieferschein für ein automatisiertes Einlesen der Informationen per Scan bei Anlieferung der Schlachtschweine am Schlachthof sowie der Schweinehälften im Fleischwerk möglich.

Dieses Rückverfolgbarkeitsmodell ist nicht nur leicht auf andere Lieferanten, sondern ebenso auf andere Lieferketten und sogar andere Warenbereiche in globalisierten Märkten übertragbar.

IV   Krisenmanagement im Bio-Segment

SYLVIA PFAFF

1   Der Markt für Bioprodukte

Bioprodukte sind im deutschen Lebensmitteleinzelhandel ein selbstverständliches Sortiment geworden. Es gibt keinen Händler mehr, der Bioprodukte nicht führt – sei es als Handelsmarke oder als Herstellermarke. Mit einem leichten Einbruch im Jahre 2003 aufgrund des vorangegangen Nitrofen-Skandals sind Bioprodukte seit Jahren im ungebrochenen Trend und der Absatz steigt mit zweistelliger Wachstumsrate pro Jahr. Die Zentrale Markt- und Preisberichtstelle GmbH (ZMP) konnte anhand des GfK-Haushaltspanels jetzt auch zeigen, dass das Umsatzwachstum in 2007 auch auf einer höheren Mengennachfrage und nicht nur auf einem höheren Preis beruhte. Der Verbraucher kauft mehr Bio-Produkte ein.

Auch wenn diese Zunahme noch auf einer kleinen Basis fußt, kann die Nachfrage nach Bioprodukten nicht mehr nur aus Deutschland oder der EU gedeckt werden. Die Zahlen der ZMP aus dem Jahr 2006/2007 über die Herkunft ausgewählter Bio-Frischprodukte zeigen, dass zwischen 15 % und 80 % der Produkte je Warengruppe aus dem Ausland bezogen werden. Hierbei kann allerdings nicht zwischen EU und Drittländern unterschieden werden.

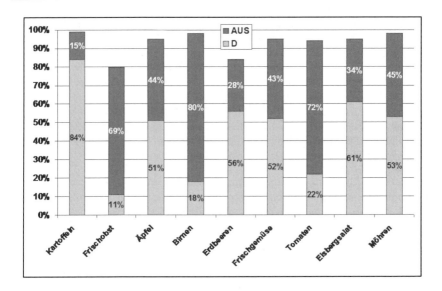

Abb. 1-1: Herkunft von Bio-Frischprodukten über das GfK Haushaltspanel (Frischobst = Frischobst insgesamt; Frischgemüse = Frischgemüse insgesamt; Zahlen zu 100 % = Herkunft unbekannt; Quelle: ZMP, 2007)

2 Krisenarten

Fachleute und Wirtschaftsbeteiligte sehen in den steigenden Importen aus dem Ausland eine steigende **Gefahr der Täuschung**. Hierbei basiert diese Annahme eines möglichen „Skandals" mit Bioprodukten aus dem Ausland auf dem lukrativen Geschäft, da diese Produkte teurer als konventionelle verkauft werden und damit eine gute Spanne bieten. So werden in jeder Stufe der Wirtschaftskette entsprechende Aufschläge vorgenommen, da auch die Kosten für Kontrollen und Trennung bezahlt werden müssen. Lange Erfassungs- und Distributionswege sowie hohe Verarbeitungskosten als Folge vergleichsweise geringer Mengen beeinflussen den Verbraucherpreis weitaus mehr als die umweltschonende Produktion der Bioprodukte selbst. Gerade aufgrund dieser Umstände ist es schwer für alle Wirtschaftsbeteiligten nachzuvollziehen, welcher Preis der „richtige" ist. Daher lockt die Umetikettierung der konventionellen Produkte, um vom „Bio-Kuchen" etwas abzubekommen. Der Verbraucher wird auch immer skeptischer, da er die überall auftauchenden Angebote an Bioware nicht mehr einschätzen kann.

Ein weiteres, vorstellbares Szenario stellt ein mögliches **gesundheitliches Risiko** von Bioprodukten aufgrund unsachgemäßer Handhabung oder Verarbeitung dar. Dies könnte z. B. eine erhöhte mikrobielle Belastung sein. Die Wahrscheinlichkeit einer solchen Krise ist wie bei der konventionellen Produktion zu sehen. Obwohl es wissenschaftliche Studien gibt, die eine erhöhte Gefahr bei Bioprodukten sehen, da man zu „alten" Traditionen zurückfindet und bestimmte Stoffe wie z. B. Konservierungsstoffe nicht erlaubt, sind es eher menschliche Fehler und Unwissenheit die hierbei zu Problemen führen. Daher liegt der Unterschied einer gesundheitlichen Gefahr durch Bioprodukte zu konventionellen Produkten eher in der Tonnage. Wo viel produziert wird, kann auch viel schief gehen. Das ist bei Bio noch nicht der Fall.

Beispiel vom 14.10.2007: Auch Bio-Produkte sind vor einer Rückruf-Aktion nicht gefeit. In einer Charge Bio-Salami des italienischen Herstellers „Salumificio Pedrazzoli" wurden Salmonellen nachgewiesen, was einen Rückruf durch den Feinkost- und Weinimporteur „Di Gennaro" aus Stuttgart auslöste. Die unter dem Namen „Prima Vera Bio-Salami Cacciatore, 200 g" mit dem Mindesthaltbarkeitsdatum 30.11.2007 und der LOT Nr. 140607 auch in Deutschland angebotene Salami kann Magen-Darm-Infektionen auslösen, die beispielsweise bei Personen mit geschwächtem Immunsystem, kleinen Kindern, schwangeren Frauen und Senioren schwere Erkrankungen zur Folge haben können. Käufer sollten die erworbenen Produkte auf keinen Fall verzehren und an den Handel zurückgeben.

Gleichzeitig verwundert es schon, wenn Schlachthöfe berichten, dass die Anzahl der verworfenen, d. h. der untauglichen Lebern bei Bio-Schweinen wesentlich höher ist als bei konventionellen Schweinen. Die Nachfrage nach Bio-Fleisch wird bislang dadurch nicht gebremst: 2007 wurden 200.000 Bio-Schweine geschlachtet gegenüber 160.000 in 2006.

3 Krisenkategorisierung und Krisen-bewertung

Wenn man sich die Berichte von Öko-Kontrollstellen anhört, die die entdeckten Verstöße an die jeweilige Behörde melden, so kann ein Skandal jederzeit auftreten. Hierzu zählen gefälschte Zertifikate, Handel mit Produkten als Bio-Ware trotz Entzugs des Zertifikats, Einsatz von konventionellen Saatgut oder Masttieren. Die aufgedeckten Verstöße werden den Behörden gemeldet, die dann entsprechend Strafen verhängen. Dabei vergeht aber viel Zeit, teilweise bis zu sechs Monate. Außerdem wird kein Gesamtregister geführt, so dass auffällige Unternehmen und Personen durchaus an anderer Stelle wieder auftauchen und wieder Geschäfte machen.

Sollte daher ein Skandal mit Bioprodukten auftreten, so wäre dieser sicherlich in dieser qualitativen Art einzustufen (Täuschung aus Profitgier), d. h. Importeure oder Erzeuger deklarieren konventionelle Ware zu Bioware um. Diese „Krise" ist dann sicherlich anders zu bewerten als eine gesundheitliche Gefahr (wie z. B. bei Dioxinen, Salmonellen oder BSE), die vom Verbraucher viel emotionaler wahrgenommen wird.

Problematisch kann in diesem Zusammenhang die „Sogwirkung" eines Täuschungs-falls sein. So werden alle Produkte in Sippenhaft durch den Verbraucher genommen. Dies ist beim so genannten „Gammelfleisch" Skandal in Bayern passiert. Auch wenn hier weniger als 1 % des Fleischvolumens aus dem Catering- und Restaurantsektor betroffen war, so führte das entzogene Verbrauchervertrauen auch im Lebensmittel-einzelhandel zu spürbaren Verkaufsrückgängen. Dieses Szenario ist auch bei einem Täuschungsfall bei Bioprodukten denkbar. Auch wenn nur Segmente betroffen wären, so würde kurzfristig der gesamte Verkauf leiden.

In der Bewertung der Krise muss das Unternehmen daher eine mögliche Sippenhaft mit einkalkulieren. Es ist sehr wichtig, frühzeitig auf Täuschungsfälle zu reagieren. Je genauer sich diese eingrenzen lassen und die eigenen Produkte davon abgrenzen lassen, umso besser. Dies sollte mit belegbaren Fakten über die Krisenkommunikati-on erfolgen. Hierzu gehören der Abgrenzungsgrund (z. B. Produktart, Herkunft des Produkts) und die eigenen Sicherungsmaßnahmen (z. B. vertragliche Regelungen mit Erzeugern, Kontrollen und analytische Nachweise). Für das Unternehmen, das in einen Täuschungsfall verwickelt ist, könnte die Rücknahme dieser Produkte eine vertrauensbildende Maßnahme sein. Auch dieses kann entsprechend kommuniziert werden.

Die gesundheitlichen Gefahren müssen anders eingeordnet und bewertet werden. Sollten hier Mängel vorliegen, die einen möglichen Schaden beim Verbraucher be-wirken können, so hat der Unternehmer alles in seiner Macht stehende zu tun, um einen potentiellen Schaden vom Verbraucher abzuwenden. Dies schließt alle wirt-schaftlichen Überlegungen aus. D. h. ein Unternehmen muss – egal zu welchen Kos-ten – gesundheitlich unsichere Produkte vom Markt nehmen. Sollte ein solcher Vor-fall bei Bioprodukten in die Medien gekommen sein und ein unbeteiligtes Unternehmen Schaden nehmen, sollten auch hier wieder über eine proaktive Kom-munikation die eigenen Produkte vom Vorfall abgegrenzt werden.

4 Krisenabläufe

Im Regelfall werden im konventionellen Bereich ein bis zwei Rückrufe pro Woche im Lebensmitteleinzelhandel durchgeführt. Nur ein kleiner Teil ist dabei auf gesundheitliche Probleme zurückzuführen. Zu den Rückrufen haben die unterschiedlichsten Erkenntnisse geführt:

a) Meldung durch den Lieferanten aufgrund seiner eigenen Analytik,

b) eigene Untersuchungen durch den Handelspartner, der unabhängige Labore beauftragt,

c) Anweisungen von nationalen oder internationalen Behörden oder

d) die Untersuchungen durch NGOs wie food watch, Greenpeace oder Stiftung Warentest.

Der Großteil der Rückrufe betrifft qualitative Mängel. Bioprodukte reihen sich auch hier ein, spielen aber noch eine untergeordnete Rolle aufgrund des hergestellten und gehandelten Volumens. Da ihr Anteil noch gering ist, sind auch die Rückrufe von Bioprodukten noch gering.

Diese qualitativen Mängel bekommt die Bevölkerung/der Verbraucher nicht mit. Es wird häufig zwischen den Unternehmen abgewickelt. Somit kann sich hier nicht so häufig eine Krise entwickeln. Es sei denn, es wird medienwirksam (wie bei NGOs) verwertet. Dabei sind die Lebensmittel heute viel sicherer, da die vielen Kontrollen und Untersuchungen in der Kette diesen hohen Standard sichern.

5 Aus der Krise lernen

Viele Unternehmen geraten durch die Sogwirkung „unschuldig" in eine Krise. Es können aber einige Maßnahmen vorbeugend ergriffen werden, um das Ausmaß dieser Krise geringer zu halten. Im nachfolgenden sind einige Beispiele aufgeführt, die in den letzten Jahren im Bio-Bereich vorgefallen sind und aus denen man lernen kann.

„Bio-Skandal"	„Erfahrung"
2002 – Nitrofen in Bio-Getreide	**Bewusstsein durch Schulung erhöhen**
Die Agrarverarbeitungsgenossenschaft AGV Stegelitz-Flieth (Brandenburg) lieferte Bio-Getreide an die Norddeutsche Saat- und Pflanzgut AG (NSP) in Neu-Brandenburg. Diese lagerten das Getreide in einer Lagerhalle, die sie zu diesem Zweck angemietet hatten. Was sie nicht wussten: Diese Halle wurde zu DDR-Zeiten als Lager für Pflanzenschutzmittel, unter anderem auch Nitrofen, benutzt. Offensichtlich ist niemals jemand auf die Idee gekommen, die Halle auf Rückstände zu untersuchen. Die AGV Stegelitz konnte zwar entlastet werden, aber Fakt ist, dass aus dieser Halle Futtergetreide an die niedersächsische GS agri geliefert worden war.	Eine Unachtsamkeit im Anfang der Kette kann für einen massiven Schaden sorgen. Daher ist es sinnvoll, auf das Ganze zu achten. Jedes Unternehmen sollte das Bewusstsein für die Erzeugung nach den Bio-Richtlinien bei den Mitarbeitern erhöhen. Sicherlich kann ein Handelsunternehmen nicht in jedem Fall bis zum landwirtschaftlichen Erzeuger die Kontrolle ausüben. Anhand der Schulung der Mitarbeiter kann aber vieles nachgewiesen bzw. Unachtsamkeiten aufgedeckt werden.
Quelle: *http://www.gemuesekiste-bilk.de/nitrofen/*	
2003/2004 – Täuschung mit Hafer	**Strikte Warentrennung kontrollieren**
Die Firma Dambach (Schweiz) schummelte mit Bio-Hafer. Dambach kaufte zwar Bio-Hafer ein, trennte diesen aber bei der Verarbeitung nicht vom normalen Hafer. Im Juni 2002 vermutete der Mitarbeiter Döbeli, dass die Hafermühle technisch gar nicht in der Lage ist, reinen Bio-Hafer zu verarbeiten. Es fehlten Bio-Speicher-Silos. Er meldete dies dem Betriebsleiter, doch der ging nicht darauf ein. "Der Betriebsleiter hat nicht reagiert und sagte, man könne es nicht feststellen, es sei nicht nachweisbar."	Je stärker der Bio-Trend wird, umso mehr konventionelle Hersteller steigen in diesem Bereich mit ein. Die Kontrollen zum Warenfluss müssen sehr streng sein, um hier mögliche (auch unabsichtliche) Vermischungen zu vermeiden. Es ist daher bei Verdacht auch ratsam, die Plausibilität von Bio-Wareneingang und Bio-Warenausgang in der Menge und im Wert nachzurechnen bzw. zu überprüfen.
Quelle: *http://www.codecheck.ch/CommentPopup/* *external.pag?sp=I4026*	

„Bio-Skandal"	„Erfahrung"
2007 – Verunreinigung ohne Kennzeichnung	**Gute Herstellpraxis nach Standards**
Im vergangenen Frühjahr wollten es die Lebensmittelprüfer der Zeitschrift Ökotest genau wissen: Sie ließen im Labor untersuchen, ob und welche Schadstoffe in Schokoladenosterhasen stecken. Dazu kauften sie siebzehn Häschen verschiedener Hersteller ein. Sechzehn Hohlfiguren erhielten die Note sehr gut. Ausgerechnet das einzige Bio-Produkt fiel negativ auf. Denn der Laboranalyse zufolge enthielt es einen Haselnussanteil von 0,3 Prozent, ohne dass dies auf der Verpackung vermerkt gewesen wäre. Bei starken Allergikern reichen solch geringe Mengen bereits aus, um eine krankhafte Reaktion hervorzurufen.	Auch wenn viele Bio-Hersteller noch kleine Betriebe sind, so müssen sie auch die rechtlichen Anforderungen erfüllen. Es ist daher empfehlenswert, diese Hersteller auch an Qualitätsstandards wie ISO 9001:2000, International Food Standard (Vers. 5) oder die ISO 22.000 heranzuführen.

Mit diesen Anforderungen sind zwar noch keine Garantien zur Vermeidung von Vorfällen verbunden, aber das Herstellungsniveau ist deutlich gehoben. |
| *Quelle: http://www.berlinonline.de/berliner-zeitung/archiv/.bin/dump.fcgi/2008/0319/ wissenschaft/0002/index.html* | |
| **2007 – Mikrobiologische Belastung** | **Risiken anders einschätzen** |
| Einen Nachteil der Bio-Produkte gegenüber den konventionellen Lebensmitteln haben die Prüfer der Stiftung Warentest gefunden: Vor allem tierische Erzeugnisse wie Fleisch-, Fisch- und Milchprodukte seien häufiger von unerwünschten Bakterien und Pilzen besiedelt, berichten die Kontrolleure. Das liegt daran, dass Öko-Hersteller auf Konservierungsstoffe weitestgehend verzichten. Allerdings handelte es sich in den Tests selten um krank machende Keime. | Aufgrund der andersartigen Produktionsweise kann es bei Bioprodukten zu einer anderen Risikoeinschätzung führen. Dies muss im HACCP-System deutlich werden.

Es geht darum, konsequent mit solchen mikrobiologischen Ergebnissen umzugehen. D. h. andere Haltbarkeiten und tiefere Temperaturen bei Herstellung und Lagerung können eine Konsequenz sein. |
| *Quelle: http://www.berlinonline.de/berliner-zeitung/archiv/.bin/dump.fcgi/2008/0319/ wissenschaft/0002/index.html* | |

6 Krisenmanagementinstrumente

Jedes Unternehmen sollte bestimmte Kriseninstrumente vorbeugend einsetzen. Da es sich bei Unternehmen aus dem Bio-Bereich meist um kleine Unternehmen mit wenigen Beschäftigten handelt, werden die Instrumente im Folgenden an dieser Struktur orientiert.

In einem Unternehmen, das hauptsächlich oder auch nebensächlich Bio-Produkte herstellt, sollte ein interner Krisenstab gebildet werden. In Unternehmen mit wenigen Mitarbeitern sollten sich mindestens zwei Personen regelmäßig in der Krise austauschen: Geschäftsleitung plus mindestens ein weiterer Bereich z. B. Produktion, Qualitätssicherung oder Vertrieb.

In größeren Unternehmen besteht der Krisenstab aus dem Produktionsleiter, dem Qualitätsmanager, einem Mitglied der Geschäftsleitung, einem Einkaufsmitarbeiter und einem Vertriebsmitarbeiter. Es ist wichtig, dass das interne Krisenteam möglichst alle Bereiche fachlich betreuen kann und gleichzeitig in der Lage ist, Entscheidungen zu treffen. Das interne Krisenteam sollte möglichst schnell zusammen gerufen werden können. Hierzu muss eine aktuelle Nottelefonliste existieren, die in regelmäßigen Abständen (ca. einmal im Monat) auf Erreichbarkeit getestet wird. Grundsätzlich fangen die meisten Krisen an einem Freitagnachmittag an.

Jedes Teammitglied sollte einen Stellvertreter haben, der ebenfalls das entsprechende Know-how mitbringt. Da die Wahrscheinlichkeit groß ist, dass eine Krise im Biobereich im Ausland entsteht, sollte der Unternehmer an die Sprachkompetenzen seiner Teammitglieder denken. Es ist immer leichter, an Informationen zu kommen, wenn die gleiche Sprache gesprochen wird.

Die Grenze zwischen internen und externen Krisenstab kann manchmal fließend sein, weil je nach Krise unterschiedliche Entscheidungen getroffen werden müssen. Daher soll hier als externer Krisenstab das weitere Hinzuziehen von Personen verstanden werden. Im Biobereich ist es wichtig, den Zertifizierer/die Öko-Kontrollstelle hinzuzuziehen. Je nachdem, wo und wie die Krise entstanden ist, kann die Öko-Kontrollstelle für weitere Informationen bzw. Fakten sorgen. Wenn allerdings durch ein schlechtes Kontrollsystem die Krise entstanden ist, sollte man vor der Einladung der eigenen Öko-Kontrollstelle genauere Informationen einholen. Im Vertrag sollte festgehalten werden, ob, wann und mit welchem Honorar eine Öko-Kontrollstelle beim externen Krisenteam eingebunden werden kann.

Ebenso wichtig wie die Öko-Kontrollstelle ist ein Anwalt/Jurist im externen Krisenteam. Er kann bei den Sitzungen bereits auf juristische Stolpersteine aufmerksam machen und die eigenen Texte an Presse oder Behörden juristisch prüfen. Achten Sie auf einen Juristen, der auch die Öko-Verordnung und evtl. die Regeln von Bio-Verbänden kennt. Wenn das nicht möglich ist, halten Sie diese Dokumente bereit.

6.1 Arbeiten im Krisenstab

Es ist sehr wichtig, dass die unterschiedlichen Aufgaben eindeutig zugeordnet sind und koordiniert nebeneinander ablaufen. Hier eine Auflistung der grundsätzlichen Aufgaben der einzelnen Teammitglieder.

Mitglied der Geschäftsleitung: Die Hauptaufgabe der GL besteht darin, Entscheidungen zu prüfen und zu treffen. Hierzu müssen Fakten kompakt, schnell und zuverlässig vorliegen. In der Regel wird auch diese Person die Verbindung zur Presse und zu externen Stellen (z. B. Behörden) herstellen. Da sehr viele Personen zur gleichen Zeit Antworten haben möchten, sollte sich die GL eine Art Prioritätenliste machen, wer zuerst eine Antwort erhält.

Produktionsleiter: Der Produktionsleiter muss alle Daten, Aufzeichnungen und Informationen von Mitarbeitern für den fraglichen Zeitraum zusammenstellen. Er kann durch eine gute Dokumentation der Produktion eine Krise sehr schnell abschwächen und auf die wesentlichen offenen Fragestellungen reduzieren.

Qualitätsmanager: Der Qualitätsmanager muss evtl. zusätzliche Informationen aus dem QM-System bereitstellen (evtl. Laboranalysen). Er sollte sich mit externen Dienstleistern in Verbindung setzen, falls es noch Klärungsbedarf gibt. Z. B. in Form von zusätzlich durchgeführten Analysen oder Beschaffung von Dokumenten aus dem Ausland (z. B. Kontrollchecks durch Kontrollstellen).

Einkaufsmitarbeiter: Der Einkaufsmitarbeiter ist die Verbindung zur Lieferantenseite. Er hat die Aufgabe zu prüfen, ob das Problem, das evtl. mit einem Lieferanten verbunden ist, sich auch auf andere Lieferanten bzw. erzeugte Produkte erstreckt. Des Weiteren kann er klären, wie der Lieferant, der die Krise verursacht bzw. darüber informiert hat, diese bewältigt. Möglicherweise sind hier Hinweise zu erhalten, die das eigene Vorgehen beeinflussen.

Vertriebsmitarbeiter: Der Vertriebsmitarbeiter hat sicherzustellen, dass die eigenen Kunden durch die Krise nicht unruhig werden. D. h. hier hängt die Aufgabe sehr stark vom Inhalt und von der Berichterstattung in den Medien ab (siehe auch Krisenkommunikation). Evtl. kann der Vertriebsmitarbeiter durch Informationen deutlich machen, ob und wer von dem Vorfall betroffen sein könnte. Es ist hier auch ganz gut, wenn man eine Telefonkonferenz mit dem Kunden vereinbart und jeweils die Qualitätsmanager mit einbindet. So können die richtigen Fakten leichter ausgetauscht werden.

Beispiel aus der BSE-Krise: Die Lebensmittelüberwachung hatte im Saarland 2001 eine Brühwurst mit Käse beanstandet. Es war Rind nachgewiesen worden, das nicht deklariert war. Dieser „Verstoß" wurde öffentlich gemacht. Dabei hatte die Überwachung übersehen, dass sowohl der Käse als auch der Rinderdarm zu einem positiven Ergebnis führen mussten. Beide Bestandteile waren deutlich deklariert. Nur die Zusammenarbeit zwischen Einzelhandel und Hersteller konnte die Auslistung der Ware verhindern.

Öko-Kontrollstelle: Wenn ein Vertreter der Öko-Kontrollstelle hinzugezogen werden möchte bzw. werden kann, dann sollte diese Person die Abläufe der Kontrolle zusammen tragen. Auch hier gilt, dass eine gute Dokumentation die Krise abschwächen kann.

Jurist: Der Jurist muss die rechtlichen Konsequenzen abprüfen. Gleichzeitig sollte er formulieren, was an externe Stellen ausgesagt werden darf und was intern bleiben soll. Er sollte ebenfalls eng mit den Behörden zusammenarbeiten.

Stellen Sie weiterhin in der ersten Sitzung fest, wer angrenzende Aufgaben (z. B. logistische Fragestellungen, Marketing, etc.) erledigen soll.

6.2 Krisenraum

Die Bereitstellung eines ruhigen, abgegrenzten Krisenraums mit allen Kommunikationsmitteln (genügend Telefonanschlüsse, Internetzugang für Informationsbeschaffung und E-Mails, Faxgeräte) sollte nicht unterschätzt werden. Im Falle einer Krise muss effizient und schnell gearbeitet werden. Daher sollten auch Getränke und Essen berücksichtigt werden. Ein hervorragender Krisenraum besteht aus zwei aneinander grenzenden Räumen, die voneinander getrennt werden können. Der eine stellt den Sitzungsraum für bis zu zehn Personen dar, während der andere mit Arbeitsplätzen und Kommunikationsmitteln ausgestattet ist. Der Sitzungsraum sollte möglichst schalldicht von außen sein. In diesem Fall kann die Diskussion mit einem Diktiergerät aufgenommen werden, um stets nachvollziehen zu können, was gesagt wurde.

Für kleinere Unternehmen kann es hilfreich sein, sich in einem nahen Hotel unterbringen zu lassen. Hier sind alle Möglichkeiten der Raumgestaltung und -einrichtung ebenfalls gegeben und der normale operative Ablauf der (hoffentlich) weiterlaufenden Produktion kann den Krisenstab nicht beeinträchtigen.

6.3 Krisenplan

Jedes Unternehmen sollte sich einen detaillierten Krisenplan überlegen. Dieser muss regelmäßig überarbeitet werden, um die tatsächlich benötigte Zeit für die Aktivitäten berücksichtigen zu können. Stets sollten alle Schritte dokumentiert werden.

1. Benachrichtigung des internen Krisenstabs bzw. der betroffenen Personen

2. Austausch von Informationen und Sofortmaßnahmen (z. B. Sperren von Ware, Begutachtung der Ware, Recherchieren des Sachverhaltes) einleiten

3. Analyse des Sachverhalts (was liegt vor und wie bewerten wir die Situation rechtlich und produktionstechnisch, gibt es noch Wissenslücken?)

4. möglicherweise hinzuziehen weiterer Personen

5. Festlegen von konkreten Maßnahmen (z. B. externe Kommunikation, evtl. Rückruf der Ware)

6. Umsetzung der Maßnahmen

7. nach der Krise: Resümee und Erkenntnisse

8. Nachberichte

Da eine Krise jeden treffen kann, lassen sich hier keine spezifischen Erfahrungswerte für den Biobereich ableiten. Es ist wichtiger, den Ablauf so systematisch wie möglich durchzuführen.

6.4 Reporting und Auswertung

Denken Sie immer daran, dass Sie möglichst viel in der Krise aufzeichnen. Das schon erwähnte Diktiergerät hilft dabei, wenn die Stimmen bekannt sind. Es sollte aber immer parallel auch eine Person die Diskussionen protokollieren. Die Protokolle sollten nach dem Krisenplan gekennzeichnet sein, so dass die Zuordnung immer klar und eindeutig ist. Seien Sie möglichst genau. Nehmen Sie auch Uhrzeiten mit auf. Im schlimmsten Fall können manchmal Minuten entscheiden.

Um hinterher den Krisenablauf nachvollziehen zu können, sollten die Aufzeichnungen ausgewertet werden. Welcher Schritt hat wie lange gedauert? Wann war der Krisenstab einsatzbereit? Welche Telefonnummern oder E-Mail-Adressen waren veraltet?

6.5 Krisenbeendigung oder Einleitung Rückruf

Manchmal wird es möglich sein, dass die eigenen Aufzeichnungen der Produktion und des Qualitätsmanagements deutlich erkennen lassen, dass eine Krise nicht für das eigene Unternehmen zutrifft oder schnell beseitigt werden kann. So kann der Krisenablauf dann abgeschlossen werden.

Häufig ist aber im Lebensmittelbereich eine Rückführung der Ware zu diskutieren. Dieses tritt insbesondere dann ein, wenn eine Gesundheitsgefährdung vorliegt. Hierzu muss das Unternehmen die Ware physisch zurückholen und auch nachweisen, dass davon nichts unabsichtlich in den Verkehr gelangt ist. Eine Vernichtung der Ware beim Kunden wäre auch möglich, sollte aber unter der Aufsicht eines eigenen Mitarbeiters erfolgen. Bei einer solchen Vernichtung/Entsorgung vor Ort werden entsprechende Nachweise von den Entsorgungsfirmen benötigt. Diese sollten mindestens die folgenden Einzelheiten aufweisen:

• Datum der Entsorgung

• Name des Entsorgers

• Art des zu entsorgenden Gutes (Verkehrsbezeichnung, Batch- oder Lotnummer, MHD)

• Gewicht des zu entsorgenden Gutes (oder Stückzahl)

• Entsorgungsart

Diese Auflistung dient dann dem Nachweis, dass die Lebensmittel nicht einem anderen Zweck zugeführt wurden. Der Unternehmer muss nachweisen können, dass er die Gefahr für den Verbraucher abgewendet hat. Insofern wird eine Aufstellung benötigt, wie viel der betroffenen Charge ausgeliefert wurde und wie viel davon zurückgeholt oder entsorgt wurde.

Im Falle eines Rückrufs sollten spezifische Schritte durchgeführt werden, die vom Krisenstab vorher diskutiert und verabschiedet wurden. Auch hier liegen noch keine Kenntnisse über Bio-spezifische Ereignisse vor:

1. Was für eine Krisenart liegt vor? Welcher Zeitraum steht zur Verfügung?

2. Information der Öffentlichkeit oder nicht?

3. Wohin ist die betroffene Ware ausgeliefert worden? Was kann eingegrenzt werden?

4. Wie kann die Ware eindeutig identifiziert werden? EAN-Codes? Artikelnummern?

5. Muss die Ware zurückgeholt werden? Vernichtung vor Ort mit Nachweis?

6. Wie kann die Ware zurückgeholt werden? Logistik? Zwischenlager?

7. Rückführung oder Vernichtung

8. Sperrung vor unabsichtlichem Gebrauch

9. Bestandsaufnahme der rückgeführten und vernichteten Ware?

10. Bewertung der Rücklaufquote: was ist mit der Ware, die nicht mehr erfasst wurde?

6.6 Einbindung professioneller Krisenmanager

Unter Umständen kann es sinnvoll sein, einen professionellen Krisenmanager zu beauftragen. Der Vorteil liegt in der großen Erfahrung, die dieser Krisenmanager mitbringt. Nachteilig ist sicherlich, dass er sich erst in den Vorfall und das Unternehmen einarbeiten muss. Gleichzeitig behält er dabei einen objektiven Überblick.

7 Erfolgreiche Krisenkommunikation am Beispiel Bio

In den vorangegangenen Kapiteln wurden schon viele Werkzeuge angesprochen, die vorbeugend eingerichtet werden können, um eine Krise effizient zu meistern. Dieser Abschnitt wird sich intensiver mit der externen und internen Kommunikation im Falle einer Krise beschäftigen. Auch hier können bereits für die unterschiedlichen Vorfälle Vorbereitungen getroffen werden, um schneller als andere zu sein. So können je nach Art der Krise Textbausteine und Listen von Ansprechpartnern und Medien vorbereitet sein.

7.1 Kommunikations- und Aktionsplanung

Definition des Ziels

Der erste wichtige Schritt in der Krisenkommunikation stellt die Zieldefinition dar. In der Regel soll das Vertrauen des Verbrauchers in die eigenen Produkte gesichert oder wieder aufgebaut werden. Bei der Sicherung des Vertrauens wird sich der Hersteller von einem Vorfall abgrenzen, da er mit diesem Vorfall nichts zu tun hat. Hier sind verschiedene Rahmenbedingungen zu beachten:

- Es muss ganz sicher sein, dass das Unternehmen nicht über eine unbeachtete Geschäftsbeziehung doch von der Krise betroffen ist.

- Die Abgrenzung zu den betroffenen Bereichen muss taktvoll erfolgen, damit es nicht zu Verleumdungsklagen kommt.

- Alle Aussagen müssen nachvollziehbar, beweisbar und wahr sein, denn Fakten können nicht widerlegt werden.

Beim Wiederaufbau des Vertrauens muss das Unternehmen etwas anders vorgehen, da hier ein eigenes kleines oder großes Verschulden vorliegt, das erkannt und beseitigt wurde:

- Die Ursachenforschung, weshalb es zur Krise kam, muss in einfachen Worten dargestellt werden.

- Die Maßnahmen zur Beseitigung der Ursache, damit die Krise nicht noch mal auftaucht, können ebenfalls dargestellt werden.

- Die Kommunikation sollte in einzelnen aufeinander folgenden, kurzen Texten erfolgen, um die Tagespresse jeden Tag neu informieren zu können.

- Der Verbraucher muss das Gefühl bekommen, dass der Vorfall eine Ausnahme war und es sich nicht um kriminelle Energie handelt.

Aktion statt Reaktion

Somit kann das Unternehmen in gewisser Weise seine Kommunikation und seine Aktionen planen. Obwohl die Medien (Tagespresse, Radio, evtl. Fernsehen und Internet) sorgfältig verfolgt werden sollten, ist das Unternehmen besser beraten, wenn es nicht auf Medienberichte reagiert, sondern diese Medienberichte selber lanciert hat. Allerdings muss die Unternehmensleitung vorher entscheiden, ob sich das Unternehmen nach außen öffnet oder keine Kommunikation vorzieht. Da die Presse immer etwas schreiben will und muss, wird in der Regel die Kommunikation besser sein. Es darf aber nur eine Person für die externe Kommunikation verantwortlich sein.

Mitarbeiterinformation

Daher ist die Information der Mitarbeiter sehr wichtig. Es darf nie unterschätzt werden, was es bedeutet, wenn einem Mitarbeiter plötzlich ein Mikrophon ins Gesicht gehalten wird oder ein Kamerateam auftaucht. In jedem Mitarbeiter schlummert der Wunsch berühmt zu sein. Somit kann nie vorhergesagt werden, was möglicherweise sogar im guten Glauben ausgeplaudert wird. Um so etwas zu vermeiden, müssen die Mitarbeiter sofort informiert und die Konsequenz für jeden einzelnen und das Unternehmen gesamt aufgezeigt werden, wenn falsche, übertriebene oder nicht autorisierte

Äußerungen an die Presse gegeben werden. Die Information an die Mitarbeiter sollte die folgenden Punkte enthalten:

* Was ist vorgefallen?
* Wie ist die Verbindung zum Unternehmen?
* Was kann die Konsequenz für jeden Mitarbeiter bzw. für das Unternehmen sein?
* Welche nächsten Schritte sind geplant?
* Wer darf Aussagen an die Presse machen?

Je früher die Mitarbeiter informiert werden, umso besser. Auch wenn möglicherweise noch nicht alle Fakten vorhanden sind, sollte mit den Informationen begonnen werden, die sicher sind. Sonst bilden sich schnell Gerüchte, die insbesondere durch das Internet verbreitet werden.

Strukturierung

Das Management sollte sich regelmäßig zusammensetzen und die folgenden Fragen bearbeitet werden:

Welche Krisenfälle können eintreten?

Krise A	Krise B	Krise C
Die Biobranche ist durch kriminelle Machenschaften (Verkauf von konventioneller Ware als Bio) in eine allgemeine Vertrauenskrise gerutscht. Die Absätze sind eingebrochen.	Die Zertifikate des eigenen Lieferanten waren gefälscht und die Behörde oder Presse hat das aufgedeckt. Vertrauensaufbau bei Verbraucher und Kunden und Ersatz für den Lieferanten notwendig.	Im eigenen Produktionsablauf ist eine physikalische Verunreinigung erfolgt und die ausgelieferten Produkte können eine gesundheitliche Gefährdung des Verbrauchers auslösen.

Welche Abteilungen sind zusätzlich zur Geschäftsleitung betroffen?

Krise A	Krise B	Krise C
Marketing, Vertrieb, Qualitätssicherung, Einkauf	Einkauf, Vertrieb, Qualitätssicherung, Marketing	Produktion, Qualitätssicherung

Welche Kunden und Geschäftspartner sind betroffen?

Krise A	Krise B	Krise C
Kunden für die betroffenen Produkte aus der Krise, evtl. Behörden	Behörden und alle Kunden	Behörden, Kunden und Verbraucher über einen öffentlichen Rückruf

Wer muss wann und wie informiert werden?

Krise A	Krise B	Krise C
Wer: Selektierte Presse, die die Kunden erreicht (z. B. Fachpresse, s. u.), wo Fakten dargestellt werden können. Wann: möglichst zeitnah, aber der Zeitpunkt ist hier nicht so kritisch	Wer: Behörden zuerst, Fehler und Maßnahme erklären, danach die Presse Wann: unmittelbar, nachdem Info bekannt wurde; Presse erst, wenn Maßnahmen umgesetzt und Ersatz gefunden	Wer: Öffentlichkeit über die Tagespresse, um Schaden abzuwenden am besten in Zusammenarbeit mit den Behörden Wann: sofort

Welche Reaktionen sind zu erwarten?

Krise A	Krise B	Krise C
Erhöhtes Vertrauen, wenn konsequent und glaubwürdig	Möglicherweise Geldbußen durch Ordnungswidrigkeit, aber mildernde Umstände durch hohe Eigenverantwortung	Möglicherweise Vertrauensverlust bei der Bevölkerung, Einbruch von Umsätzen

Textbausteine anlegen

Bei der Planung und Vorbereitung einer Krise, die wünschenswerter Weise nie eintreten soll, ist die Vorbereitung von Textbausteinen ein sehr wichtiger Bestandteil. Hierzu ist es auch ratsam sich von externen Stellen beraten zu lassen, da hier viel Erfahrung gebündelt ist. Der Unternehmer muss sich für seine Szenarien überlegen, welchen Text er verwenden kann. Die nachfolgenden Beispiele sind nur als Rahmen zu verstehen, da hier das spezielle Beispiel fehlt.

Krise A

Als Anbieter von „Produkt x" sind wir immer bestrebt, dem Kunden und Verbraucher qualitativ hochwertige Ware zu liefern. Dieser Anspruch ist jetzt nachhaltig gestört, da der „Vorfall Y" belegt, dass es zu Täuschungen gekommen ist. Wir können Ihnen aufgrund unseres hohen Qualitätssicherungssystems mitteilen, dass wir zu keinem Zeitpunkt von dem „Vorfall Y" betroffen waren.

Wir beziehen unsere Produkte aus „Land C" und von „Lieferant B", die von der Ökokontrollstelle XYZ kontrolliert wurden. Diese hat uns bestätigt, dass die gelieferte Ware den Forderungen der EU-Öko-Verordnung entspricht. Wir möchten an dieser Stelle darauf hinweisen, dass wir trotzdem für Anfragen eine Hotline unter Telefon-Nummer … eingerichtet haben.

Krise B

An Kunden: Zu unserem Bedauern mussten wir im Rahmen unseres Qualitätssicherungssystems feststellen, dass unser Lieferant „D" nicht in der Lage war, unser Qualitätsniveau zu erfüllen und unser Vertrauen missbraucht hat. Wir haben uns mit sofortiger Wirkung von diesem Lieferanten getrennt und für einen Ersatz gesorgt. Mit dem Lieferanten „H" können wir Ihnen eine vertrauenswürdige Quelle bereitstellen. Unser Vertrieb stellt Ihnen gerne Einzelheiten des Lieferanten und seiner Produkte vor.

An Verbraucher: Unglücklicherweise kam es beim Produkt „D" zu einer Täuschung des Lieferanten bzw. Hersteller. Es wurde konventionelle Ware zu Bio-Ware deklariert. Wir bedauern diesen Vorfall sehr und haben unmittelbar den Vertrag mit dem Lieferanten gekündigt. Als Ersatz steht Ihnen ab sofort das Produkt „H" zur Verfügung.

Krise C

Hier ist eine Vorformulierung sehr heikel, da ein gravierender Fehler im Unternehmen passiert ist. Es sollten gemeinsam mit der Rechtsabteilung oder einem externen Juristen Textpassagen erarbeitet werden.

7.2   Umsetzung

Die Umsetzung einer effektiven Krisenkommunikation hängt immer vom Einzelfall ab. Deswegen ist es ratsam die verschiedenen Szenarien auch einmal durchzuspielen. Im Nachfolgenden werden die wichtigen Schritte exemplarisch dargestellt:

1. Krisenstab (mit Kommunikationsstab) aufstellen

Die Liste des Krisenstabs ist abzutelefonieren und alle möglichst schnell einzuberufen. Bei Nichterreichen von bestimmten Personen, den Stellvertreter aktivieren. Am besten neben dem Telefon auch eine Rund-E-Mail an alle schreiben, aber sehr sorgfältig formulieren! Was über den E-Mail-Weg nach draußen geht, kann nie mehr zurückgeholt werden.

Dem Krisenstab gleich ein paar Fakten zur Vorbereitung mitgeben:

- Wann ist der Vorfall gemeldet worden?
- Welche Einstufung hat der Vorfall nach den eigenen ermittelten Szenarien?
- Welcher Inhalt ist gemeldet worden?
- Wer wurde schon erreicht?
- Wo und wann ist das Treffen?

2. Wichtige Abteilungen integrieren

Der Krisenstab muss um die Abteilungen erweitert werden, die mit dem Vorfall zu tun haben und Hintergrundinformationen liefern können. In der Regel ist zwar jeder Bereich im Krisenstab vertreten, aber es sollten auch die entsprechenden Sachbearbeiter hinzugezogen werden. Evtl. kann man auch hier überlegen, ob bereits zu diesem Zeitpunkt externe Stellen hinzugezogen werden sollen.

3. Informationsfluss organisieren

Es ist wichtig, dass jeder weiß, um welchen Bereich er sich zu kümmern hat. Was muss derjenige an Informationen und bis zu welchem Zeitpunkt zusammentragen. An wen werden die Informationen weitergegeben. Wie sichert das Unternehmen die Rückverfolgbarkeit von Informationen, wenn Entscheidungen noch mal nach verfolgt werden müssen. Hierzu sollte sich das Unternehmen auf eine gemeinsame Kennzeichnung aus Tag/Uhrzeit und Kürzel des Verantwortlichen einigen:

14/07:30/BS = am 14. des Monats der Krise hat um 7:30 Uhr Herr Bernd Schmidt diese Information aufgenommen.

Zusätzlich sollte auch der Absender der Information notiert werden.

4. Technik organisieren

Die Technik ist sehr entscheidend. Sie muss die interne und externe Kommunikation erleichtern und nicht behindern. Hierzu sind die folgenden Hilfsmittel zu nennen:

Interne Kommunikation	Externe Kommunikation
Telefon: schnell und effizient (liegen alle Handy-Nummern vor?) **E-Mail**: schnell (liegt ein Verteiler des Krisenstabes vor? Lesebestätigungen nicht vergessen) **Beamer/Lap Top/Computer**: notwendig zur Darstellung des Status in der Gruppe **Internet**: zur Recherche notwendig	Alle links genannten plus **Telefon-Hotline**: kompetente Aussage, um die Sorgen der Verbraucher aufzunehmen. **Zugang zur eig. Website**: Informationen für die Öffentlichkeit bereit stellen **Fax**: Kommunikationsmittel für manche Händler

Die perfekte Vorbereitung spart Zeit für den Krisenfall. So kann man agieren, statt nur zu reagieren!

Tipps zur eigentlichen Kommunikation

- Es darf nur einen geben: entweder Geschäftsleitung oder Public Relation.

- Immer von oben nach unten (Top-Down-Prinzip) – Vorgesetzte müssen zuerst erreicht werden, damit sie auch eine Multiplikatorrolle übernehmen können.

- Interne Kommunikation voranstellen – die Mitarbeiter informieren, um Gerüchten vorzubeugen.

- Bei den Medien immer die schnellsten (Fernsehen vor Tagesmedien vor Fachzeitschriften vor regionalen Zeitungen) zuerst.

- Immer Fragen ehrlich, nachvollziehbar und glaubwürdig beantworten. Wenn die Antwort (noch) nicht bekannt ist, neue Anrufzeit vereinbaren und auch einhalten.

- Fehler und Betroffenheit eingestehen.

- Kommunikation im Krisenfall ist eine Bringschuld des Unternehmens. Sie muss umfassend, schnell und kooperativ sein.

Liste von Ansprechpartnern und Medien

Das Unternehmen sollte sich eine Liste der Ansprechpartner und Medien erstellen, um selektiv die richtigen Medien schnell auswählen zu können. Auch die nachfolgende Liste gibt nur einen ersten Ansatz wieder, sie ist individuell zu ergänzen:

Medium	Zielgruppe	Erscheinung	Bemerkung
Fachzeitschrift BioHandel Horst Fiedler | Rolf Mütze bio verlag gmbh Magnolienweg 23 63741 Aschaffenburg info@biohandel-online.de	BioFachhandel (also Kunden) und Verbraucher	monatlich	BioHandel und auch die BioPress (s. u.) eignen sich für eine Nachbereitung des Themas, da sie umfangreichere Themen behandeln können.
Fachzeitschrift BioPress Erich Margrander bioPress Verlag Marita Sentz e.K. Schulstr. 10 74927 Eschelbronn Tel.: 06226-4351	Konventioneller LEH und Fachhandel	monatlich	siehe oben

Medium	Zielgruppe	Erscheinung	Bemerkung
Fax: 06226-40047 webadministrator@ biopress.de			
Fachzeitschrift Lebensmittelzeitung Deutscher Fachverlag GmbH Mainzer Landstr. 251 60326 Frankfurt am Main Tel.: 069-7595-01 Fax: 0 69-7595-2999	Lebensmittelwirtschaft (Kunden)	wöchentlich	Kurze Meldungen können schnell an wichtige Entscheider getragen werden; Internet bietet eine gute Plattform
Fachzeitschrift Lebensmittelpraxis Reiner Mihr Am Hammergraben 14 56567 Neuwied www.lebensmittelpraxis.de Tel.: 02631-879-127 Fax: 02631-879-204	Lebensmittelwirtschaft (Kunden)	wöchentlich	Kurze Meldungen können schnell an wichtige Entscheider getragen werden; Internet bietet eine gute Plattform

7.3 Nachbereitung

Fast genauso wichtig wie die Vorbereitung ist die Nachbereitung, daher muss die Kommunikation auch dann weitergehen, wenn die Krise bewältigt wurde. Nachbereitung setzt den Schlusspunkt unter eine erfolgreiche Kommunikation oder sie korrigiert Mängel, die aufgetreten sind. Zum einen sollten die Erfahrungen und Erkenntnisse (z. B. wie viel Zeit braucht jeder Schritt) zusammen getragen werden. Zum anderen sollten die folgenden Aktivitäten durchgeführt werden:

Resonanzanalyse

Es ist wichtig zu klären, wie die Kommunikation sowohl inhaltlich als auch vom Stil her angekommen ist. Wenn es auch nicht sehr beliebt ist, so kann zum einen eine **Kundenbefragung** durchgeführt werden. Dabei sollte die aufwändigere Variante der Telefoninterviews gewählt werden, weil die Kunden am Telefon eher Auskunft geben als über eine schriftliche Befragung. Da dies länger dauert, sollten verschiedene Personen eingesetzt werden, die aber auch geschult wurden. Es ist notwendig, dass alle Telefonate nach einem Interviewleitfaden durchgeführt werden. Nur so können die Ergebnisse der verschiedenen Telefonate zusammen ausgewertet werden. Ein weiteres Werkzeug zur Resonanzanalyse ist die **Medienanalyse**. Hierzu werden ebenfalls nach einer klaren Checkliste die Pressemeldungen aus der Zeit der Krise ausgewertet. Als weitere Möglichkeit können die Multiplikatoren befragt werden, wie ihr Eindruck der Informationsweitergabe ist. Auch sie haben Reaktionen von Kunden oder Verbrauchern erhalten.

Kontaktaufnahme

Nach der Krise den Kontakt zu halten, ist nicht einfach, weil der Balanceakt zwischen der Erinnerung an die Krise (möglichst zu vermeiden) und der Erinnerung an die Qualität des Unternehmens (möglichst zu erreichen) sehr schwierig ist. Dennoch ist es wichtig, nicht in der Versenkung zu verschwinden, denn dann kann das ganze Unternehmen in Vergessenheit geraten. Mit neuen Themen und guten Ideen sollte daher über Mailings, in Briefen und Anzeigen der Kontakt zum Kunden gehalten werden.

Redaktionelle Nachberichte

Über fachlich fundierte, möglicherweise auch längere redaktionelle Nachberichte können Hintergrundinformationen an eine interessierte Leserschaft gegeben werden. Sie sind wichtig, um falsche Meldungen zu korrigieren, die durch Verkürzungen oder falsche Übermittlungen entstanden sind, zu korrigieren. Sie werden sicherlich nur durch eine kleine Zielgruppe gelesen, stellen aber die professionelle Abrundung der Kommunikation dar.

Viele Unternehmen lehnen sich nach der Krise zurück und wollen mit dem Thema und der Öffentlichkeit nichts mehr zu tun haben. Diese Einstellung ist aber falsch, da der Verbraucher nur dann die schlechte Information vergisst, wenn sie durch neue Informationen verdrängt wird. Außerdem ist der Verbraucher sehr träge, bis sich eine Meinung von einem Unternehmen wieder verändert, vergehen unter Umständen Jahre.

Weitere Information

Kein Thema ist so brisant und so kompliziert wie die externe Kommunikation durch ein Unternehmen, das in die Krise gekommen ist. Die Lebensmittelwirtschaft ist daher gut beraten, sich externe Hilfe frühzeitig aufzubauen. Spezialisierte Kommunikationsagenturen können über den Kontakt mit einem Unternehmen langfristig Know-how aufbauen, so dass im Notfall schnell kompetente Hilfe zur Verfügung steht.

V Versicherungsschutz und Haftung

1 Produkthaftungsfällen vorbeugen

ALEXANDER MARCUS MOSESCHUS

1.1 Produkthaftung allgemein

Zum Schlagwort „Produkthaftung" werden im Internet aktuell rund 60.000 Links angegeben. Das mag bereits die Bedeutung und die Bewusstseinssensibilisierung zum Thema für den Praktiker verdeutlichen. Nur zur Klarstellung ist vorab anzuführen, dass *Produkt*haftung, so die korrekte Bezeichnung im Produkthaftungsgesetz (ProdHaftG), streng formal von der klassischen *Produzenten*haftung des Bürgerlichen Gesetzbuches (BGB) zu unterscheiden ist. Im Folgenden werden indes beide Begriffe bewusst synonym verwendet und lediglich auf die für den Praktiker wichtigen Unterschiede hingewiesen. Es geht in beiden Fällen um die Einstandspflicht für Schäden als Folge „fehlerhafter Produkte" oder damit in Zusammenhang stehender Sorgfaltspflichtverletzungen.

Produkthaftung allgemein ist keine „neue" juristische Erfindung; exemplarisch hatte bereits das Reichsgericht 1940 in einem die Kraftfahrzeugbranche betreffenden Urteil die Existenz von Gefahrabwendungspflichten eines Warenherstellers wie selbstverständlich vorausgesetzt und klargestellt, dass *„derjenige, der ein nicht verkehrssichereres (Produkt) in den Verkehr bringt, eine allgemeine Rechtspflicht verletzt, da er hierdurch eine Gefahr für den Verkehr setzt"*.[1]

Der Inhalt und der Umfang der Produzentenpflichten nach BGB orientiert sich dabei an den von der Rechtsprechung in den letzten Jahrzehnten immer verfeinerten Grundsätzen zu v. g. allgemeinen Verkehrssicherungspflichten. Durch eine Vielzahl von Spezialregelungen (Lebensmittel-, Bedarfsgegenstände- und Futtermittelgesetzbuch (LFBG), Arzneimittelgesetz (AMG), Geräte- und Produktsicherheitsgesetz (GPSG) etc.) und insbesondere einem kaum noch überschaubarem Dickicht von „case-law"-Entscheidungen ist die Produkthaftung in den letzten Jahrzehnten immer weiter aufgefächert und stellt für den Praktiker eine Materie mit hohem haftungsrechtlichem Schreckpotenzial dar.

---

[1] Vgl. RG 17.01.1940, II 82/39, RGZ 163, 21 ff., 26.

Immer weitere Bereiche, angrenzend an das klassische Inverkehrbringen von Produkten, wurden erweiternd in die „Produkt-Haftung" implementiert oder haben sich dieser stark angenähert, sei es im Vertrieb, in der Verarbeitung, der Haftung des Quasi-Herstellers (Importeur) usw. Bemerkenswerterweise ist es allerdings in den letzten Jahren, jedenfalls was höchstrichterliche Entscheidungen angeht, ruhig geworden in Sachen Produkthaftung. Offenbar gelangen kaum noch Fälle in die Revisionsinstanzen, da viele Unternehmen entsprechende Fälle wohl im stillen „Kulanzwege" regeln[2]. Gleiches gilt für die *Produkthaftung* nach ProdHaftG, die allein schon greift, wenn ein fehlerhaftes Produkt einen Schaden verursacht hat, vgl. § 1 Abs. 1 ProdHaftG.

Für die im Folgenden zwecks besserer Lesbarkeit bewusst zusammengefasste *„Produzentenhaftung"* nach BGB und die "*Produkthaftung*" nach ProdHaftG sollte sich der Praktiker allerdings stets vergegenwärtigen, dass eine Produkthaftung nach § 823 BGB Verschulden erfordert, während dies nach dem ProdHaftG gerade nicht erforderlich ist. Beide Anspruchsgrundlagen stehen kumulativ zueinander, vgl. § 15 Abs. 2 ProdHaftG.

Die für den Praktiker bedeutsamen Fallgruppen der Produkthaftung stellen die Verletzung von Konstruktions- (siehe Kapitel V.1.1.1), Fabrikations- (siehe Kapitel V.1.1.2), Instruktions- (siehe Kapitel V.1.1.3), sowie Produktbeobachtungspflichten (siehe Kapitel V.1.1.4) dar.

Hinweis: Im Kapitel V.1.7 werden jeweils kurze Praktiker-Beispiele anhand von „echten" Entscheidungsfällen näher dargelegt.

1.1.1 Konstruktionspflichten

Konstruktionspflichten beinhalten die Verpflichtung für Hersteller, grundsätzlich nur „sichere", fehlerfreie Produkte in den Verkehr zu bringen. Sie beziehen sich nicht nur auf die Produkte als solche, sondern auch auf deren Verpackungen usw. Der Umfang und die Zumutbarkeit der jeweils zu beachtenden Konstruktionspflichten hängt von Branchenüblichkeit, dem Stand von Wissenschaft und Technik, dem Produkt selber, seinem Preis[3] etc. ab. Sogar dem Produktmissbrauch durch Dritte kann konstruktionstechnisch zu begegnen sein, z. B. wenn dieser vorhersehbar war, schon öfter

---

[2] Vgl. *Müller*, VersR 2004, S. 1073.

[3] Vom Grundsatz wird bei einem teuren Produkt in aller Regel „mehr" Sicherheit als bei einem billigen Konkurrenzprodukt zu erwarten sein, vgl. BGH 17.10.1989, VI ZR 258/88, NJW 1990, S. 906f., 907.

beobachtet werden konnte[4] oder nahe liegt. Fehler in der Konstruktion beziehen sich immer auf „alle" Produkte einer Serie. Allein die Einhaltung von produkttechnischen Normen, VDI, ISO, DIN usw. verhindert keine Inanspruchnahme, sondern kann immer nur die Untergrenze der fallspezifisch zu betrachtenden Sicherheitsanforderungen an ein Produkt darstellen. Hersteller haften weder nach Deliktsrecht, noch nach ProdHaftG, wenn der Konstruktionsfehler eines Produkts nach dem Stand von Wissenschaft und Technik zum Zeitpunkt des Inverkehrbringens noch nicht erkannt werden konnte[5].

Hinweis für den Praktiker: In der Entwicklung „überholte" und bereits in den Verkehr gebrachte Produkte stellen keine Konstruktionspflichtverletzung dar, nur weil bei der Neuentwicklung des Produktes Veränderungen vorgenommen wurden, welche ein Produkt (nun) besser oder sicherer machen (also „kein Entwicklungsrisiko")!

1.1.2 Fabrikationsfehler

Fabrikationsfehler entstehen aufgrund von Fehlern innerhalb des Fabrikationsbereichs, also Bearbeitungs- oder Herstellungsfehler, wodurch ein Produkt negativ vom üblichen Standard abweicht. Ursachen sind meist unzureichende Sicherheitsvorkehrungen während der Produktion und/oder bei der Kontrolle. Je größer die hieraus drohenden Gefahren sind, umso höher sind grundsätzlich auch die an den Produzenten zu stellenden Anforderungen. Da es aber auch in annähernd perfekt geführten Unternehmen immer Produkte gibt, die diesem Standard nicht entsprechen (sog. „Ausreißer"), ist für diese nach der Produzentenhaftung des BGB mangels Verschuldens nicht zu haften, wohl aber nach dem verschuldensunabhängigen ProdHaftG. Auch nach BGB ist allerdings für „Ausreißer" zu haften, wenn der Produzent nicht nachweisen kann, dass seine Kontroll- und Sicherungseinrichtungen einwandfrei funktioniert haben, um Ausreißer möglichst zu verhindern. Die Rechtsprechung hat hierzu die strenge Rechtsfigur der Befundsicherungspflicht entwickelt: Hiernach hat der Hersteller nachzuweisen, dass er geeignete Prüfungsverfahren nutzt, um das

---

[4] Vgl. zu vorsätzlichen und nachträglichen Produktkontaminationen im Lebensmittelsektor, *Moseschus*, Produkterpressung, S. 168ff., 178f. sowie für den strafrechtlichen Bereich dazu Schönke/Schröder, StGB, 27. Auflage 2006; § 15, Rdnr. 223f.

[5] Vgl. auch Müller, Produkthaftung, VersR 2004, S. 1073ff., 1076.

Inverkehrbringen von fehlerbehafteten Produkten weitgehend auszuschließen[6]; allerdings reicht eine signifikante Verringerung des Produktrisikos aus[7].

1.1.3 Instruktionspflichten

Ein Produkt – an sich selbst fehlerfrei – kann zudem bereits aufgrund fehlerhafter Instruktionen zum Umgang mit dem Produkt fehlerhaft sein. Instruktionsfehler liegen beispielsweise durch fehlerhafte Gebrauchsanleitungen oder nicht ausreichende Warnhinweise vor, die zu Schäden auf Verwenderseite führen, vgl. auch § 5 Abs. 1, Nr. 1 a GPSG.

Geboten ist eine deutliche und ausreichende Belehrung der Produktverwender über die Art der drohenden Gefahren, die sich an der jeweiligen Verwender- und Verbrauchererwartung auszurichten hat. Je höher die drohende Gefahr, umso strenger sind auch die Anforderungen an die Instruktionen. Der Produzent kann allerdings allgemeines, durchschnittliches Erfahrungswissen in den entsprechenden Abnehmerkreisen voraussetzen, so dass über allgemein bekannte Gefahren nicht zu instruieren ist[8]. Herabgesetzte Instruktionspflichten gelten, wenn ein Produkt lediglich an Fachpersonal abgegeben oder von diesem bedient wird. Warnhinweise und Instruktionsanleitungen dürfen dabei nicht in allgemeinen Produktinformationen „versteckt" werden, sondern müssen deutlich erkennbar sein.

Wichtig zu merken ist, dass Instruktionspflichten nicht nur bei gefährlichen Produkten, sondern bereits dann bestehen, wenn Benutzer im Vertrauen auf die Wirksamkeit von der Verwendung anderer (und eben wirksamerer!) Produkte absehen[9].

1.1.4 Produktbeobachtungspflichten

Auch nach einem Inverkehrbringen hat ein Produzent seine und ggf. sogar fremde Produkte, die beispielsweise als Zubehör verwendet werden können, laufend auf bis dato unbekannt gebliebene schädliche Eigenschaften zu beobachten und sich über

---

[6] BGH 08.12.1992, VI ZR 24/92, NJW 1993, 528f., 529; vgl. auch Müko-Mertens, BGB, § 823, Rdnr. 287.

[7] Vgl. BGH 16.03.1992, VI ZR 139/92, BB 1993, 1476.

[8] Vgl. Beschluss Oberlandesgericht Hamm vom 14.02.2001, Az. 9 W 23/00, NJW 2001, 1654, 1655 zum lesenswerten Fall, wo – auch nicht geboten! - auf Bierflaschen kein Warnhinweis zu den Wirkungen übermäßigen Alkoholkonsums angebracht war.

[9] Vgl. im sog. Apfel-Schorf-Fall, BGH 17.03.1981, VI ZR 191/79, BGHZ 80, 186ff., 189f.

mögliche Gefahren bringende Verwendungsfolgen zu informieren. Diese Nachsorgepflicht hat u. a. anhand der Beachtung von Fachzeitschriften, der Bewährung des Produktes im Praxiseinsatz, Kundenreklamationen und selbst der Produktentwicklung der wichtigsten Mitbewerber zu erfolgen[10]. Je nach Umfang des sich dabei zeigenden Gefährdungspotenzials ergeben sich Pflichten zur Warnung oder gar zu einem öffentlichen Rückruf. Die Verletzung von Produktbeobachtungspflichten kann den Hersteller (nach BGB) schadensersatzpflichtig machen.

1.2 Persönliche Verantwortlichkeit von Mitarbeitern

Wie dargelegt, ist die Bandbreite einer Produkthaftung von produzierenden Unternehmen sehr weit. Nach wie vor ist bemerkenswerter Weise aber vielen Vorständen, Geschäftsführern und auch (bereichs-) leitenden Angestellten nicht bewusst, dass auch sie persönlich grundsätzlich im Fokus einer zivil- und im Ernstfall auch strafrechtlichen Produktverantwortlichkeit stehen können.

1.2.1 Zivilrechtliche Haftung natürlicher Personen

Es besteht eine allgemeine Einstandspflicht gem. § 823 Abs. 1 BGB, wenn jemand vorsätzlich oder fahrlässig das Leben, den Körper, die Gesundheit, die Freiheit, das Eigentum oder ein sonstiges Recht eines anderen widerrechtlich verletzt. Fahrlässig handelt gem. § 276 Abs. 2 BGB bereits, wer die im Verkehr erforderliche Sorgfalt außer Acht lässt. Hierdurch können die oben skizzierten Verkehrspflichten auch zulasten persönlich Agierender in Unternehmen einmal von zentraler Bedeutung werden. Obwohl eine persönliche Mitarbeiterhaftung in der juristischen Literatur umstritten ist[11], hat die Rechtsprechung eine solche bereits mehrfach angenommen. Wichtig für den Praktiker ist dabei zu wissen, dass der einzelne persönlich in Anspruch Genommene zwar einen Freistellungsanspruch gegen „sein" Unternehmen hat[12]; allerdings schützt ihn dies nicht bei direkter Inanspruchnahme von Geschädig-

---

[10] Vgl. BGH 17.10.1989, VI ZR 258/88, VersR 1989, 1307, 1308 = BGH NJW 1990, 906, 908.

[11] Vgl. Medicus, Bürgerliches Recht, 21. Auflage, Rdnr. 650 a zu § 25, S. 402 m.w.N.

[12] Dies führt dazu, dass es de facto zu einer Verdoppelung der Produzentenhaftung kommt, vgl. kritisch Wagner, VersR 2001, 157ff.

ten im Falle der Insolvenz, ungenügender Haftungsdecke oder unzureichendem Versicherungsschutz „seines" Unternehmens!

Praktikerfall: zivilrechtliche Verantwortlichkeit natürlicher Personen

In einem Betonwerk kam es zum Tod eines Arbeiters, als dieser bei Herstellung eines Spannbetonteils Armierungsdrähte in eine Spannpresse einspannen wollte. Eine der vom beklagten Hersteller gelieferte Spannkupplung hatte einen Riss und zerbarst plötzlich. Die klagende Berufsgenossenschaft nimmt *neben* dem Hersteller auch dessen verantwortlichen Geschäftsleiter für die Produktion der Werkzeuge in Anspruch. Der Bundesgerichtshof (BGH) führte aus, dass die entwickelten Grundsätze zur Beweislastumkehr auch zu Lasten von solchen Personen Anwendung finden können, die neben dem Hersteller haften und in dessen Produktionsbereich als Produktionsleiter eine herausgehobene und verantwortliche Stellung innehaben: Als Geschäftsleiter Produktion hatte der persönlich in Anspruch Genommene dafür Sorge zu tragen, dass niemand durch mit Fehlern behaftete Werkzeuge gefährdet wird. Aufgrund seiner Stellung im Betrieb konnte dem Produktionsleiter nach Ansicht des BGH sogar zugemutet werden, das Risiko der Nichterweislichkeit seiner Schuldlosigkeit am Produktfehler zu übernehmen[13].

1.2.2 Strafrechtliche Verantwortlichkeit natürlicher Personen

Da Produktionsunternehmen im Regelfall juristische Personen darstellen, können diese in Deutschland selber *nicht* mit Kriminalstrafe belegt werden[14]. Es liegt indes bereits auf der Hand, dass nicht abstrakte Unternehmen, sondern stets individuelle Mitarbeiter Fehler machen. Bei Schäden durch Produkte kann daher ein persönliches, strafrechtlich relevantes Einstehenmüssen verantwortlicher Mitarbeiter auf Herstellerseite (Geschäftsleiter Produktion, Verantwortlicher Konstruktionsabteilung, Leiter Qualitätssicherung etc.) durchaus im Raum stehen und war auch bereits Gegenstand höchstrichterlicher Urteile.

In erster Linie werden fahrlässige Körperverletzungs- und Tötungsdelikte in Betracht kommen, speziell §§ 229, 222 StGB. Zu einer Tatbestandsmäßigkeit bedarf es dabei der Feststellung, dass jeweils konkret Verantwortliche den Eintritt eines schädlichen

---

[13] BGH 03.06.1975, VI ZR 192/73, NJW 1975, 1827ff., 1828, 1829.

[14] Statt vieler Schmidt-Salzer, NJW 1988, 1937ff., 1938; Deutscher/Körner, wistra 1996, 292ff., 293.

Verletzungserfolgs durch ein beherrschbares Verhalten unter Verletzung entsprechender individueller Sorgfaltspflichten in vorwerfbarer Weise zumindest (mit-) verursacht haben. Selbstverständlich kann hierfür auch eine Unterlassung tatbestandlich sein, wobei exemplarisch an nicht oder nicht rechtzeitig erfolgte Produktrückrufe zu denken ist. Vielgelobte Checklisten, Zuständigkeitsregelungen- und Organigramme sowie Unternehmenstagebücher usw. können für persönlich Beschuldigte in Unternehmen in der Krise dabei ungewollte persönliche Bumerangwirkung entfalten, erleichtern diese doch staatlichen Ermittlungsstellen das Aufdecken eventueller konkreter Sorgfaltspflichtverletzungen einzelnen Mitarbeiter!

Praktikerfall: strafrechtliche Verantwortlichkeit natürlicher Personen

Die Geschäftsführer eines Produzenten von Schuh- und Lederpflegemitteln hatten Lederspray auch nach eingehenden Schadensmeldungen, wonach der Gebrauch des Sprays bei einzelnen Personen zu gesundheitlichen, nicht selten lebensbedrohlichen Beeinträchtigungen geführt hatte, nicht sofort zurückgerufen, sondern zunächst nur eindeutigere Warnhinweise auf das Produkt aufgedruckt. In Folge erkrankten weitere Personen nach der Benutzung. Obwohl nicht geklärt werden konnte, welcher Inhaltsstoff des Sprays tatsächlicher Auslöser für die Erkrankungen war, nahm der BGH eine Garantenstellung der nicht handelnden Geschäftsführer zur Verpflichtung eines Rückrufs des bereits in den Handel gelangten Sprays an. Die angeklagten Geschäftsführer wurden für die durch den Gebrauch des Ledersprays verursachten Körperschäden wegen Körperverletzung durch Unterlassen verurteilt. Der Strafrahmen von Freiheitsstrafen bis zu 1,5 Jahren der Vorinstanz wurde dabei bestätigt[15].

1.3 Beweislast

Vom Grundsatz her hat jeder vermeintlich Geschädigte die Fehlerhaftigkeit eines Produktes und seinen dadurch entstandenen Schaden zu beweisen, was sowohl für das Deliktsrecht, wie auch das ProdHaftG gilt[16]. Bekanntlich sind viele angebliche Schädigungen durch Produkte nämlich gar nicht auf die Fehlerhaftigkeit eines Produktes, sondern schlicht auf menschliches Fehlverhalten, Bedienungsfehler, Abnutzung, Wartungs- und Pflegefehler etc. zurückzuführen[17]. Hersteller sollten daher

---

[15] BGH 06.07.1990, 2 StR 549/89, BGHSt 37, 106ff., 108ff. = NStZ 1990, 588ff., 590f.

[16] Vgl. Wortlaut § 1 IV S. 1 ProdHaftG; Produzenten sollten die hiernach eindeutige Beweislastigkeit des Geschädigten durchaus auch forensisch beachten.

[17] Vgl. auch Müller, Produkthaftung, VersR 2004, S. 1073ff., 1078.

durchaus die allgemeinen Beweislastgrundsätze kennen und auch im Falle eines Falles hierauf ihre Verteidigung aufbauen.

Allerdings hat die Rechtsprechung deutliche Beweiserleichterungen bis zur Beweislastumkehr in Einzelfällen angenommen[18], da ein Geschädigter naturgemäß die Interna eines Herstellungsunternehmens nicht näher kennen kann und ihm meist auch die entsprechenden fachlichen Kenntnisse fehlen. Stark vereinfacht kann man sagen, dass ein Hersteller sich hinsichtlich vermeintlicher Sorgfaltspflichtverletzungen und eines Verschuldens, auch seiner Mitarbeiter, entlasten muss. Im Ernstfall kann dies so weit gehen, dass ein Entlastungsbeweis quasi für jeden einzelnen Mitarbeiter (!) zu führen sein wird, was kaum machbar erscheint[19]. Zudem kann Geschädigten die Rechtsfigur des sogenannten Anscheinsbeweises helfen, wenn ein äußeres Schadensbild für die Fehlerhaftigkeit eines Produktes spricht, z. B. wenn eine Vielzahl von Konsumenten nach Verzehr eines (gleichen) Produktes an Salmonellose erkrankt[20]. Durch o. g. Beweiserleichterungen unterscheidet sich die an sich verschuldensabhängige Produzentenhaftung im Ergebnis kaum noch von einer Gefährdungshaftung, wie nach ProdHaftG.

1.4   Wege zur Minimierung von Haftungsrisiken

Im Folgenden gilt es, kursorisch Wege zur Minimierung von Haftungsrisiken in der praktischen Umsetzung eines produzierenden Unternehmens aufzuzeigen.

1.4.1   Gesellschafts- und vertragsrechtliche Gestaltungen

Nichtjuristen erwarten von ihren Beratern gerne ein Patentrezept, mit welchem die Produkthaftung möglichst ausgeschlossen oder zumindest doch reduziert werden kann. Auf gesellschaftsrechtliche oder gar sitzungsrechtliche entsprechende „Ideen", wie Gründung einer ausgelagerten GmbH, einer Auslandsgesellschaft etc. soll hier schon aus Raumgründen nicht weiter eingegangen werden.

Gleiches gilt für vertragliche Überlegungen, die Produkthaftung zu beschränken, die vom Grundsatz her jedenfalls für das ProdHaftG nur von mäßigem Erfolg gekrönt

---

[18] Vgl. BGH 07.06.1988, VI ZR 91/87, BGHZ 104, 323ff., 330; BGH 08.12.1992, VI ZR 24/92, NJW 1993, 528ff., 529.

[19] Vgl. Müko-Mertens, BGB, Rdnr. 299 zu § 823 BGB.

[20] Vgl. BGH 19.11.1991, VI ZR 171/91, NJW 1992, 1039ff., 1040f.; enger noch: BGH 18.01.1983, VI ZR 208/80, VersR 1983, 375f., 376.

Behr's Verlag, Hamburg

sein dürften, vgl. zur Unabdingbarkeit nämlich § 14 ProdHaftG, die gerne übersehen wird. Auch nach BGB sind Haftungserleichterungen zwar denkbar, z. B. für Fälle leichter Fahrlässigkeit auf Produzentenseite. Allerdings kann dies allein für die kaum praxisrelevanten Fälle relevant werden, wo ein später geschädigter Produktverwender ein Produkt auch direkt beim Produzenten bezogen hat. Dies wird in der modernen Distributionskette – besonders im Lebensmittelsektor – allerdings kaum jemals der Fall sein.

1.4.2 Haftungsvermeidende unternehmerische Organisation

Vielmehr sollte ein Produzent versuchen, seine Haftungsrisiken *präventiv* zu minimieren, indem die gesamte unternehmerische Organisation vom Wareneinkauf, über die Produktion bis hin zum Vertrieb möglichst fehlerfrei und störungsunanfällig aufgebaut wird. Kurz gesagt muss ein Produktionsbetrieb so beschaffen sein, dass Fehler vor Inverkehrbringen von Produkten möglichst ausgeschaltet oder durch Kontrollen entdeckt werden; Fehler in Pflichtenkategorien (vgl. Kapitel V.1.1.1 bis V.1.1.4) also möglichst verhindert werden.

Für den hier besonders interessierenden Lebensmittelsektor gibt es eine Fülle entsprechender „Mindestanforderungen". Das neue Lebensmittel-, Bedarfsgegenstände- und Futtermittelgesetzbuch (LFGB) umfasst dabei alle Produktions- und Verarbeitungsstufen und gilt parallel zur sog. Basis-Verordnung der EU[21]. Es gilt der Grundsatz, wonach Lebensmittel, die nicht sicher sind, auch nicht in den Verkehr gebracht werden dürfen, vgl. Art. 14 Abs. 1 BasisVO 178/2002. Der Produzent als „Lebensmittelunternehmer" ist am besten in der Lage, ein sicheres System zu entwickeln und dafür zu sorgen, dass die von ihm gelieferten Lebensmittel auch sicher sind[22].

Anhand vorhandener Risiko- und Gefährdungspotenziale des Produzenten hat folglich eine Analyse dahin zu erfolgen, inwieweit Risikofaktoren und Schwachstellen ausgeschlossen oder jedenfalls minimiert werden können. Ein entsprechendes risikoorientiertes Qualitätsmanagement vermag eine Produkthaftung zwar nicht auszuschließen, kann aber das Produkthaftungsrisiko erheblich verringern.

---

[21] Verordnung Nummer 178/2002 des Europäischen Parlamentes und des Rates vom 28. Januar 2002 zur Festlegung der allgemeinen Grundsätze und Anforderungen des Lebensmittelrechts, zur Errichtung der Europäischen Behörde für Lebensmittelsicherheit und zur Festlegung von Verfahren zur Lebensmittelsicherheit, vgl. Internetfundstelle: http://eur-lex.europa.eu/pri/de/oj/dat/2002/l_031/l_03120020201de00010024.pdf

[22] Vgl. Erwägungsgrund Zf. 30 BasisVO 178/2002, a. a. O.

Dazu gehört auch die *reaktive* Produktbeobachtung, welche den Absatz und den Vertrieb eines Produktes operativ begleitet, um im Falle eventuell erforderlich werdender Produktwarnungen und Rückrufe entsprechend schnell und effektiv agieren zu können (sog. Notfallkonzepte und Rückrufmanagement). Für den hier besonders interessierenden Lebensmittelsektor ist eine Rückverfolgbarkeit von Lebensmitteln „in allen Produktions-, Verarbeitungs- und Vertriebsstufen sicherzustellen", wobei ein Lebensmittelunternehmen sogar in der Lage sein muss, „jede Person festzustellen", von der sie ein Lebensmittel oder einen Stoff, der in Lebensmitteln verarbeitet wird, erhalten hat[23]. Lebensmittelunternehmen haben hierzu Systeme und Verfahren einzurichten, mit denen diese Informationen den zuständigen Behörden auf Aufforderung mitgeteilt werden können.

Unabhängig von behördlichen Sanktions- und Ersatzmaßnahmen (vgl. dazu Kapitel V.1.5) im Falle von Unzulänglichkeiten bei der gebotenen Rückverfolgbarkeit in allen Produktions-, Verarbeitungs- und Vertriebsstufen wird eine Verletzung organisatorischer Verkehrspflichten vorliegen, wenn in einem Ernstfall nicht oder nur zu spät reagiert werden kann, weil beispielsweise erforderliche Anschriften usw. nicht parat liegen[24] und es dadurch zu Schäden auf Kundenseite kommt. Es empfehlen sich der Aufbau und die Pflege eines effektiven unternehmerischen präventiven Frühwarnsystems für Kundenbeschwerden, Hinweise aus dem Vertrieb usw., für den Fall, dass „Auffälligkeiten" an einem Produkt auftreten sollten. Der Einrichtung entsprechender Systeme, auch zur schnellen und effektiven Eingrenzung möglicher betroffener Produktchargen, wird dabei immer noch zu wenig Aufmerksamkeit geschenkt[25].

Gerade im Lebensmittelsektor wird mangels Kenntnis über konkrete Produktbenutzer- und Käuferidentitäten eine öffentliche Warnung oder ein Rückruf meist die einzige effektive Möglichkeit bieten, um Gefährdete hinreichend und vor allem schnell zu informieren. Aus Produzentensicht wird ein stiller zwar grundsätzlich einem öffentlichen Rückruf vorzuziehen sein: Allerdings reicht ein solches Vorgehen unter haftungsrechtlichen Gesichtspunkten nur aus, wenn mit großer Wahrscheinlichkeit noch davon auszugehen ist, dass evtl. gefährliche (Lebensmittel-) Produkte, beispielsweise wegen eines verkaufsfreien Wochenendes, sich noch in Beständen des Handels befinden und Kunden deswegen mit hoher Sicherheit nicht gefährdet sind.

---

[23] Vgl. Art. 18 Abs 1, 2 BasisVO 178/2002, ebenda.

[24] Vgl. auch Hauschka, AG 1988, 29ff., 39, 40; Rettenbeck, Rückrufpflicht, S. 26.

[25] Vgl. Binnemann, ZLR 2003, 518ff., 521.

1.4.3 Versicherungsschutz

Als ein weiterer und besonders finanziell nicht unbedeutender Weg zur Minimierung von Haftungsrisiken sollte vor dem Hintergrund vorher genannter umfassender Produzentenpflichten zudem über einen ausreichenden Versicherungsschutz nachgedacht werden: Neben der klassischen Absicherung über eine Betriebshaftpflichtversicherung sollte ergänzend der Abschluss einer Produkthaftpflichtversicherung, ggf. sogar einer Produktschutzversicherung risikokalkulatorisch in Betracht gezogen werden, welche auch Schäden außerhalb der klassischen Betriebshaftpflicht abdeckt (Rückrufkosten, Produktionsausfall, Wiedereinführung, Exportausfall, Folgeschäden etc.; siehe auch nachfolgendes Kapitel V.2 Versicherungsschutz).

1.5 Definition von Sanktions- und Ersatzmaßnahmen/Behördenreaktionen

Die Rolle des Staates bzw. der öffentlichen Behörden ist exemplarisch in Art. 17 Abs. 2 der BasisVO 178/2002 umfassend mit Sanktions- und Ersatzmaßnahmen statuiert: Zur Überwachung und Überprüfung der Anforderungen des Lebensmittelrechts auf allen Produktions-, Verarbeitungs- und Vertriebsstufen haben die Mitgliedstaaten ein System amtlicher Kontrollen zu betreiben und den Umständen angemessene Maßnahmen durchzuführen, einschließlich der öffentlichen Bekanntgabe von Informationen über die Sicherheit und Risiken von Lebensmitteln.

Die daraus möglichen umfassenden hoheitlichen Eingriffsmaßnahmen werden im deutschen LFGB näher spezifiziert, vgl. dort § 39 Abs. 2 Zf. 1–9: Zum Schutz vor Gefahren für die Gesundheit können die zuständigen Behörden notwendige Anordnungen und Maßnahmen treffen, u. a. Prüfungen durchführen lassen, vorübergehend verbieten, dass ein Erzeugnis in den Verkehr gebracht wird, anordnen, dass ein Erzeugnis nicht weiter in den Verkehr gebracht wird, dessen Rückruf anordnen sowie die Öffentlichkeit informieren[26]. Der Praktiker sei anhand § 40 Abs. 1 LFGB exemplarisch auf die Weite behördlicher Sanktions- und Ersatzmaßnahmen hingewiesen: Hiernach nämlich soll die zuständige Behörde die Öffentlichkeit unter Nennung der Bezeichnung des Lebensmittels und des Lebensmittelunternehmens, unter dessen Namen oder Firma das Lebensmittel hergestellt oder behandelt wurde, nach Maßgabe Art. 10 Basis VO 178/2002 informieren. Danach allerdings sind (schon) bei einem

---

[26] Darüber hinaus besteht ein umfassendes Sanktionsrecht bei Verstößen gegen das Lebensmittelrecht mit Bußgeld- und Strafvorschriften, was hier allerdings nicht zu vertiefen ist, §§ 58ff. LFBG.

hinreichenden Verdacht, dass ein Lebensmittel ein Risiko für die Gesundheit von Mensch oder Tier mit sich bringen *kann*, je nach Art, Schwere und Ausmaß des Risikos geeignete Schritte zu unternehmen, um die Öffentlichkeit über die Art des Gesundheitsrisikos aufzuklären, wobei *„möglichst umfassend das Lebensmittel oder die Art des Lebensmittels"* sowie das (auch nur) *„möglicherweise damit verbundene Risiko"* anzugeben ist. Jeder Produzent vermag sich ein entsprechend „wortlautgetreues" Agieren staatlicher Stellen in der Krise vorstellen!

Allerdings ist eine Information der Öffentlichkeit durch die Behörde erst zulässig, wenn andere ebenso wirksame Maßnahmen, insbesondere eine Information durch den Lebensmittelunternehmer selber nicht oder nicht rechtzeitig getroffen werden oder den Verbraucher nicht erreichen[27]. Zur Verhinderung entsprechender hoheitlicher „Ersatzhandlungen" mit damit verbundenen gravierenden ökonomischen Auswirkungen gilt es für Produzenten folglich, den zuständigen Behörden im Ernstfall ein klares, umsetzbares und überzeugendes Handlungskonzept für Verbraucherinformationen, Produktwarnungen und -rückrufe aufzuzeigen, konkret also diejenigen Maßnahmen anzugeben, die getroffen wurden oder getroffen werden, um einem Produktrisiko für Verbraucher zu begegnen.

Erforderlich ist dafür schon aus praktischen Gründen neben logistischen Vorbereitungen, dass Anschriften von Distribuenten, Handelsorganisationen, Vertriebsunternehmen für Großhandelsketten usw. in jeweils aktuellem Stand vorliegen, um eine Rückverfolgbarkeit in allen Produktions-, Verarbeitungs- und Vertriebsstufen sicherstellen zu können und um diese entsprechenden Informationen den zuständigen Behörden auf Aufforderung auch mitteilen zu können (vgl. Art. 18 Abs. 1, 2 S. 2 Basis VO 178/2002).

1.6 Kommunikation und Information

Entsprechend den Wegen zur Minimierung von Haftungsrisiken gilt es, präventiv eine Kommunikations- und Informationsstrategie aufzubauen, auf welche im Bedarfsfall unverzüglich zugegriffen werden kann: Dazu sollte *ein* zentraler und alleiniger Ansprechpartner im Unternehmen für Medienkontakte, Presseanfragen definiert sein, um kontraproduktive, weil möglicherweise unterschiedliche Aussagen verschiedener Beteiligter zu verhindern. Ein gut vorbereitetes, abgestimmtes und einheitliches Kommunikations- und Informationsverhalten eines Unternehmens wird gerade in Fällen von Produktwarnungen und -rückrufen für ein möglichst hohes Aufrechter-

---

[27] Vgl. § 40 Abs. 2 LFGB.

halten des Verbrauchervertrauens von wesentlicher Bedeutung sein: Verbraucher wissen es durchaus zu schätzen, wenn Unternehmen glaubhaft im Rahmen ihres Qualitäts- und Verantwortungsbewusstseins informieren [28]. „Kein-Kommentar"-Äußerungen fordern Investigativmaßnahmen auf Journalistenseite geradezu heraus!

Wie dargelegt, ist im hier besonders interessierenden Lebensmittelsektor eine Information der Öffentlichkeit durch die Behörden *nur* zulässig, wenn andere ebenso wirksame Maßnahmen, insbesondere eine Information der Öffentlichkeit durch den Lebensmittelunternehmer selber, nicht erfolgt, vgl. § 40 Abs. 2 LFGB; Art. 10 BasisVO 178/2002: Schon aus unternehmenseigenen Interessen heraus sollte es daher immer Ziel sein, in Fällen notwendiger Warnungen oder Rückrufen, diese vom Unternehmenssprecher und nicht von staatlichen Stellen in die Öffentlichkeit bringen zu lassen.

Der Praktiker sollte sich dabei vor Augen halten, dass aus Verbrauchersicht zu spät greifende Maßnahmen oder Informationen, auch wenn haftungsrechtlich nicht zu beanstanden, sich langfristig als sehr teure „juristisch korrekte Entscheidungen" erweisen können. Daher sollten auch im Falle eines An-die-Öffentlichkeit-Gehens sämtliche Werbemaßnahmen für das betroffene Produkt sofort ausgesetzt werden. Es könnte sonst der negative Eindruck entstehen, dass der betroffene Produzent noch schnellstmöglich die vermeintlichen risikobehafteten Produkte aus den Regalen bringen möchte.

Merke: Höchstmögliche Verantwortung bei Warnungen oder gar Rückrufen in der Krise sichert langfristig Kundenvertrauen, auch bei kurzfristiger „Selbstschädigung"!

1.7 Beispielsfälle aus der Praxis

Um dem Praktiker die vorher genannten bedeutsamen Fallgruppen der Produkthaftung für die tägliche Unternehmensanwendung zu verdeutlichen, sind im Folgenden zu o. g. wichtigen Fallgruppen jeweils „echte" Produkthaftungsfälle in stark geraffter Form dargestellt. Bewusst wurden bekannte „Klassiker" und/oder worst-case-Szenarien gewählt, um das in entsprechenden Pflichtverletzungen liegende Haftungspotenzial herauszustellen:

---

[28] Vgl. Binnemann, ZLR 2003, 518ff., 522.

1.7.1 Beispielsfall zur Verletzung von Konstruktionspflichten

In den mehrfach zu entscheidenden sog. „Mehrwegflaschenfällen" explodierten kohlensäurehaltige Mehrweggetränkeflaschen und verletzten dabei Personen. In einem bekannten Fall explodierte eine Limonadenflasche und verletzte die Augen eines Kindes schwer. Der BGH führte aus, dass ein Hersteller kohlensäurehaltiger Limonade in den Grenzen des technisch Möglichen und wirtschaftlich Zumutbaren dafür zu sorgen hat, dass Verbraucher durch seine Erzeugnisse keine Gesundheitsschäden erleiden. Dazu gehöre auch die Sorge, dass Behältnisse, in denen Limonade in den Handel gegeben werden, nicht zu Verletzungen bei Verbrauchern führen. Entsprechende Gefahren sind durch geeignete Fertigungsmethoden und Kontrollen möglichst auszuschalten, beispielsweise durch ein wesentliches Herabsetzen des Versetzungsdruckes, weniger bruchgefährdende Flaschengestaltung oder einem Überdruck vorbeugende Verschlüsse. Im Rahmen der Grundsätze zur Beweislastumkehr trifft den Hersteller bei Getränkeflaschen, wo eine Berstgefahr nicht auszuschließen ist, grundsätzlich eine Prüfungs- und Befundsicherungspflicht dahingehend, den Zustand jeder Flasche vor Inverkehrbringen auf Berstsicherheit hin zu ermitteln und sich darüber zu vergewissern, dass nur unbeschädigte Flaschen den Herstellerbetrieb verlassen können[29].

1.7.2 Beispielsfall zur Verletzung von Fabrikationspflichten

In einem Krankenhaus wurde eine Nasenscheidewand-Operation mittels eines Septummeißels durchgeführt. Die Spitze desselben brach während der Operation ab und gelangte in die Lunge des klagenden Patienten. Dieser begehrt Schmerzensgeld und Ersatz künftig entstehenden Schadens. Das Landgericht hatte ihm bereits 10.000 DM (im Jahre 1978) zugesprochen ebenso wie die Ersatzpflicht von künftigem Schaden. Die Berufung des Operationsinstrumentenherstellers hatte keinen Erfolg: Der BGH sah es nach den Regeln des Anscheinsbeweises als erwiesen an, dass wenn ein Operationsinstrument sieben Monate nach Lieferung bricht, dieses fehlerhaft hergestellt worden sei. Mit Rücksicht auf die großen Gefahren, die von fehlerhaften Operationsinstrumenten für Patienten ausgehen können, dürfen Kontrollen, z. B. mittels Röntgen oder Ultraschall, nicht unterbleiben, um Produktionskosten gering zu halten. Das

---

[29] BGH 07.06.1988, VI ZR 91/87, BGHZ 104, 323ff., 326, 329, 335.

gilt selbst dann, wenn bei Produzenten zum Herstellungszeitpunkt solche Kontrollen noch nicht üblich waren (hier: Röntgenstrahlen oder Ultraschall)[30].

1.7.3 Beispielsfall zur Verletzung von Instruktionspflichten

Im sog. „Milupa-Fall" wurde Schadensersatz vom Säuglings- und Kindernahrungsmittelhersteller für Kariesbefall des Milchzahngebisses verlangt. Der Hersteller hatte verschiedene Instant-Tee-Pulver produziert und Plastiktrinkflaschen für diese Getränke vertrieben. Durch sog. Dauernuckeln ist beim geschädigten Kind Milchzahnkaries aufgetreten. Der BGH[31] führte aus, dass in Warnhinweisen über Produktgefahren auch die Art der drohenden Gefahr deutlich herausgestellt werden muss: Wenn erhebliche Körper- oder Gesundheitsschäden durch Fehlanwendung des Produkts entstehen können, muss der Produktverwender zudem aus den Warnhinweisen erkennen können, warum das Produkt gefährlich werden kann. Da dies nicht, bzw. nicht im gebotenen Umfang der Fall war, musste das Unternehmen Schadensersatz leisten.

1.7.4 Beispielsfall zur Verletzung von Produktbeobachtungspflichten

Für die Produktbeobachtungspflicht sowohl des Herstellers wie auch seiner Vertriebsgesellschaft interessant ist die so genannte Honda-Entscheidung des BGH[32]: Ein Motorradfahrer hatte ein Motorrad des Herstellers gebraucht aus zweiter Hand gekauft. Noch der Voreigentümer hatte daran eine bestimmte Lenkerverkleidung eines anderen (!) Herstellers anbringen lassen, welche das Motorrad bei hohen Geschwindigkeiten pendeln ließ. Es kam zum Unfall mit Todesfolge. In der anschließenden Produkthaftungsklage auf Schadensersatz stellte der BGH fest, dass eine Pflicht zur Produktbeobachtung zwecks rechtzeitiger Gefahrenaufdeckung einen Hersteller (und dessen Vertriebsgesellschaft) sogar für solche Gefahren treffen kann, welche erst aus der Kombination seines Produkts mit Produkten anderer Hersteller entstehen können.

---

[30] BGH 24.01.1978, 4 U 154/77, NJW 1978, 1693, 1694.

[31] BGH 12.11.1991; VI ZR 7/91, BGHZ 116, 60ff., 64, 68 = NJW 1992, 560ff.

[32] BGH 09.12.1986, VI ZR 65/86, NJW 1987, 1009ff., 1010 = BB 1987, 717ff., 719.

2 Versicherungsschutz

JOHANN-PHILIPP VON LEWINSKI

2.1 Einleitung

Seit den 70er Jahren gibt es den Produktrückruf. Der Grund dafür liegt im Wesentlichen in der zunehmenden Differenzierung der Fertigungsprozesse, also der fortschreitenden Arbeitsteilung im Produktionsprozess und der damit einhergehenden Zunahme von Serienprodukten[1]. Diese erschweren die Qualitätskontrolle und können vermehrt zu Produktmängeln führen. Die Hersteller werden dadurch immer häufiger gezwungen, fehlerhafte Produkte aus dem Markt zu nehmen. Die sich aus einem Rückruf ergebenden Kosten wurden allerdings durch die bisher bestehenden Konzepte wie Versicherungsschutz nach den allgemeinen Haftpflichtbedingungen (AHB)[2], der allgemeinen Betriebshaftpflichtversicherung (BHV)[3], dem Produkthaftpflichtmodel des Gesamtverbandes der deutschen Versicherungswirtschaft (GDV) oder nach den Regelungen von §§ 62, 63 Versicherungsvertragsgesetz (VVG) nicht oder nur eingeschränkt ersetzt.

Diese Konzepte – wie unten weiter dargestellt – werden vielmehr vom Haftpflichtgedanken getragen, d. h. den Schaden eines Dritten zu ersetzen, jedoch nicht den Schaden, den der Hersteller bzw. der Quasihersteller oder auch Händler hat.

2.1.1 Allgemeine Haftpflichtbedingungen

Nach den allgemeinen Haftpflichtbedingungen (AHB) bekommt der Versicherungsnehmer nur den Schaden ersetzt, den ein Dritter ihm gegenüber geltend macht. Davon sind aber nicht die Schäden und Kosten erfasst, die dem Hersteller selbst durch einen Produktrückruf entstehen, oder die Kosten, die ein Dritter im Interesse des Versicherungsnehmers aufwenden musste. Anders ist dies nur bei den Kosten, die ein

---

[1] Ass. Jur. André Knoerchen, 14.07.2003 S. 3

[2] § 1 Ziffer 1 der allgemeinen Haftpflichtbedingungen (AHB)

[3] von Westfalen/Littbarski, § 56 Rn. 36

Dritter dem Versicherungsnehmer für Gefahrenabwehrmaßnahmen, nachdem eine Warnung oder ein Rückuf bekannt geworden ist, in Rechnung stellt.

2.1.2 Allgemeine Betriebshaftpflichtversicherung

Die allgemeine Betriebshaftpflichtversicherung (BHV) sieht nach § 1 Ziffer 1 AHB nur dann Versicherungsschutz vor, wenn es zu einem Personen- und/oder Sachschaden gekommen ist. Aufwendungen, die zur Abwehr einer Rechtsgutsverletzung getroffen werden, wie z. B. Aufwendungen bei einer Schadenverhütung werden nicht ersetzt[4].

2.1.3 Produkthaftpflichtmodell

Im Jahr 2000 hat der Gesamtverband der deutschen Versicherungswirtschaft e. V. (GDV) eine neue Fassung des Produkthaftpflichtmodells vorgelegt[5]. Im Rahmen der Weiterentwicklung sollen nun auch solche Schäden mit erfasst werden, die neben den Personen- oder Sachschäden auch die daraus entstandenen Schäden mit abdecken. Damit werden die mittelbaren Vermögensschäden adressiert, die aus einem Personen- und/oder Sachschaden resultieren. Jedoch wurden explizit die rückrufrelevanten Kosten aus diesem Model herausgenommen[6], und die reinen Vermögensschäden nach wie vor nicht adressiert.

Hingegen bietet die im Markt angebotene Produktschutzversicherung dem Versicherungsnehmer Schutz für den Eigenschaden. Dieses Konzept gewährt dem Kunden die versicherungstechnische Möglichkeit, sein Betriebsrisiko zu minimieren und in bestimmten Fällen den Erfüllungsschaden abzusichern.

---

[4] R+S 1997, S. 266 und OLG München VersR 92, 1135

[5] GDV-Rundschreiben H 15/2000 M vom 17.03.2000

[6] Thürmann: Deutschland – Das neue Produkthaftpflichtmodell, PHi 2000, S. 174

2.2 Vorsätzliche Produktkontamination

2.2.1 Geschichtliche Entwicklung und Konsequenzen

In den achtziger Jahren ist es insbesondere in den Vereinigten Staaten von Amerika und dann später auch in Europa zu Erpressungsversuchen durch Lebensmittelvergiftungen gekommen[7]. Die betroffenen Unternehmen, im Wesentlichen große Konzerne, wurden seinerzeit dahingehend erpresst, dass die Täter die bereits im Handel befindliche Waren mit einem Gift kontaminierten. Durch die Öffentlichmachung der Erpressung waren die betroffenen Unternehmen gezwungen, diese Produkte aus dem Markt zu nehmen. Abgesehen von der drohenden Gefahr, der die Verbraucher ausgesetzt waren, bestand die Gefahr für die Unternehmen, einen Imageverlust mit hohen wirtschaftlichen Folgen zu erleiden, wenn die betroffenen Unternehmen bei einer Erpressung nicht entsprechend reagierten und die Produkte nicht aus dem Verkehr nahmen. In Einzelfällen konnte dies aber auch bedeuten, das gesamte Sortiment aus dem Verkauf zu nehmen, wenn nicht bekannt war, wo und welches Produkt der Täter vergiftet hatte.

Lebensmittel haben vielfach nur eine begrenzte Haltbarkeit. Dies hat zur Folge, dass ein zeitnahes Aussortieren der Produkte aus den Regalen, deren Untersuchung und erneute Einsortierung nicht so schnell erfolgen konnte, dass die Produkte noch innerhalb der Mindesthaltbarkeit zurück in den Abverkauf gelangen. Die Unternehmen sehen sich daher vielfach gezwungen, den Forderungen zur Vermeidung weiterer Schäden wie auch Nichterfüllung von Lieferverpflichtungen nachzukommen.

Vor dem Hintergrund, dass die sich aus einem Rückruf ergebenden Kosten und Gewinnausfälle bis dahin nicht versicherbar waren bzw. durch bestehende Konzepte nicht erfasst wurden, hat sich die Assekuranz dazu entschlossen, eine separate Deckungslösung anzubieten – insbesondere unter Einbeziehung von Krisenberatern, die den betroffenen Unternehmen zur Seite gestellt werden.

2.2.2 Voraussetzung/Definition

Von einer vorsätzlichen Produktkontamination ist die Rede, wenn von einem Dritten eine vorgenommene oder verursachte, tatsächliche, behauptete oder angedrohte,

---

[7] 1982 u. 1986 Tylenol; 1996 Thomy

vorsätzliche, böswillige und rechtswidrige Veränderung oder Kontamination der versicherten Erzeugnisse des Versicherungsnehmers erfolgte und diese darauf abzielte, ein Produkt entweder tatsächlich ungeeignet oder gefährlich für die Benutzung oder den Verzehr zu machen oder auch nur gegenüber der Öffentlichkeit einen solchen Eindruck zu erwecken.

2.2.3 Deckung

In den oben genannten Fällen gewährten die einschlägigen Deckungskonzepte Schutz unter anderem für Krisenberatungskosten, Rückrufkosten, Rehabilitationskosten sowie für die in einem bestimmten Zeitraum entgangenen Gewinne (Haftzeit).

2.2.3.1 Krisenberatungskosten

Unter Krisenberatungskosten verstehen sich üblicherweise die Kosten für externe Berater, die dabei helfen, die Gefahr abzuwenden, die Produkte aus dem Markt zu nehmen und mit den Behörden und den Medien zu kommunizieren.

2.2.3.2 Rückrufkosten

Bei einem Rückruf werden in den gängigen Konzepten die Benachrichtigungskosten, die Kosten für das Vorsortieren und den Transport der vom Rückruf betroffenen Produkte, die Vernichtungskosten sowie Austausch- oder Reparaturkosten ersetzt. Darüber hinaus werden vereinzelt auch die Untersuchungskosten zur Identifizierung der Schadensursache erstattet. Grundsätzlich sind die gewährten Rückrufkosten jedoch enumerativ aufgezählt. Vereinzelt wird aber auch pauschal Rückrufkostenschutz gewährt, bei dem zum Beispiel auch die Stornogebühren für Medienkampagnen ersetzt werden. Anbieter, die letztere Variante wählen, korrigieren eventuelle Überziehungen oder ein Ausufern durch eine Angemessenheitsklausel.

2.2.3.3 Bilanzschutz

Hinter dem Bilanzschutz verbirgt sich im wesentlichen das Herz der Produktschutzversicherung, da hier der Schaden ersetzt wird, der dem Hersteller, Quasihersteller oder auch Händler dann entsteht, wenn es bei Rückruf und Vernichtung von Ware zu einem Umsatz- und damit Gewinnausfall kommt. Berücksichtigt man die üblicherweise geringe Eigenkapitalausstattung von Unternehmen und dass die Mittel für Produktion und Handel damit üblicherweise über Avalkredite bei Banken und Sparkassen laufen, ergibt sich die Notwendigkeit einer derartigen Versicherung bereits hier. Die Versicherungsnehmer können hier ihren Banken und Sparkassen anzeigen, dass der zu erwartende Gewinnausfall abgedeckt ist und damit die Verlängerung oder auch Ausdehnung der Kreditlinie in einem Schadenfall erreichen. Seit 01.01.2008 können die Versicherungsnehmer bedingt durch das geänderte Versicherungsvertragsgesetz (VVG) nunmehr auch leichter die Forderungen gegen den Versicherer an die Banken und Sparkassen abtreten und somit zur Überbrückung beziehungsweise als Sicherheit übertragen.

Die bestehenden Grundkonzepte setzen allein beim so genannten Nettogewinn an. Diese ersetzen und beschränken sich dabei allein auf die zukünftigen Gewinnausfälle. Weitergehender sind jedoch die Konzepte, die den so genannten Bruttogewinn ersetzen. Hierbei werden zum Teil Herstellungs-, Anschaffungs- und/oder Vertriebskosten ersetzt wie auch die Herausgabe von bereits fakturierten Erlösen von Produkten, die zurückgenommen werden.

Ansatz beim Versicherungsschutz für den Gewinnausfall ist eine Betrachtung über einen bestimmten Zeitraum, in dem die tatsächlichen Verkaufszahlen mit den geplanten verglichen werden. Die sich ergebende Differenz ist üblicherweise der Gewinnausfall. Bei dieser Betrachtung werden aber auch solche Aspekte mit berücksichtigt, die sich unabhängig von dem Schadeneintritt auf den Umsatz negativ oder auch positiv ausgewirkt hätten. Dies können Einmaleffekte wie ein Großereignis (Fußballweltmeisterschaft, Olympische Spiele), ein besonders heißer Sommer oder auch anderweitige Belastungen sein.

Im Rahmen des so genannten Bilanzschutzes werden je nach Konzept und Vereinbarung auch die Produkte bzw. Marken eines Sortiments mit erfasst, die selber keinen Mangel haben, da der Abnehmer in die Marke bzw. das Produkt kein Vertrauen mehr hat und das Sortiment vom Hersteller vollständig aus dem Angebot herausgenommen wird.

2.2.3.4   Rehabilitationskosten

Mit diesem Baustein erstatten die Versicherer die Kosten für Maßnahmen, die der Versicherungsnehmer dafür aufwendet, damit sein Produkt, bzw. seine Marke wieder das Image bzw. die Verkaufszahlen erreicht, die es vor dem Ereignis hatte. Darunter verstehen sich auch die Kosten, die dafür aufgewendet werden müssen, damit das Produkt im Handel den gleichen Regalplatz wieder erlangt, den es vor dem Schaden hatte. Diese Kosten gewinnen insbesondere dann an Bedeutung, wenn der Schadenfall nicht mit einem Produkt, sondern mit einer bestimmten Marke in Verbindung gebracht wird und bei zukünftigen Fällen immer auch diese Marke assoziiert wird.

2.3 Versehentliche Produktkontamination

2.3.1 Geschichtliche Entwicklung und Konsequenzen

In den folgenden Jahren, als man feststellte, dass die versehentliche Kontamination die viel häufigere Ursache für Produktrückrufe war als die vorsätzliche Kontamination, wurden die Versicherungskonzepte im Hinblick auf die versehentliche Kontamination erweitert. Hintergrund für das Erfordernis war auch, dass die Unternehmen durch die einschlägige Rechtsprechung des Bundesgerichtshofs (BGHZ 51, 91 – „Hühnerpestfall") die Pflicht auferlegt bekamen, die Verantwortung für Ihre Produkte zu übernehmen. Infolge dieser Rechtsprechung und einer europäischen Richtlinie, wurden die Unternehmen zunächst durch das Geräte- und Produktsicherheitsgesetz (GPSG) und dann durch das Lebensmittel-, Bedarfsgegenstände- und Futtermittelgesetzbuch (LFGB) gesetzlich verpflichtet, zur Vermeidung von Personenschäden ihre Ware aus dem Verkehr zu nehmen – bzw. es wurde Ihnen untersagt, Ware in den Verkehr zu geben, die einen Gesundheitsschaden herbeiführen könnten.

Mit dem Inkrafttreten des Produktsicherheitsgesetzes (ProdSG) zum 01.08.1997 hat der Gesetzgeber erstmals eine allgemeingültige Ermächtigungsgrundlage für behördlich angeordnete Rückrufe nicht sicherer Verbrauchsprodukte geschaffen. Dieses Gesetzt, wie auch das Gerätesicherheitsgesetz, wurde zum 01.05.2004 durch das Geräte- und Produktsicherheitsgesetz abgelöst.

1998 hat der Gesamtverband der Deutschen Versicherungswirtschaft (GDV) ein Deckungsmodell für eine allgemeine Rückrufkosten-Haftpflichtversicherung bekannt gegeben und damit eine Versicherungslösung für das mit einem Rückruf verbundene Kostenrisiko von Herstellern und Händlern bereitgestellt[8]. In 2002 wurde dieses Model überarbeitet und 2006 letztmalig angepasst. Anknüpfungspunkt für dieses Konzept war, wie eingangs angesprochen, die so genannte gesetzliche Rückrufverpflichtung und der Gedanke, dass der Hersteller durch seinen Abnehmer im Rahmen eines Regresses, z. B. für die Vernichtung, Benachrichtigung und anderen Kosten in Haftung genommen werden konnte.

Das Konzept hatte jedoch eine Lücke, wenn man es isoliert auf den Ersatz von Kosten, die im Rahmen eines Fremd- oder Drittrückrufes anfallen, anwendet. Um einen möglichen Deckungsschutz zu erlangen, wäre der Hersteller nach diesem Konzept gehalten gewesen, seine Produkte erst in den Markt zu geben und zu warten bis ein

---

[8] vgl. Rundschreiben H 42/98 M v. 04.11.1998 [2139/1998]

Dritter zurückruft, obgleich der Hersteller bereits wusste, dass sein Produkt eine Personengefahr in sich barg. Zur Vermeidung derartiger Verhaltensweisen hatte man das Konzept dahingehend erweitert, dass neben den aus einem Fremdrückruf resultierenden Kosten auch der Eigenrückruf mit abgedeckt war. Dies ist vor dem Grundgedanken der Ultima ratio zur Vermeidung von Personenschäden wie auch der Produktbeobachtungspflicht zu sehen.

2.3.2 Versicherungsfall

2.3.2.1 Kontamination

Auf Basis des Gedankens der vorsätzlichen Kontamination wurden die bestehenden Konzepte Ende der 90er Jahre auch auf die versehentliche Kontamination ausgeweitet. Dabei wurden die Fälle adressiert, in denen das versicherte Produkt zufällig oder absichtslos kontaminiert wurde, und diese Kontamination innerhalb von 120 Tagen zu einem Personenschaden führen könnte. Unter Kontamination verstand man dabei die Fälle, in denen das Produkt versehentlich durch eine physikalische, chemische oder mikrobiologische Kontamination verunreinigt wurde.

Darüber hinaus wurden aber auch die Fälle adressiert, in denen die Kontamination darin bestand, dass ein anderer Stoff zugegeben wurde, als auf der Verpackung angegeben war und die Verbraucher aber auf die richtigen Stoffe vertrauen mussten[9]. Das Problem mit dieser Lösung, die aus dem angelsächsischen stammte, war, dass die so genannte gesetzliche Rückrufverpflichtung weiter ging, da gerade keine zeitliche Begrenzung der möglichen Erkrankung gefordert wurde und Produkte, die zwar nicht kontaminiert waren, jedoch gleichwohl einen Personenschaden herbeiführen könnten, nicht erfasste[10].

---

[9] Zum Beispiel Alkohol in einem als „alkoholfrei" deklarierten, wie auch bei Zucker in einem als „Zuckerfrei" deklarierten Produkt.

[10] Zum Beispiel notwendiger Stoff fehlte oder Rezeptur schreibt nur den Stoff vor, aber nicht in welcher Qualität.

2.3.2.2 Rückrufkostenmodel des Gesamtverbandes der deutschen Versicherungswirtschaft e. V. (GDV)

Anknüpfungspunkt, wie eingangs angesprochen, sind die Fälle, in denen der Versicherungsnehmer, die zuständige Behörde oder ein sonstiger Dritter ein mangelhaftes Produkt aufgrund der gesetzlichen Rückrufverpflichtung zur Vermeidung von möglichen Personenschäden aus dem Markt nimmt. Der Versicherungsschutz, der im Rahmen dieses Models angeboten wird, begrenzt sich aber auf die enumerativ aufgezählten Rückrufkosten. Der eigentliche Eigenschaden, wie etwa entgangener Gewinn und Rehabilitation, wird dagegen nicht angesprochen. Dies ist vor dem Hintergrund zu sehen, dass das Model auf dem Haftpflichtgedanken und nicht auf dem Eigenschadengedanken beruht. Lediglich der durch den Versicherungsnehmer selber durchgeführte Rückruf weicht von diesem Gedanken ab. Dies aber wie zuvor dargestellt, allein aus der logischen Konsequenz, dass der Versicherungsnehmer nicht erst seine Produkte in den Markt geben muss, damit er in den Genuss der Versicherungsleistung kommt. Denn hätte der Hersteller trotz der Kenntnis, dass sein Produkt einen Personenschaden herbeiführen kann, nichts unternommen, hätte er unter anderem wegen Körperverletzung strafrechtlich herangezogen werden können.

2.3.2.3 Produktmangel

Im Zuge des Händler-Herstellerkonzepts und der durch entsprechende Gesetze und Verordnungen geschaffenen gesetzlichen Rückrufverpflichtung, wurden diese Ansätze in die Konzepte übernommen[11]. Weitestgehend sind es derzeit die Lösungen, in denen zur Auslösung eines Versicherungsfalls allein auf die Mangelhaftigkeit eines Produkts abgestellt wird. Dieser Mangel muss allerdings die Gefahr eines potentiellen Personenschadens in sich bergen. Es wird nicht differenziert, ob die Mangelhaftigkeit durch den Hersteller, den Händler oder die zuständige Behörde festgestellt wird. Damit sind auch die Fälle angesprochen, in denen der Personenschaden darin zu sehen ist, dass das Produkt fehlerhaft entwickelt wurde.

Bei der Frage, zu welchem Zeitpunkt die Voraussetzungen gegeben sein müssen, wird üblicherweise auf die ex ante Sicht abgestellt. D. h. zum Zeitpunkt des Rückrufes müssen die Voraussetzungen objektiv vorgelegen haben, dass dieser erforderlich war. Diejenigen, die auf die ex post Sicht abstellen, lassen den Versicherungsnehmer bis zuletzt im Ungewissen, ob der entstehende Schaden ersetzt wird. Dieses ist vor

---

[11] Geräte- und Produktsicherheitsgesetz (GPSG), Lebensmittel-, Bedarfsgegenstände und Futtermittelgesetzbuch (LFGB) und § 823 BGB

allem dann von Bedeutung, wenn sich später herausstellt, dass ein Rückruf nicht erforderlich war, zum Beispiel, wenn Untersuchungsergebnisse vertauscht oder man sich ganz einfach bei der Kommastelle vertan hatte. Hier waren zwar augenscheinlich im ersten Moment die objektiven Kriterien für einen Rückruf erfüllt, der aber in Kenntnis der tatsächlichen Sachlage unterlassen worden wäre. In diesen Fällen, wird Deckung bis zur Kenntnisnahme gewährt.

2.3.3 Deckungsumfang

Soweit die oben beschriebenen Voraussetzungen für einen Versicherungsfall vorliegen, werden diverse Schaden- und Kostenpositionen ersetzt.

2.3.3.1 Rückrufkostenmodell des Gesamtverbandes der deutschen Versicherungswirtschaft e. V. (GDV)

Soweit die oben beschriebenen Voraussetzungen vorliegen, sind die enumerativ aufgezählten Kostenpositionen, die aus einem Rückruf resultieren, erstattungsfähig. Zu den einzelnen Rückrufkostenpositionen sehen Sie bitte oben. Nachteil dieses Konzepts ist, dass nur bestimmte Rückrufkosten ersetzt werden und der Eigenschaden aus Gewinnverlust und Rehabilitation nicht erfasst wird.

2.3.3.2 Kontamination oder Produktmangel

Neben den Rückrufkosten werden hier wieder die Krisenberatungskosten sowie die Rehabilitationskosten erstattet. Hinsichtlich des Bilanzschutzes ist zu differenzieren, welches Konzept vereinbart wurde, d. h. ob Netto- oder Bruttogewinn.

2.4 Weitergehende Deckungen

Alle zuvor angesprochenen Modelle und Versicherungsfallvarianten haben stets gemeinsam, dass der Personenschaden zumindest möglich ist. Es gibt jedoch Situationen, in denen der Unternehmer gleichwohl veranlasst sein könnte, sein Produkt aus dem Markt zu nehmen – entweder zum Schutz seiner Marke oder weil die zuständige Behörde eine Ermessensentscheidung vorgenommen hat.

2.4.1 Negative Medienberichterstattung

In den Zeiten, in denen insbesondere die so genannte „vierte" Gewalt eine immer stärkere Rolle bei der Kontrolle und Enthüllung von Missständen einnimmt, sind Nachrichten, die über das Ziel hinausschießen, nicht auszuschließen – mit der Folge, dass in der öffentlichen Wahrnehmung ein Bild von einem Produkt erzeugt wird, das nicht den Tatsachen entspricht[12]. In der Schnelllebigkeit von Meldungen im elektronischen Zeitalter haben die betroffenen Unternehmen üblicherweise nicht genügend Zeit, unrichtige Behauptungen zu überprüfen, eine qualifizierte Gegendarstellung zu veröffentlichen und somit die Behauptung zu entkräften. Die Unternehmer werden üblicherweise aus Eigeninteresse zum Schutz ihrer Marke und Reputation[13] das in die Kritik geratene Produkt aus dem Markt nehmen und parallel die Behauptung prüfen. Hier hilft es den Unternehmen, ein funktionierendes Krisenmanagementsystem installiert zu haben, das auf solche Situation schnell und flexibel reagieren kann.

Die Assekuranz bietet Versicherungsnehmern Schutz, bei dem es ausreicht, das versicherte Produkt im Rahmen einer Pressemitteilung zu nennen, wenn aus der Meldung zu entnehmen ist, dass es durch den Verzehr, die Verwendung oder den Gebrauch des Produktes zu einem Personenschaden kommen könnte. Einzelne Anbieter fordern darüber hinaus, dass der Versicherungsnehmer namentlich in der Pressemitteilung genannt wird und/oder dass der Personenschaden innerhalb einer bestimmten Zeit eintreten müsste. Allen Varianten ist jedoch gleich, dass Versicherungsschutz dann gegeben ist, wenn – hypothetisch unterstellt – die Behauptungen den Tatsachen entsprechen und es zu einem Personenschaden kommen könnte. Soweit dieses vorliegt, bieten die Versicherer, die dieses Konzept mit anbieten, Deckungsschutz für Krisenberatung, Rückrufkosten, Bilanzschutz und Rehabilitation.

2.4.2 Nicht sichereres Produkt im Sinne von Art 14 Abs. 2 b der EU VO 178/2002

Nach dem Verständnis der Europäischen Union werden Lebensmittel nicht nur als nicht sicher beschrieben, wenn sie gesundheitsgefährdend sind, sondern auch dann, wenn sie zum Verzehr durch den Menschen ungeeignet sind. Diesen Aspekt greift

---

[12] Fall von Coppenrath & Wiese in 2003, die Behauptung, dass ein Kind durch bakterielle Giftstoffe in einer Torte des vorgenannten Herstellers gestorben sei, konnte nicht aufrechterhalten werden und musste revidiert werden.

[13] Würde der Hersteller das Produkt im Markt belassen, würde er Gefahr laufen, dass das Kundenvertrauen vollends gestört wird und das Unternehmen den Ruf bekommt, den Verbraucher einer Gefahr auszusetzen.

auch das Geräte- und Produktsicherheitsgesetz (GPSG) in § 4 Abs. 1 unter Verweis auf § 3 GPSG und § 1 Abs. 2 Lebensmittel-, Bedarfsgegenstände und Futtermittelgesetzbuch (LFGB) auf, das auf die EU VO in ihrer Gesamtheit wiederum verweist. Damit haben die zuständigen Behörden gemäß § 8 Abs. 4 Nr. 6 GPSG die Befugnis, das Inverkehrbringen von Produkten, die ungeeignet zum Verzehr und damit nicht sicher sind, zu verbieten. Um diesen Anforderungen an die Unternehmen und der Gefahr vor behördlichen Eingriffen entgegenzuwirken, haben einzelne Versicherer in der jüngsten Vergangenheit entsprechende Deckungserweiterungen in ihre Konzepte mit aufgenommen.

Die Voraussetzung drohender Personenschäden wurde dahingehend aufgeweicht, dass der Versicherungsfall bereits dann angenommen wird, wenn der Mangel darin zu sehen ist, dass das betroffene Produkt ungeeignet zum Verzehr ist. Angelehnt wird dieser Gedanke an Art 14. Abs. 2 Nr. b der EU VO 178/2002. Vor dem Hintergrund, dass die Unternehmen nach Art. 19 der gleichen Verordnung verpflichtet sind, sowohl die Öffentlichkeit als auch die zuständige Behörde unverzüglich davon in Kenntnis zu setzen, wenn ein Produkt möglichenfalls nicht sicher ist, und die Behörde wie zuvor bereits ausgeführt nach § 8 Abs. 4 Nr. 6 GPSG zum Beispiel ermächtigt ist, das Inverkehrbringen von nicht sicheren Produkten zu verbieten, liegt hier eine logische Konsequenz in den Deckungskonzepten vor.

Unterschieden wird bei den angebotenen Konzepten in erster Linie zwischen der Voraussetzung. Einmal wird die Deckungsauslösung an ein schriftliches Verkaufsverbot gekoppelt. Alternativ hierzu wird die Deckungsauslösung daran gebunden, dass die Behörde einen Rückruf aufgrund „Ungeeignetheit zum Verzehr" veranlasst bzw. wenn es zu keiner Rückrufanordnung kommt, sie aber zumindest schriftlich gegenüber dem Versicherungsnehmer adressiert hat, dass ein bestimmtes Produkt von ihm ungeeignet zum Verzehr ist. Diese gängige Behördenpraxis ist auf die Entscheidung des OLG Stuttgart vom 21.03.1990[14] zurückzuführen. Der entscheidende Senat hat herausgestellt, dass die Behörde bei der Ausübung ihres Ermessens das für den Betroffenen immer noch effektivste aber mildeste Mittel anwenden muss. Damit versuchen die zuständigen Behörden, möglichst ein Verkaufsverbot zu vermeiden. Vielmehr wenden sich die zuständigen Behörden mit einer konkreten Bitte an den Hersteller, in der bestimmte Maßnahmen nahe gelegt werden.

---

[14] NJW 1990, 2690, 2692